edition suhrkamp 2747

Das globale Finanzsystem befindet sich in einer tiefen Krise. Die Hüter des Geldes, Zentralbanken wie die EZB oder die US-amerikanische Fed, sind inzwischen zu seinem eigentlichen Rückgrat geworden und haben eine neue Ära eingeläutet: die des Zentralbankkapitalismus. Dafür mussten sie ihre Geldpolitik revolutionieren sowie als Marktmacher der letzten Instanz agieren.

Joscha Wullweber steigt in den Maschinenraum des modernen Kapitalismus hinab, diskutiert die neuen Instrumente der Zentralbanken und erklärt, auf welch komplexe Weise Staat und Finanzmarkt heute verschränkt sind. Dabei nimmt er auch das Schattenbankensystem unter die Lupe, von dem die globale Finanzkrise ausging und das dennoch immer bedeutender wird. Ein unverzichtbarer Beitrag zum Verständnis aktueller globaler Geld- und Finanzpolitik.

Joscha Wullweber, geboren 1973, ist Heisenberg-Professor für Politische Ökonomie, Transformation und Nachhaltigkeit an der Universität Witten-Herdecke. Auf Deutsch erschien von ihm zuletzt: *Hegemonie, Diskurs und politische Ökonomie: Das Nanotechnologie-Projekt* (2010).

Joscha Wullweber

Zentralbankkapitalismus

Transformationen des globalen Finanzsystems in Krisenzeiten

Mit einem Vorwort von Rainer Voss

Suhrkamp

3. Auflage 2021

Erste Auflage 2021
edition suhrkamp 2747
Originalausgabe

Satz: Satz-Offizin Hümmer GmbH, Waldbüttelbrunn
Druck: C. H. Beck, Nördlingen
Umschlag gestaltet nach einem Konzept
von Willy Fleckhaus: Rolf Staudt
Printed in Germany
ISBN 978-3-518-12747-6

Inhalt

Vorwort

Von Rainer Voss

Damals, als ich meine ökonomische Sozialisierung erfuhr, war eigentlich alles ganz einfach. Das deutsche ökonomische Denkgebäude ruhte fest auf fünf Pfeilern: Markt gut, Staat schlecht, Schulden schlecht, Steuern ganz schlecht, und die Sozen können nicht mit Geld umgehen. Helmut Schmidt stellte uns vor die Alternative »Fünf Prozent Inflation oder fünf Prozent Arbeitslosigkeit«, eine fünfjährige Bundesanleihe verzinste sich mit elf Prozent, und die Deutschland AG – ein fest geknüpftes Netzwerk aus Banken und ihren Unternehmensbeteiligungen – wirkte wie ein Bollwerk gegen ausländische Annäherungsversuche.

Das, was man »Finanzmarkt« nannte, war eine Art beschütztes Wohnen, streng reglementiert, jeglichem Marktgeschehen entzogen und fest in der Hand von Bundesbank und Finanzministerium. Wettbewerb fand kaum statt, Entscheidungen von Tragweite wurden einvernehmlich getroffen.

Zentralbankpolitik war ein Arkanum, die Domäne alter weißer Männer. Seinen passenden Ausdruck fand dieser Umstand in einer berühmt gewordenen Formulierung von Alan Greenspan: »Ich weiß, dass Sie glauben, Sie wüssten, was ich Ihrer Ansicht nach gesagt habe. Aber ich bin nicht sicher, ob Ihnen klar ist, dass das, was Sie gehört haben, nicht das ist, was ich meinte.« Je opaker die Äußerungen der Zentralbanker waren, umso mehr rätselten die Märkte über die Orakel aus New York oder Frankfurt. Die heute praktizierte »Forward Guidance«, also die kommunikative Steuerung der

Märkte *ex ante*, war damals eher eine *Ex-post*-Kommentierung aus dem Off.

Es gab Aktien, Anleihen und sonst nicht viel. Certificates of Deposit, Geldmarktfonds, Futures und Swaps etc. waren im Geltungsraum der D-Mark unbekannt, ausländische Banken nicht zugelassen. Banken waren Institutionen, so die gängige Meinung, die hauptsächlich Einlagen von Kunden entgegennahmen, als Kredite weiterreichten und von der Marge dazwischen fürstlich lebten. Anders gesagt: Wir hatten keine Ahnung von der Funktionsweise eines modernen Geldsystems! Was ist eigentlich Geld? Wer darf es schöpfen und wieso? Wer darf den dabei entstehenden Gewinn – die Seigniorage – behalten? Was ist die Rolle einer Zentralbank? Welche Player müssen in die Analyse mit einbezogen werden?

Mit dem »Big Bang« von 1986, als in Großbritannien und den USA die große Welle der Deregulierung des Bankensektors und des Wertpapierhandels losgetreten wurde, katapultierte sich die angloamerikanische Finanzwelt in eine neue Dimension. Als Exportnation gab es für Deutschland keine Alternative, als dieser Entwicklung zu folgen. Es begann das Zeitalter der Finanzkrisen: Schwarzer Montag, Soros und das Pfund, Südkorea, Argentinien, Russland und wieder Argentinien. Die akademische Ökonomie verfolgte die Ereignisse von der Seitenlinie, während Weltbank, Internationaler Währungsfonds und andere relevante Institutionen sie ausgehend von den Lehrmeinungen der siebziger Jahre mehr schlecht als recht managten. Erst 2002 erhielt mit dem israelischen Psychologen Daniel Kahneman erstmals kein Ökonom den Alfred-Nobel-Gedächtnispreis für Wirtschaftswissenschaften. Die Idee, dass man die Wirtschaft nicht verstehen kann, ohne alle gesellschaftlichen Stakeholder einzubeziehen, begann langsam salonfähig zu werden.

Schauen wir uns die Welt heute an: Aus dem Schreckgespenst »Inflation« ist ein Sehnsuchtsziel geworden. Die Erkenntnis, dass Kredite Einlagen schaffen und nicht umgekehrt, ist inzwischen anerkannte Lehrmeinung, wenngleich sie in den meisten Curricula noch nicht angekommen ist. Die Zentralbanken fluten das Bankensystem über Offenmarktoperationen mit nie dagewesenen Mengen an Zentralbankgeld, Zinsen sind im Wesentlichen verschwunden, und in manchen Bereichen entsteht die paradoxe Situation, dass man auch noch Geld obendrauf bekommt, wenn man einen Kredit aufnimmt. All das fordert unser traditionelles Denken darüber heraus, was Zentralbanken tun sollten und was nicht.

Im Gegensatz zu früher stehen heute an der Spitze der Europäischen Zentralbank beeindruckende Frauen, die ihre Intentionen und die Funktionsweise moderner Geldpolitik in sozialen Netzwerken und Bürgersprechstunden erläutern. Mit der Modern Monetary Theory ist eine neue Sichtweise auf den Staat, seine Finanzierung und die Steuerung von Inflation und Arbeitslosigkeit entstanden, die breit diskutiert wird. Aber auch über eine Erweiterung der Funktionen von Zentralbanken wird debattiert, über ihre Einbindung in die Dekarbonisierung, die Förderung von politisch gewolltem sozialen Wandel und über ihre engere Verzahnung mit der Fiskalpolitik.

Ob es sich bei all diesen Vorgängen um eine intellektuelle Evolution oder eine Schocktherapie handelt, darüber lässt sich diskutieren. Aber dass eine tektonische Verschiebung in der akademischen Ökonomie, der Weltwirtschaft und dem globalen Finanzsystem im Gang ist, steht wohl außer Frage. Um die Folgen dieser Entwicklung auf einer informierten Basis beurteilen zu können, reicht die Exegese von Finanzmarktliteratur nicht aus. Angesichts neuer Funktionsweisen und neuer Akteure muss man sich in den Maschinenraum der Kapitalmärkte hinabbegeben und dort detailliert die Funktionalität und Dysfunktionalität der Abläufe analysieren.

Gemeinsam mit Joscha Wullweber und Gerhard Schick habe ich Mitte 2020 einen Aufsatz unter dem Titel »Die Covid-19 Finanzkrise, Finanzinstabilitäten und Transformationen innerhalb des globalen Finanzsystems« verfasst.[1] Dabei haben wir gemerkt, wie wichtig es ist, den Dialog zwischen Theorie und Praxis zu forcieren. Während meiner aktiven Tätigkeit im Bankensektor haben ich und meine Kollegen über die Erklärungsversuche der Ökonomen für bestimmte Phänomene häufig herzlich gelacht, wir wussten es halt besser. Nun hatte damals keiner von uns ein Interesse, aufklärerisch tätig zu werden. Am liebsten hätte man ein Schild am Eingang des Bankgebäudes aufgehängt: »Was hier drinnen geschieht, übersteigt Ihr Verständnis. Betreten auf eigene Gefahr.«

Ohne eine detaillierte Kenntnis der Abläufe, Strategien und Buchungssätze ist eine tiefe Analyse der Kapitalmärkte nicht möglich. Umso froher bin ich, dass Joscha Wullweber den Versuch gewagt hat, diese doch eher sperrigen Vorgänge zu sezieren. Dieses Vorgehen hat außerdem den Charme, dass die übliche Klippe ökonomischer Literatur – die Entscheidung zwischen einer mehr keynesianischen oder einer mehr liberalen Analyse – elegant umschifft wird und einer faktenbasierten Betrachtung weicht. Nur wenn man begreift, »wie« etwas passiert, kann man das »Warum« ergründen. Und da wir es letzten Endes mit dem aggregierten Handeln von Menschen zu tun haben, liegt hier der Schlüssel zu einer Steue-

1 Eine deutsche Zusammenfassung des im Original auf Englisch verfassten Artikels ist online verfügbar unter: {https://www.researchgate.net/publication/343049892_Die_Covid-19_Finanzkrise_Finanzinstabilitaten_und_Transformationen_innerhalb_des_globalen_Finanzsystems} (alle Internetquellen Stand März 2021).

rung und Regulierung sowie vielleicht zu einer besseren und gerechteren Ressourcenverteilung.

Im Januar 2021

1. Einleitung

»Je weiter wir unser Mandat auslegen, desto größer ist das Risiko, dass wir uns in politische Interessen verstricken und uns mit zu vielen Aufgaben überlasten. Infolgedessen könnte unsere Unabhängigkeit hinterfragt werden, und dies zu Recht.«
Jens Weidmann, Präsident der deutschen Bundesbank (2020a)

»Das Unkonventionelle ist inzwischen das Konventionelle.«
Julia Coronado, ehemalige Ökonomin bei der Federal Reserve, während eines Jackson-Hole-Meetings (2020)

»Es gibt Zeiten, in denen umfassend und schnell gehandelt werden muss.«
Andrew Bailey, Gouverneur der Bank of England (2020)

Als im März 2020 als Reaktion auf die Corona-Pandemie ein Großteil der Weltwirtschaft zum Stillstand kam, steuerte die Eurozone auf eine neue tiefe Krise zu. Die Möglichkeiten, die ökonomischen Folgen eines Lockdowns abzufedern, waren und sind innerhalb der Europäischen Union sehr ungleich verteilt: Während Deutschland in der Lage war, mit dem Kurzarbeitergeld, Kreditlinien an Unternehmen und anderen wirtschafts- und sozialpolitischen Maßnahmen den Abschwung abzumildern, verfügten andere Länder wie beispielsweise Italien und Spanien, die beide deutlich härter von der Pandemie betroffen waren, nicht über diesen finanziellen Spielraum (EZB 2020a). Mehr noch: Notwendige Medikamente und medizinische Instrumente wurden anfangs nicht europaweit verteilt. Im März 2020 wurde das Schengener Abkommen weitestgehend ausgesetzt, Staaten führten Grenzkontrollen durch und sanktionierten die Ausfuhr medizinischer Ausrüstung in andere Länder, auch innerhalb Europas. Zu Beginn der

Covid-19-Pandemie agierten die Mitgliedsstaaten daher wenig koordiniert, geschweige denn waren sie in der Lage, eine konzertierte Strategie zur Bewältigung der Krise zu entwickeln. Statt gemeinsam die ökonomischen und sozialen Auswirkungen der Pandemie zu lindern, handelten die Regierungen vor allem im nationalen Alleingang. Die Europäische Kommission erwies sich – da sie nicht mit den erforderlichen Kompetenzen ausgestattet ist – als zahnlos und konnte außer Ermahnungen und Appellen kaum Hilfestellung leisten. Statt sich gegenseitig zu unterstützen, wurde in der Union während der ersten Monate darum gestritten, ob und in welcher Form gemeinschaftliche Lösungen geschaffen und finanzielle Unterstützung gewährt werden sollten.[1] Dadurch verstärkten sich die ohnehin schon existierenden Differenzen zwischen den Mitgliedsstaaten. Es schien, als würde der Disput, der während der Eurokrise, beginnend Ende 2010, über mögliche Hilfs- und Unterstützungsmaßnahmen für einzelne EU-Länder entbrannt war und der tiefe Gräben zwischen den Mitgliedern hinterlassen hatte, erneut aufflammen. Sogar eingefleischte Europabefürworter und -befürworterinnen begannen, am Projekt Europa zu zweifeln (Münchau 2020). Was selbst die globale Finanzkrise 2007-09 und die auf sie folgende Eurokrise nicht geschafft hatten, schien in der Corona-Krise Realität zu werden: Die Union drohte auseinanderzubrechen.

In diesem Moment, im März 2020, in dem alle anderen europäischen Institutionen wie gelähmt waren oder schlicht

1 Im Juli 2020 einigten sich die Mitgliedsstaaten schließlich gegen den massiven Widerstand einiger nordeuropäischer Länder auf die Einrichtung eines europäischen Hilfs- und Wiederaufbaufonds, wodurch sich die Eurozone erstmals gemeinschaftlich verschuldete (Saraceno/Semmler/Young 2020). Ob sich aus diesem befristeten Wiederaufbaufonds eine langfristige Perspektive entwickelt, ist allerdings offen.

keine effektiven Mittel besaßen, schritt die Europäische Zentralbank (EZB) mit aller Macht ein. In einer beispiellosen Aktion legte sie Mitte März 2020 ein 750 Milliarden Euro schweres Pandemie-Notfallkaufprogramm (Pandemic Emergency Purchase Programme) vor allem von Staatsanleihen der Mitgliedsstaaten auf, das später auf 1,85 Billionen Euro erhöht wurde. Zusätzlich wurde das Programm zum Ankauf von Vermögenswerten (Asset Purchase Programme) immens ausgeweitet, von 20 Milliarden Euro im Monat auf 140 Milliarden Euro monatlich (EZB 2020b, 2020c). Die neue Zentralbankpräsidentin, Christine Lagarde, vollzog – nach einem ersten Patzer zu Beginn ihrer Amtszeit[2] – eine steile Lernkurve und stellte unmissverständlich fest: »Außergewöhnliche Zeiten erfordern außergewöhnliches Handeln. Unser Einsatz für den Euro hat keine Beschränkungen. Wir sind im Rahmen unseres Mandats entschlossen, das volle Potenzial unserer Werkzeuge auszuschöpfen« (Christine Lagarde via Twitter am 19. März 2020). Die EZB ist derzeit die einzige Institution, die in der Lage und willens ist, einem Auseinanderbrechen der Eurozone effektiv entgegenzuwirken (Wullweber 2020a).

Die Situation in der Eurozone ist speziell. Zur selben Zeit zeigte sich aber auch in Großbritannien und vor allem in den USA sowie in anderen führenden Industriestaaten, dass Zentralbanken schnell und konsequent in den Finanzmarkt und die Wirtschaft eingreifen. Als am 9. März 2020 die Finanz-

2 Lagarde hatte anfangs betont, dass es nicht die Aufgabe der EZB sei, die Zinsunterschiede zwischen den Staatsanleihen der Euroländer auszugleichen. Als Reaktion auf diese Äußerung begannen diese unmittelbar, stark auseinanderzudriften, woraufhin sie mit dem obigen Tweet eine 180-Grad-Wende vollzog. Lagarde lernte schnell und schmerzhaft, was es bedeutet, in Zeiten des Zentralbankkapitalismus zu leben.

märkte weltweit zusammenbrachen, reagierte die US-Notenbank Federal Reserve (Fed) umgehend und mit geballter Kraft, um die Märkte, insbesondere den Geld- und Wertpapiermarkt, zu stabilisieren. Zugleich legte die Fed ein historisches Notfallprogramm auf und stellte Kredite im Umfang von 2,3 Billionen US-Dollar zur Unterstützung der Wirtschaft bereit. Die Bank of England, die Bank of Japan, die Schweizerische Nationalbank und die Bank of China riefen ähnliche Programme ins Leben (Boyarchenko et al. 2020).

I

Das Handeln der Notenbanken in der Covid-19-Pandemie ist keine Ausnahme: Wir leben in Zeiten des Zentralbankkapitalismus. Seit der globalen Finanzkrise 2007-09 sind Zentralbanken deutlich mächtiger und unkonventioneller geworden. Sie können – und müssen – schneller und schlagkräftiger als andere Institutionen auf Krisen reagieren. Gleichzeitig sind ihre geldpolitischen Instrumente keinen parlamentarischen Abstimmungs- und Aushandlungsprozessen unterworfen, was Fragen der demokratischen Legitimation ihrer Maßnahmen aufwirft.

Der Begriff »Zentralbankkapitalismus« ist eine Zuspitzung, vielleicht sogar eine Provokation, um fundamentale Entwicklungen innerhalb des heutigen Kapitalismus herauszustellen. Er benennt eine radikale und tiefgreifende Veränderung der Wirtschafts- und Finanzsysteme, die in der globalen Finanzkrise offenbar geworden ist, deren Beginn aber bereits in den frühen neunziger Jahren zu finden ist. In einem Satz – die Komplexität der Entwicklung für einen Moment beiseitelassend: Das heutige globale Finanzsystem und der heutige Kapitalismus westlicher Industriestaaten können ohne die permanenten, hochgradig unkonventionellen, umfangreichen und in mancher Hinsicht sehr extremen Interventionen der Notenbanken nicht mehr funktionieren. Stellten diese ihre Maßnahmen ein, würden das Bankensystem, das globale Finanzsystem und Wirtschaftssysteme weltweit kollabieren. Aus ordnungspolitischer Sicht bedeutet »Zentralbankkapitalismus«, dass es immer mehr der Staat und nicht der Markt ist, der die grundlegenden marktwirtschaftlichen Funktionen und das Geld- und Kreditsystem garantiert und aufrechterhält. Innerhalb des Staates ist es wiederum die Zentralbank, die basierend auf technokratischen Prozessen gewichtige geldpolitische Entscheidungen trifft, mit weitreichenden wirtschaftspolitischen Implikationen. Die gewählten Regierungen wiederum scheuen vor einer aktiven Fiskalpolitik zurück (Carney 2016). Auch während der Covid-19-Pandemie geht es weitgehend nur darum, die Wirtschaft zu stabilisieren. Aktiv lenkende Investitionsprogramme werden nur sehr zaghaft angedeutet. Zugleich wird betont, dass nach der Krise wieder die »schwarze Null« gelten müsse, was de facto eine immense Reduktion der Staatsausgaben bedeuten würde. Während sich die Regierungen also zurückhalten, müssen Zentralbanken heute stärker als jemals zuvor in das Finanzsystem intervenieren, um den Zusammenbruch des Gesamtsystems zu verhindern. Die Bilanzen der wichtigsten Notenbanken haben sich dementsprechend seit der globalen Finanzkrise vervielfacht. So hat sich die Bilanz der EZB von etwa 800 Milliarden Euro im Jahr 2001 auf knapp 7000 Milliarden Euro Ende 2020 um fast das Zehnfache erhöht (EZB 2020d). Ganz ähnlich hat die Fed ihre Bilanz von 850 Milliarden US-Dollar im Jahr 2008 um etwa 6 Billionen US-Dollar auf insgesamt über 7000 Milliarden US-Dollar Anfang 2021 gesteigert (siehe Abbildung 1).

Wie ich noch zeigen werde, ist das Volumen der Bilanzen

Abbildung 1: Anstieg der Bilanzen der US-Notenbank zwischen 2007 und 2021 (in Billionen US-Dollar)

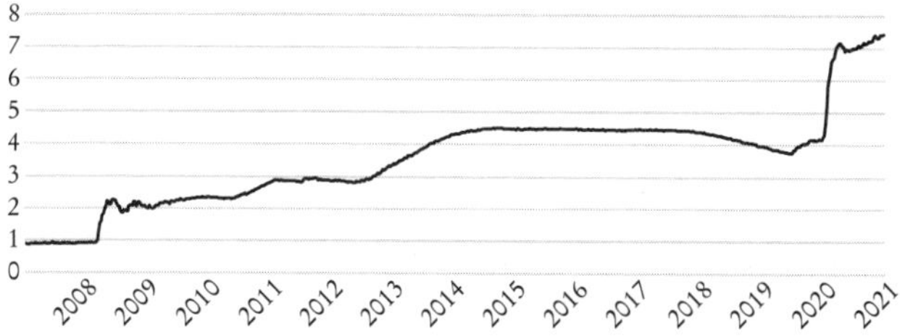

Quelle: Fed 2020a.

nicht unbedingt ein Problem. Zentralbanken, insbesondere die führender Industrienationen, können in ihrer eigenen Währung theoretisch unbegrenzt Geld schöpfen (praktisch stoßen sie allerdings irgendwann an Grenzen, zum Beispiel wenn im Inland eine starke Inflation einsetzt und es in der Folge zu einer Minderung des Außenwerts des Währung – Abwertung – kommt oder das Vertrauen in die Währungsstabilität verloren geht). Die enormen Bilanzen der Zentralbanken sind jedoch Ausdruck einer tiefen Krise, in der sich das Finanzsystem und die Weltwirtschaft seit 2007 befinden.

Zur Stabilisierung des Finanzsystems verwenden die Zentralbanken heute geldpolitische Instrumente, die sowohl hinsichtlich ihres Umfangs als auch in Bezug auf Tiefe und Radikalität bis vor Kurzem noch undenkbar gewesen wären. Zugleich bewegen sich die geldpolitischen Entscheidungen an der Grenze des Mandats der Zentralbanken, da beispielsweise seit dem Ausbruch der Covid-19-Pandemie in den USA und in Großbritannien Kredite direkt an notleidende Firmen und Kommunalverwaltungen vergeben oder – wie im Fall der Bank of England – Staatsanleihen direkt von der Regierung aufgekauft werden. Die massenhaften Anleiheankaufprogramme der Zentralbanken, quantitative Lockerung genannt, insbesondere von Staatsanleihen, bewegen sich weiterhin auf einem schmalen Grad hin zu einer Staatsfinanzierung, die vielen Zentralbanken untersagt ist. 50 Prozent aller Staatsanleihen, die von der Regierung Großbritanniens seit Ausbruch der Pandemie ausgegeben wurden, hat die Bank of England aufgekauft. Zum Vergleich: Bis zur globalen Finanzkrise besaß die Bank of England praktisch gar keine Staatsanleihen Großbritanniens. In der Eurozone sind es sogar 70 Prozent aller Staatsanleihen, die von der EZB (über den Sekundärmarkt) aufgekauft werden, in Japan sind es 75 Prozent (Gabor 2020a). Es kommt zu einer Verwischung der Grenze zwischen Geld- und Fiskalpolitik, einer Grenze, die bis vor nicht allzu langer Zeit noch eine rote Linie marktliberaler Politik markierte, die auf keinen Fall überschritten werden durfte. Es zeigt sich allerdings zunehmend, dass einige dieser roten Linien unter den Bedingungen des heutigen Kapitalismus nicht mehr haltbar sind, wenn nicht der Zusammenbruch des Gesamtsystems oder das Elend eines großen Teils der Bevölkerung in Kauf genommen werden soll. Nicht zuletzt in der Covid-19-Pandemie wurde ersichtlich, dass das Einschreiten der Zentralbanken und die weit gedehnte Auslegung des Mandats notwendig sind, um die Wirtschaft zu stabilisieren. Zentralbankkapitalismus heißt allerdings auch, dass diese machtvollen Verschiebungen möglichst lautlos verlaufen sollen. Weder Regierungen noch Zentralbanken debattieren öffentlich über die neuartigen Verquickungen von Geld- und Fiskalpolitik und die Notwendigkeit institutioneller Veränderungen.

Dennoch – das sei der folgenden ausführlichen Analyse vorweggenommen – tragen die Zentralbanken auch eine Mitschuld an den Instabilitäten des Systems. So stärken sie beispielsweise seit Jahren das Schattenbankensystem, das maßgeblich für die Instabilitäten im System verantwortlich ist. Auch hat die EZB als Teil der sogenannten Troika (bestehend aus der Europäischen Zentralbank, dem Internationalen Währungsfonds und der Europäischen Kommission) jahrelang das Mantra der Austeritätspolitik (euphemistisch als »Strukturreformen« bezeichnet) mit seinen verheerenden sozialpolitischen Folgen vor sich hergetragen. Noch heute leiden vor allem die südeuropäischen Länder unter den verhängten Maßnahmen und sind nun – immer noch geschwächt – mit der Bewältigung der Folgen der Covid-19-Pandemie konfrontiert.

Der Begriff »Zentralbankkapitalismus« soll die Komplexität der derzeitigen Situation mit allen ihren Widersprüchen und Paradoxien betonen, die im Laufe des Buches ausführlich diskutiert werden. Obwohl Notenbanken eine machtvolle Position innehaben, ist ihr Handlungsspielraum begrenzt. Im Unterschied zur Fiskalpolitik der Regierungen erreicht die Geldpolitik die produktive Ökonomie – die sogenannte Realwirtschaft – nicht direkt. Sie muss bislang den Umweg über das Finanzsystem gehen.[3] Das führt häufig dazu, dass diese Maßnahmen nicht beim eigentlichen Adressaten, der Produktivwirtschaft, ankommen. Stattdessen wird die zusätzliche Liquidität von den Akteuren meist dazu genutzt, um diese wiederum innerhalb des Finanzsystems zu investieren. Die Folge sind Boom-und-Bust-Zyklen, die insgesamt eine destabilisierende Wirkung auf das Finanzsystem und auch auf die produktive Wirtschaft haben. Bereits vier Monate

3 Zumindest solange sie nicht, wie in Hongkong geschehen, direkt Geld auf die Konten der Bürgerinnen und Bürger überweist – das sogenannte Helikoptergeld (Jones 2020). Diese äußerst unkonventionelle geldpolitische Maßnahme stärkt zwar die Kaufkraft der Bevölkerung insgesamt, ist aber unspezifisch und fördert nicht einzelne schwächelnde Wirtschaftsbereiche oder sozial schwache Bevölkerungsschichten.

nach Ausbruch der Pandemie verzeichneten die Börsen, die zu Beginn der Krise kollabiert waren, wieder stark ansteigende Aktienkurse, und Anfang 2021 erklommen Aktienkurse historische Höhen. Diese Zuwächse reflektierten in keiner Weise die realen Bedingungen der Unternehmen, der nationalen Ökonomien oder der Weltwirtschaft insgesamt, die in vielen Bereichen am Boden lag und deren Aussichten weiterhin sehr ungewiss sind. Die Zentralbanken sind also selbst in einem Teufelskreis gefangen, der sie zwingt, permanente Stabilisierungsarbeit für das kriselnde Finanzsystem zu leisten, während durch diese Maßnahmen aber die Krisenanfälligkeit tendenziell noch verstärkt wird.

Das globale Finanzsystem verharrt seit 2008 im Krisenmodus. Auch als die Corona-Pandemie im März 2020 ausbrach, zeigte sich, dass es nicht annähernd in der Lage war, die ökonomischen Auswirkungen aufzufangen oder zumindest abzufedern. Im Gegenteil wurde deutlich, dass die bereits existenten Schwächen und Dynamiken die Krisensituation erheblich verschärften, zum Beispiel durch Rückkopplungsschleifen und Abwärtsliquiditätsspiralen, die den ökonomischen Abschwung noch verstärkten und die wirtschaftliche Erholung erschwerten. Auch wenn Schocks wie die Covid-19-Pandemie nicht vorhergesagt werden können, sind die Schwächen des globalen Finanzsystems bereits seit Längerem offensichtlich. Während einige Instabilitäten sich über die letzten Jahre und zum Teil Jahrzehnte stetig aufgebaut haben, sind andere Krisenmomente dem heutigen, weiterhin stark deregulierten, marktliberalen Finanzsystem inhärent. Die Covid-19-Pandemie oder auch die globale Finanzkrise sind daher keine Ereignisse, die auf ein ansonsten stabiles Finanzsystem treffen. Seit den achtziger Jahren ist Stabilität die Ausnahme, nicht die Regel.

II

Das globale Finanzsystem hat in den letzten zwanzig Jahren eine radikale Transformation durchlaufen und sieht heute deutlich anders aus als noch Ende des 20. Jahrhunderts. Das Schattenbankensystem bildet inzwischen den Kern des Finanzsystems und ist zugleich Quelle grundlegender Instabilität. Bei dem Schattenbankensystem handelt es sich um Kredit- und Wertpapiervermittlung, die sich außerhalb des regulierten Bankensystems abspielt, mit einem jährlichen Handelsvolumen von derzeit etwa 180 Billionen US-Dollar (FSB 2020a). Fast fünfzig Prozent des weltweiten Kredithandels finden dort statt. Akteure sind zum Beispiel Geldmarktfonds, Hedgefonds und Investmentbanken. Für viele ist dieser Bereich unter anderem deswegen interessant, weil sie sich hier günstig Liquidität beschaffen können und deutlich weniger Restriktionen unterliegen als im bankbasierten Kreditsystem. Weiterhin ist der (unbesicherte) Interbankenmarkt, in dem sich die Banken traditionell untereinander Geld geliehen haben, seit der Finanzkrise praktisch zum Erliegen gekommen: Die Banken vertrauen einander schlicht nicht mehr.

Rückkaufvereinbarungen, auf Englisch *repurchase agreements*, kurz Repos, stellen das zentrale Instrument im Schattenbankensystem dar. Repos sind Verträge, bei denen Wertpapiere unter anderem zum Zwecke der Liquiditätsbeschaffung verkauft werden, um diese nach einer bestimmten Zeit – meist über Nacht, aber auch mit längeren Laufzeiten – wieder zurückzukaufen. Der Haken an der Sache ist, dass diese Form der Absicherung nicht krisenfest ist, sondern im Gegenteil krisenverstärkend wirkt. Eine Krise in diesem System kann sich auch auf die produktive Ökonomie auswirken, wenn Nichtfinanzakteure Probleme bekommen, sich Liquidität zu beschaffen. Kriselt das Finanzsystem, funktionieren auch die anderen Bereiche der Ökonomie nicht mehr reibungslos. Ohne ein tendenziell globales Finanzsystem bricht der Kapitalismus zusammen. Eine profitorientierte Wirtschaftsweise verlangt von der produktiven Ökonomie, Angebots- und Nachfrageveränderungen zu antizipieren und entsprechende Investitionen in die Zukunft zu tätigen. Der kapitalistische Produktionsprozess benötigt daher einen Vorschuss an Kapital, um in Maschinen, Gebäude, Rohstoffe, Löhne etc. investieren zu können, bevor Waren im großen Stil produziert, verkauft und Profite erwirtschaftet werden. Um diese zu finanzieren, müssen in der Regel Kredite aufgenommen werden. Diese werden über das Finanzsystem und zunehmend über das Schattenbankensystem bereitgestellt. Die produktive Ökonomie und das Finanzsystem sind also eng miteinander verwoben und aufeinander angewiesen (Amato/Fantacci 2012). Ein Paradox, unter vielen im Zentralbankkapitalismus, besteht darin, dass die wichtigsten Notenbanken selbst aktiv an der Stärkung des Schattenbankensystems und damit an einem destabilisierenden System mitgewirkt haben (Wullweber 2021).

Zentralbankkapitalismus beinhaltet daher auch, dass das Schattenbankensystem inzwischen eine zentrale Stellung einnimmt. Die beiden großen Finanz- und Wirtschaftskrisen zu Beginn des 21. Jahrhunderts können nicht verstanden werden, wenn die Dynamiken im Schattenbankensystem unberücksichtigt bleiben. Seit der Finanzkrise haben Zentralbanken ihr Repertoire an geldpolitischen Instrumenten notgedrungen enorm erweitert. Sie intervenieren seitdem aktiv in das Schattenbankensystem und treten dort als Händler der letzten Instanz auf, indem sie Transaktionen nicht mehr nur mit Banken, sondern auch mit Akteuren aus dem Schattenbankensystem durchführen. Auf diese Weise dienen sie nun nicht mehr nur als Liquiditätsbereitsteller, sie selbst sind zu Händlern und marktmachenden Akteuren geworden. Schließlich sind Zentralbanken in der einzigartigen Position zu bestimmen, welchen Finanzakteuren unter welchen Bedingungen Zugang zu Zentralbankgeld und zu Staatsanleihen und damit Zugang zu krisenresistenter Liquidität und sicheren Wertpapieren gewährt wird. Als die Covid-19-Krise[4] ausbrach, konnten die Zentralbanken daher auch prompt reagieren. Die dramatische Situation machte es allerdings nötig, neben den klassischen Maßnahmen (Leitzinsabsenkung, Liquiditätsbereitstellung und Kreditgeber der letzten Instanz) und den bereits existierenden unkonventionellen Maßnahmen (quantitative Lockerung, Händler der letzten Instanz und Devisen-Swaps) die Palette unkonventioneller Instrumente sogar noch zu erweitern. Nun wurden auch Kredite an Nichtfinanzakteure vergeben. Die Bank of England kaufte außerdem englische Staatsanleihen direkt auf dem Primärmarkt, um den Zugang der britischen Regierung zu Liquidität zu sichern – eine weitere bislang rote Linie, die überschritten wurde.

III

Zentralbanken haben eine mächtige politisch-ökonomische Position inne. Dabei galten sie lange als unpolitisch. Geldpolitik wurde als rein technokratischer, fast mathematischer Vorgang angesehen. Dieses Ausblenden der Notenbanken als eigenständige politische Akteure ist unter anderem darauf zurückzuführen, dass sich in den achtziger und neunziger Jahren die Sichtweise durchsetzte, Zentralbanken sollten

4 Mit »Covid-19-Krise« ist die auf den Ausbruch der Covid-19-Pandemie folgende Finanz- und Wirtschaftskrise gemeint.

unabhängig von den Regierungen und damit unabhängig und neutral gegenüber dem politischen Tagesgeschäft agieren (McNamara 2002). Zentralbankpolitik geriet als Politikfeld auch wissenschaftlich in den Hintergrund (Marcussen 2009; Conti-Brown 2016). Es wurde aber übersehen, dass im globalen Finanzsystem nicht nur Regelsysteme das Handeln der Akteure anleiten und ihre Strategien bestimmen, sondern ganz entscheidend politisch-ökonomische Strukturen, Fragen der Liquiditätsgenerierung und deren Absicherung sowie Profitlogiken. Hier nehmen die Zentralbanken eine besondere Stellung ein (Baker 2006; Hall 2008). Denn die Notenbanken der großen Industrieländer haben – zumindest theoretisch – unbegrenzte finanzielle Mittel zur Verfügung. Sie besitzen eine einzigartige und krisenresistente *fire power*. Im heutigen Kapitalismus kann die Governance des Finanzsystems folglich nicht annähernd verstanden werden, wenn die Rolle der Zentralbanken und deren Geldpolitik nicht mit einbezogen wird.

Das Handeln der Notenbanken galt in Zeiten relativer Preisstabilität und stetigen Wachstums als weitgehend vorhersehbar und beschränkte sich vor allem auf Leitzinspolitik. Seit der Finanzkrise ist diese allerdings praktisch bedeutungslos geworden. Der Leitzins der wichtigsten Zentralbanken – vor allem der der sogenannten C6: die US-Notenbank, die Europäische Zentralbank, die Bank of England, die Bank of Japan, die Schweizerische Nationalbank und die Bank of Canada – bewegt sich bei null Prozent oder knapp darüber und hat dadurch seine Steuerungswirkung verloren. Seitdem haben insbesondere die *balance-sheet policies*, also der strategische Einsatz von massiver Geldschöpfung (und Geldvernichtung), stark an Bedeutung gewonnen. Diese geldpolitischen Interventionen sind von fundamentaler Bedeutung, wenn es darum geht, die qualitativ neuen Reaktionen auf die Finanzkrisen und die grundlegende Veränderung der Governance des heutigen Finanzsystems zu verstehen: »Mehrere bedeutende Zentralbanken setzten Meilensteine, indem sie ihre Bilanzen als aktive Instrumente für geldpolitische Ziele verwendeten« (Potter 2017; EZB 2015c; Logan 2018).

IV

Das Jahr 2008 markiert einen tiefen Einschnitt in der Geschichte der Governance des globalen Finanzsystems und einen radikalen Bruch mit dem vormals bestehenden System der Regulierung. Als der Interbankenhandel nach der Insolvenz der Investmentbank Lehman Brothers im September 2008 zusammenbrach und das weltweite Finanzsystem kurz vor dem Kollaps stand, entschied sich die Fed für einen historisch einmaligen Schritt: Sie schuf verschiedene Fazilitäten, also geldpolitische Instrumente, die es Nichtbanken über Rückkaufvereinbarungen ermöglichten, im Austausch für Wertpapiere Zentralbankgeld zu erhalten. Bestimmte Akteure aus dem Schattenbankensystem, große Investmentfonds etwa, Geldmarktfonds oder Asset-Manager, haben seitdem Zugriff auf das Zentralbankkonto der US-Notenbank und können über bestimmte Transaktionen Wertpapiere liquidieren – ein Privileg, das bislang allein den Geschäftsbanken vorbehalten war.

Dieses Vorgehen markiert eine deutliche Zäsur im Vergleich zu vorherigen Kriseninterventionen und stellt eine neue Rationalität des Regierens, im Sinne einer Veränderung der Ausübung von Souveränität, dar. Es handelt sich indes weder um ein Wiedererstarken des Leviathans gegenüber ihm entwachsenen Finanzmärkten (Habermas 2011) noch um eine gesellschaftliche Wiedereinbettung entfesselter Marktkräfte

(Polanyi 1978). Staat und Markt als Gegensätze zu konzeptualisieren greift zu kurz und geht an der Realität vorbei. Bei dem vermeintlichen Gegensatzpaar Staat vs. Kapitalismus bzw. Staat vs. Finanzmärkte (Habermas 2011; Streeck 2013) handelt es sich vielmehr um ein konstitutives Bedingungsverhältnis (Biebricher/Vogelmann 2014).

Neuere Arbeiten stellen dementsprechend einen Zusammenhang zwischen Sicherheit, Staat und dem Finanzsystem her und arbeiten deren Verflechtungen heraus (Boy 2017; de Goede 2017; Langley 2017; Wullweber 2020b). Hier lassen sich drei Richtungen unterscheiden (vgl. de Goede 2010: 101 ff.): Die erste untersucht mögliche instrumentelle Zusammenhänge zwischen Finanzsystem, Finanzpolitik und Sicherheit. Im Fokus der Untersuchungen stehen beispielsweise die Dollar-Diplomatie der USA zu Beginn des 20. Jahrhunderts (Rosenberg 1999), die Ausgabe von Kriegsanleihen (Aitken 2003), der Zusammenhang zwischen Auslandsvermögenseinlagen/Auslandsanlagepositionen und außenpolitischen Interessen (Frieden 1988) oder auch der Einsatz militärischer Gewalt zur Verteidigung finanzieller Interessen (Van der Pijl 2006). Die verstärkte Liberalisierung nach dem Ende des Bretton-Woods-Systems führte laut einiger Studien zu einer Machtverschiebung, in der Staaten nun verstärkt den strukturellen Zwängen der globalen Finanzmärkte ausgesetzt sind (Helleiner 1994; Strange 1986; Pauly 1997). Einige sehen die Staaten in der Verantwortung für diese Veränderung (Strange 1986), andere lokalisieren die treibende Kraft dieser Entwicklung eher bei den Finanzmärkten (Cohen 1996).

Die zweite Forschungsrichtung unterstreicht die Sicherheitsaspekte des Finanzsystems. Die zugrunde liegende Frage lautet hier, auf welche Weise das Finanzsystem bestimmte Formen von Sicherheit und Unsicherheit produziert. Neben der Kreditgewährung bilden die Bereitstellung, Produktion und der Handel mit Sicherheiten das Fundament und das Grundprinzip von Finanzmärkten – nicht ohne Grund heißen »Wertpapiere« auf Englisch *securities.* Die Versicherungsbörse Lloyds of London hat ihre Wurzeln im Kaffeehaus von Lloyd. In diesem wie auch in anderen Londoner Kaffeehäusern trafen sich Kaufleute, um Geschäftspartner zu finden, die bereit waren, sich an riskanten Unternehmungen, zumeist internationale Im- und Exportgeschäfte in Form von Handelsreisen zu Schiff, zu beteiligen. Sobald sich genügend Finanziers gefunden hatten, die ihren Namen unter die Expedition setzten (daher der englische Begriff *underwriting* beim Abschließen von Versicherungspolicen), konnte die Handelsreise beginnen (vgl. Lobo-Guerrero 2011).

Der Handel mit Risiken soll Profit abwerfen. Um Risiken handelbar zu machen, müssen diese bewertet und vergleichbar gemacht werden. Nur quantifizierbare Risiken sind mathematisch kalkulier- und handelbar. Das erklärt die immense Bedeutung von Ratingagenturen (Sinclair 2005) und mathematischen Modellen zur Berechnung von Risiken. Weiterhin werden illiquide und nichthandelbare Vermögenswerte, wie Hypotheken, durch die Praxis der Verbriefung handelbar gemacht (Gorton 2017: 564f.). Die Verbriefung hat jedoch auch zur Folge, dass das verbriefte Wertpapier die Risiken von den Waren trennt, die es versichert, und auf diese Weise die Gläubiger-Schuldner-Beziehung delokalisiert und entpersonalisiert (Martin 2007: 31ff.). Während der globalen Finanzmarktkrise wurde das offensichtlich: Die Verbriefung von Krediten und Hypotheken geschah im Namen der Verlagerung von Risiken (aus den Bilanzen der kreditgewährenden Banken), wodurch diese umgeschichtet, neu verteilt und deren Risiken verschleiert wurden. Nach de Goede (2010: 104f.) zieht sich durch die Geschichte des modernen Finanzsystems eine Dynamik von Sicherheit und Unsicherheit: »Einfach ausgedrückt: Wenn Finanztechnologien und Profit auf der Bereitstellung von Sicherheit fußen, dann besteht die kommerzieller Logik von Märkten darin, immer neue Unsicherheiten zu identifizieren, die es abzusichern gilt.«

Die dritte Herangehensweise sieht den Zusammenhang zwischen dem Finanzsystem, Staat und Sicherheit weder instrumentell noch kausal (im Sinne von Produktion von Sicherheiten und Unsicherheiten durch das Finanzsystem). Vielmehr sind beide Domänen tief miteinander verwoben: Die Finanzlogik ist hiernach das ökonomische Double von Sicherheit (de Goede 2010: 106). So sei die Entstehung moderner Staaten eng verbunden mit Staatsschulden bzw. Staatsverschuldung, nicht zuletzt zur Beschaffung nötiger Finanzmittel zur Kriegsfinanzierung: »Die Gründungsmomente sämtlicher moderner Nationalstaaten sind identisch mit der Finanzierung ihrer Schulden« (Brantlinger 1996: 29, zit. n. Boy/Burgess/Leander 2011: 116; siehe auch Germain 1997; Graeber 2012). Boy et al. (2011: 116) weisen darauf hin, dass nach dem Zweiten Weltkrieg der epistemologische Ursprung sowohl der Security Studies als auch der Ökonomik auf John von Neumanns und Oskar Morgensterns Buch *Theory of Games and Economic Behaviour* aus dem Jahr 1944 zurückgeht. Die Spieltheorie hat sowohl für die Ökonomik als auch für die Internationalen Beziehungen und die Internationale Politische Ökonomie eine wichtige Rolle inne. Sowohl im Finanzsystem als auch beim Militär kommen algorithmische Entscheidungsmodelle zum Einsatz (Der Derian 2001; Martin 2007).

Mit Foucault (2004a) kann argumentiert werden, dass Finanzlogik und Sicherheit auf einer Praxis des Regierens basieren, die weniger auf Verbote und Einhegung von Unsicherheit als vielmehr auf deren produktive Kraft setzt (Dillon 2007, 2010). Foucault selbst hat in verschiedenen Arbeiten aufgezeigt, wie zentral ökonomisches Wissen für Sicherheitspraktiken ist (Foucault 2007). Andere Arbeiten betonen die Verquickung des unternehmerischen Selbst mit der Sicherung spezifischer Subjektivitäten, basierend auf finanzieller Verantwortung und Rationalität (Campbell 2005; Langley 2007). Auch Boy, Burgess und Leander (2011: 115) heben die Verbindung einer Finanzlogik mit einer Sicherheitslogik hervor: »Sowohl die Finanz- als auch die Sicherheitslogik teilen einen Anspruch auf allgemeine Anwendbarkeit in (allen) anderen gesellschaftlichen Bereichen, woraus diverse Formen der Finanzialisierung und Versicherheitlichung resultieren.« Zugleich wird in Bezug auf die Finanzialisierung des alltäglichen Lebens und hinsichtlich der stetigen Ausweitung der *Versicherheitlichung* gesellschaftlicher Bereiche kritisch konstatiert: »In den vergangenen dreißig Jahren ließ sich die Tendenz beobachten, dass die Finanz- und die Sicherheitslogik fast jeden anderen Bereich des gesellschaftlichen Lebens ›kolonisiert‹ haben« (Boy/Burgess/Leander 2011: 116). Basierend auf der Vision von allumfassenden Märkten kann jede denkbare Unsicherheit zu einem dem Grad der Unsicherheit entsprechenden Preis abgesichert werden (de Goede 2001). Kurz: In beiden Bereichen geht es darum, sich mit einer unsicheren Zukunft zu befassen, mehr noch: die Gegenwart im Namen einer unsicheren Zukunft zu regieren: »Die Vorstellung einer ungewissen Zukunft formt und beschränkt sowohl im Bereich des Finanzwesens als auch in dem der Sicherheit das Handeln in der Gegenwart« (de Goede 2010: 107).

V

Für die Analyse des Zentralbankkapitalismus und der Veränderung des Verhältnisses von Staat und Finanzsystem verwende ich vor allem eine an dem dritten Strang anschließende Governance-Perspektive (Langley 2013, 2015). Ein solcher analytischer Rahmen ermöglicht es, innerhalb von Governance-Prozessen bestimmte Rationalitäten des Regierens herauszuarbeiten, zu untersuchen und zu bewerten. In Bezug auf den Zentralbankkapitalismus und die beiden großen Finanzkrisen des beginnenden 21. Jahrhunderts ist zu fragen, »wie die monetären, fiskalischen und regulatorischen Techniken des Staates dynamisch transformiert wurden, um sie für die Steuerung der Krise einsetzen zu können« (Langley 2015: 8). Denn die Rationalität der Zentralbankpolitik hat sich grundlegend verändert: Bis zur Finanzkrise galt eine strikte Trennung von Fiskal- und Geldpolitik. Zentralbanken sollten regelbasiert, quasiwissenschaftlich agieren (Clarida/Gali/Gertler 1999; Conti-Brown 2016). Anstatt also den Verlust staatlicher Einflussnahme durch Finanzialisierungsprozesse zu konstatieren, ermöglicht es der hier verfolgte Ansatz, die Veränderung von Staatlichkeit in der Governance des Finanzsystems und Verschiebungen im Bedingungsverhältnis von Staat und Markt zu analysieren. Es wird untersucht, wie sich bestimmte Rationalitäten des Regierens ausgebildet und verändert haben. Hierbei ist der Begriff des Regierens, an Foucaults Begriff der Gouvernementalität angelehnt (Foucault 2004a, 2004b), weit gefasst. Er beinhaltet nicht nur die Politik einer Regierung, sondern allgemein das Führen der Geführten wie auch die Selbstführung und fokussiert auf die »Ausübung der politischen Souveränität« (Foucault 2004b: 14), auf die Art und Weise der Reflexion über die bestmögliche Regulierungsweise und schließt daher die Geldpolitik ein.

Die verschiedenen Formen der Regierungsweise, wie (strategisch) mit gesellschaftlichen Problemen umgegangen und die politische Intervention strukturiert wird, sollen hier mit Foucaults Machtbegriff gefasst werden (er selbst verwendet das Konzept des Dispositivs). Mit Foucault lassen sich drei Regierungsweisen unterscheiden: Die *Souveränitätsmacht* steht für eine hierarchische, tendenziell eher territoriale, zentralisierte und juridische Regierungsweise. Die *Disziplinarmacht* basiert auf einer Form der Regierungsweise, die stärker ideologisch, im Sinne von Selbstdisziplinierung der Individuen, wirkt und ständiges Monitoring beinhaltet (Foucault 2003 [1977]: 251). Der dritte Machttypus, die *Sicherheitsmacht*, steht vor allem für nichthierarchische Formen des Regierens, im Sinne von »Regieren auf Distanz« (Rose/Miller 1992: 173). Sie setzt stärker auf regulierte Selbstregulierungsprozesse, in denen nichtstaatliche Akteure in relativ autonomen Bereichen interagieren, ohne dass sich allerdings der Staat vollständig zurückziehen würde. Die Rationalität der Sicherheitsmacht steht für einen marktliberalen Ansatz. Dazu gehört die Vorstellung, dass die Förderung von Laisser-faire die »Selbstdrosselung« des Marktes und »seine Selbstregulierung nach sich ziehen [wird]« (Foucault 2004a: 69). Die Sicherheitsmacht zielt vor allem auf die Sicherstellung von Zirkulation: »[E]s handelt sich darum, die Zirkulation zu organisieren, das, was daran gefährlich war, zu eliminieren, eine Aufteilung zwischen guter und schlechter Zirkulation vorzunehmen und, indem man die schlechte Zirkulation verminderte, die gute zu maximieren« (Foucault 2004a: 37). Während Souveränitäts- und Disziplinarmacht vor allem die Kontrolle politisch-ökonomischer Prozesse umfasst und Unsicherheit möglichst eliminiert werden soll, wird in der Logik der Sicherheitsmacht Unsicherheit als etwas Produktives und als potenziell profitgenerierend gesehen (Langley 2015:

19ff.): »Es geht einfach darum, die positiven Elemente zu maximieren« (Foucault 2004a: 38).

Nach Foucault sind alle drei Regierungsweisen stets gegenwärtig, sie sind jedoch unterschiedlich stark ausgeprägt. In westlichen Gesellschaften ist eine kontinuierlich zunehmende Verschiebung hin zur Rationalität der Sicherheitsmacht zu registrieren, die sich insbesondere seit den siebziger Jahren verstärkt. Während die anderen Machttypen zwar weiterhin präsent sind, ist insbesondere die marktliberale (neoliberale) Regierungsrationalität durch die Sicherheitsmacht geprägt. Sie räumt den Marktkräften möglichst großen Raum ein: »Diese Innovationen verlagerten die Umsetzung politischer Entscheidungen auf die Märkte, sie bedeuteten aber keine Abkehr des Staates von seiner Rolle bei der Lenkung der Wirtschaft« (Krippner 2007: 478; siehe auch Krippner 2011; Mirowski 2014: 56f.). Die Zirkulation von Menschen, Waren und Finanzströmen soll weitgehend ungehindert vonstattengehen, wobei Deregulierungen durchaus zu einer Zunahme von staatlichen Strukturen führen können (Vogel 1996; Knafo 2013). Risiken werden nicht als Gefahr, sondern als Chance und Profitquelle begriffen, ersichtlich auch am Handel mit diversen Formen der Risikoabsicherung auf den Finanzmärkten: »Risikostrategien basieren auf versicherungsstatistischen Daten, Modellierungen und Spekulationen. Sie zielen nicht darauf ab, das Risiko zu eliminieren, sondern es anzunehmen« (Aradau/Lobo-Guerrero/Van Munster 2008: 148; Amoore 2011). Mehr noch: Risiken einzugehen wird als Voraussetzung für wirtschaftlichen Erfolg gesehen (Lemke 2001; Kessler 2008).

Ein Teil der geldpolitischen Kriseninterventionen – wie Leitzinspolitik, Lender of Last Resort und quantitative Lockerung – können nun im Sinne der marktliberalen Regierungsweise verstanden werden. Als sich die globale Finanzkrise 2008 vertiefte, kam es jedoch parallel zu Kriseninterventionen, die einen deutlichen Bruch mit dieser Regierungsweise markieren. Dieser Bruch entspricht nicht der klassischen Sicherheitsmacht, die vor allem auf flache Hierarchien und Selbstkontrolle abzielt. Vielmehr treten Zentralbanken nun mit bis dato ungekannter Vehemenz auf. Wie noch zu zeigen ist, führt dieses Vorgehen im Zentralbankkapitalismus zu dem Paradox, dass die Notenbanken mit der liberalen Marktrationalität partiell brechen müssen, um die freien Finanzmärkte zu erhalten und letztlich die liberale Marktrationalität selbst zu retten. Zugleich wird das Schattenbankensystem immer wichtiger. Wir befinden uns im heutigen Kapitalismus daher in der Situation, dass *sowohl* die marktliberale Rationalität *als auch* die staatlichen Interventionen an Bedeutung gewinnen. Im Zentrum dieses Paradoxes stehen die Zentralbanken, die versuchen, diese komplexe Konstellation mit all ihren Widersprüchen und inhärenten Krisentendenzen zu stabilisieren. Da Regierungen sich fiskalpolitisch und regulatorisch stark zurückhalten, von dem kurzen Aufleben keynesianischer Stabilisierungspolitik in der Covid-19-Pandemie abgesehen, sind die Zentralbanken und ihre Geldpolitik »the only game in town« (Carney 2016: 12).

2. Boring Central Banking: Geldpolitik bis zur globalen Finanzkrise 2007-09

Auch wenn Finanzkrisen seit dem Ende des Bretton-Woods-Systems immer häufiger wurden, war das Repertoire geldpolitischer Instrumente der Zentralbanken vor allem auf die Leitzinspolitik und das Agieren als Lender of Last Resort (Kreditgeber der letzten Instanz) beschränkt. Dies änderte sich mit der globalen Finanzkrise und nochmals mit der Covid-19-Krise, als das Interventionspotenzial deutlich ausgeweitet wurde. Allgemein stehen den Notenbanken abhängig vom jeweiligen rechtlichen Rahmen der Länder bzw. der Eurozone verschiedene geldpolitische Maßnahmen zur Verfügung. Der Bedarf der Banken nach Zentralbankgeld, der Bedarf verschiedener Finanzakteure nach Staatsanleihen als sichere Wertpapiere (Safe-Assets)[1] sowie der An- und Verkauf von Wertpapieren sind letztlich die Hebel, an denen die Geldpolitik der Zentralbank ansetzt.

2.1 Aufgaben der Zentralbanken

Die meisten Notenbanken wurden einige Zeit nach Entstehung der Nationalstaaten gegründet. Zentralbanken erhielten das Privileg, als einzige staatlich anerkannte Institution gesetzlich garantierte Zahlungsmittel als verbriefte Verbind-

1 Als Safe-Assets gelten im Finanzwesen allgemein Vermögenswerte, die ein AAA-Rating erhalten (Ricks 2016: 46f.). Sicherheit meint im Finanzwesen allgemein als sicher wahrgenommene Wertpapiere, insbesondere hinsichtlich ihrer Exposition in Bezug auf Kredit-, Zins-, Markt- und Insolvenzrisiko der Gegenpartei (Potter 2018).

lichkeit gegenüber den Wirtschaftssubjekten (Unternehmen und private Haushalte) zu emittieren (im Unterschied zur Geldschöpfung der Privatbanken, siehe dazu Kapitel 4).

Interessanterweise hält sich hartnäckig der Glaube, Zentralbanken seien keine staatlichen Institutionen. Das ist wahrscheinlich dem Umstand geschuldet, dass Mitte des 20. Jahrhunderts rund die Hälfte von ihnen private Anteilseigner hatten. 2019 galt dies nur noch für etwa fünf Prozent, darunter allerdings einige wichtige Zentralbanken, wie die Fed, die japanische Zentralbank und die Schweizerische Notenbank (Bholat/Martinez Gutierrez 2019). Das ändert indes nichts an der Tatsache, dass es sich dennoch um staatliche Institutionen handelt. Die Rolle der privaten Anteilseigner ist historisch gewachsen und nicht vergleichbar mit den privaten Anteilseignern von Kapitalgesellschaften (zum Beispiel Aktiengesellschaften). Sie verfügen über keinerlei Rechte oder Möglichkeiten, die Politik der Zentralbanken mitzugestalten, als private Anteilseigner haben sie keinen Einfluss auf die Zentralbank als staatliche Institution. In den USA ist es den Geschäftsbanken sogar gesetzlich vorgeschrieben, eine bestimmte Menge an Anteilen der Fed zu besitzen, um Teil des Federal Reserve Systems sein zu können. Anders als zum Beispiel bei Unternehmen ist es auch nicht das Ziel von Zentralbanken, Profit zu erwirtschaften. Nettogewinne werden in der Regel an die entsprechenden Finanzministerien überwiesen. Die Anteilseigner erhalten lediglich einen festgelegten Betrag auf ihre Anteile (ähnlich Kuponzahlungen auf Anleihen). Es lassen sich auch keine Unterschiede im Handeln von Notenbanken mit privaten Anteilseignern im Vergleich zu solchen, die keine privaten Anteilseigner zulassen, feststellen (Bartels/Eichengreen/Weder di Mauro 2016). Gleichwohl es sich also – bei einigen wenigen Zentralbanken – hinsichtlich der Anteilseignerschaft um eine hybride privat-staatliche Mischform handelt, bleibt ihr staatlicher Charakter als – im Bereich seines Mandats – unabhängiger Teil der politischen Exekutive unberührt (Bholat/Martinez Gutierrez 2019). Daraus folgt jedoch nicht, dass die Regierungen die Geldpolitik bestimmen könnten. Im Gegenteil: Die meisten Zentralbanken sind laut Gesetz unabhängige Institutionen, also nicht weisungsgebunden.

Ursprünglich war es eine der wichtigsten Funktionen der Zentralbanken, dem Staat Geldmittel in Form von Krediten, nicht zuletzt zur Kriegsfinanzierung, bereitzustellen (Dow 2015). Die Bank of England beispielsweise entstand 1694, um König William III. Geld für seinen Krieg mit Frankreich, insbesondere für den Aufbau einer schlagkräftigen Marine, zu leihen.[2] Andere staatliche Zentralbanken wurden als Reaktion auf Banken- und Finanzkrisen gegründet. So wurde die Federal Reserve ins Leben gerufen, weil sich während der Panik des Jahres 1907 in den Vereinigten Staaten gezeigt hatte, dass ein Finanzsystem in der Krise einen vertrauenswürdigen Lender of Last Resort benötigt, um dessen Zusammenbruch zu verhindern und die inhärente Instabilität des Bankensektors abzufedern. 1907 hatte noch der Bankier J. P. Morgan, zu diesem Zeitpunkt einer der einflussreichsten Männer an der Wall Street, der auch intensive Kontakte zur Realwirtschaft besaß, diese Rolle übernommen.

In ihren Anfängen hatten die überwiegend privaten Zentralbanken eher das Selbstverständnis einer Geschäftsbank, wenn auch mit engen und besonderen Verbindungen zum Staat. Sie verwalteten die Staatsgelder und gaben ihren Regierungen Kredite. Es stellte sich jedoch bald heraus, dass sie sich vor allem in einer Hinsicht von allen anderen Banken

2 Die älteste Zentralbank ist die Schwedische Reichsbank, die 1656 gegründet wurde.

unterschieden: Sie waren durch den Staat abgesichert und konnten auf diese Weise als Bank für die anderen Banken agieren. Es handelte sich um ein wechselseitiges Verhältnis, in dem der Staat für die Sicherheit der Vermögenswerte der Zentralbank haftete und diese zugleich dem Staat Geld zur Verfügung stellte: »Die Zentralbank war für die Regierung der Lender of Last, wenn nicht sogar of First Resort« (Dow 2015: 231). Vor allem in Krisenzeiten wandten sich die Privatbanken an die Zentralbank, um Liquidität zu erhalten. So wurden Notenbanken im 19. Jahrhundert zum Lender of Last Resort (Goodhart 1991; Mehrling 2011: 18ff.).

Die Geldpolitik der Notenbanken hat sich im Laufe der Zeit stark verändert, unter anderem weil sich das Finanzsystem stetig gewandelt hat, aber auch, weil unterschiedliche Ziele oder unterschiedliche Wege zum Erreichen eines Ziels verfolgt wurden (Hall 2008; Eichengreen 2008; Krippner 2011). Eine der wichtigsten Aufgaben von Zentralbanken war und ist es, Geldwertstabilität zu gewährleisten. Wenn einem Wertmaßstab kein natürlicher Wert zugrunde liegt, stellt sich die Frage, auf welche Weise dieser aufrechterhalten werden kann. Geld ist dann stabil, wenn Vertrauen in die Währung vorherrscht (Cohen 1998). Als Wertmaßstab wird es nur dann akzeptiert, wenn das Vertrauen besteht, dass es über einen längeren Zeitraum relativ stabil bleibt: »Geld funktioniert am besten, wenn es als selbstverständlich angesehen wird, wenn sein Wert, seine Übertragbarkeit und seine Neutralität schlicht vorausgesetzt werden können« (Carruthers/Babb 1996: 1556; siehe auch Bundesbank 2017a: 18).

Um eine starke Fluktuation des Geldwerts zu vermeiden, gab es im Laufe der Geschichte verschiedene Ansätze. Eine Zeit lang relativ erfolgreich war die Fiktion der Bindung der Währungen an ein Edelmetall, insbesondere Gold. Der »Goldstandard« bedeutete, dass eine Banknote den Anspruch des

Inhabers repräsentierte, auf Vorlage bei der Zentralbank den jeweiligen Gegenwert in Gold zu erhalten. Der Wert des gesamten in Umlauf befindlichen Geldes überstieg allerdings zumeist den Wert der Goldreserven. Auch wurde der Goldstandard immer wieder aufgehoben. Schließlich ist die Vorstellung, dass Gold (oder irgendein anderer Vermögenswert) einen fundamentalen intrinsischen Wert hätte, selbst eine fehlgeleitete Annahme (Knapp 1905; Ingham 2004). Seit der Abschaffung der Golddeckung der Währungen beruht die Nutzung des von der Zentralbank geschaffenen Geldes einzig auf dem Vertrauen der Bürger in das Versprechen des Staates, dass die von der Zentralbank emittierte Währung auch mittel- bis langfristig in ihrem Wert als gesetzliches Zahlungs- und damit als Wertaufbewahrungsmittel, das einen Konsumaufschub in die Zukunft ermöglicht, stabil bleibt. Auf dieser Erwartung beruht das gesetzliche Mandat, das den überwiegenden Teil der Notenbanken weltweit primär auf die Wahrung der Preisstabilität verpflichtet.

Ein weiterer Ansatz, Währungen stabil zu halten, war die politische Fixierung der Währungen untereinander. Am weitreichendsten geschah dies durch das Bretton-Woods-System von 1945 bis 1971. Es war getragen von dem Gedanken, die Vorteile fester und flexibler Wechselkurse miteinander zu vereinen und »Abwertungswettläufe« unter den Mitgliedsstaaten (und Handelspartnern) zu verhindern. Auch wurden die globalen Finanzströme weitgehend eingeschränkt. Die Wechselkurse der Unterzeichner des Bretton-Woods-Abkommens waren über den US-Dollar an den Goldpreis gebunden. Der Preis des US-Dollar wiederum wurde auf 35 US-Dollar je Feinunze Gold festgesetzt. Im Rahmen sogenannter *realignments* wurden die Wechselkurse neu justiert, sobald sich die Volkswirtschaften der Mitgliedsländer auseinanderentwickelten und die bisherigen Wechselkurse unter Auf- bzw.

Abwertungsdruck gerieten. Zur kurzfristigen Überbrückung von Zahlungsbilanzdefiziten wurde der Internationale Währungsfonds (IWF) geschaffen. Er sollte dieses System stabilisieren und dauerhafte wirtschaftliche Schieflagen in einzelnen Staaten verhindern. Der internationale Kapitalverkehr war anfangs sehr reglementiert, wurde aber im Laufe der Zeit zunehmend liberalisiert. Die Aufgaben der Zentralbanken bestanden vor allem darin, die Konvertibilität der Währungen in einem vorgegebenen Rahmen zu stabilisieren und gegebenenfalls eine Anpassung der Wechselkurse an veränderte Wirtschaftsdaten vorzunehmen. Da die Währungen aller Mitgliedsländer an den US-Dollar gekoppelt waren, mussten die Zentralbanken letztlich ihre Geldpolitik an der Fed ausrichten.

Das Bretton-Woods-System war ein historisch beispielloser und fast dreißig Jahre lang relativ erfolgreicher Versuch, den Wert der verschiedenen Währungen untereinander zu stabilisieren. Allerdings hatte dieses System einen Konstruktionsfehler, auf den der Ökonom Robert Triffin bereits frühzeitig hinwies: das später nach ihm benannte Triffin-Dilemma. Da das System statt an eine künstliche Währung – John Maynard Keynes hatte den Bancor vorgeschlagen – an den US-Dollar als globaler Leitwährung gebunden war, folgte aus dem stark wachsenden Welthandel ein zunehmender Bedarf an Dollar. Dank der Geldschöpfungstätigkeit konnte dieser Nachfrage nachgekommen werden, doch war es nicht zugleich möglich, die Goldreserven zu vervielfältigen. Einer größer werdenden Menge an US-Dollar stand eine begrenzte Menge an Gold gegenüber, so dass das festgelegte Tauschverhältnis von 35 Dollar je Feinunze Gold irgendwann nicht länger aufrechterhalten werden konnte. Es hätte verschiedene Möglichkeiten gegeben, darauf zu reagieren (zum Beispiel der Abschied vom US-Dollar als globaler Leitwährung oder die Änderung des Tauschverhältnisses zu Gold, also die Abwertung des Dollar), diese waren aber politisch nicht gewollt. Gescheitert ist das Bretton-Woods-Abkommen nicht an unvermeidbaren ökonomischen Entwicklungen, sondern an dem fehlenden Willen der wichtigsten beteiligten Akteure, wie der USA, Frankreichs, Deutschlands, Großbritanniens, Japans und anderer Länder, kurzfristige Nachteile in Kauf zu nehmen, um sich so den langfristigen Vorteil eines stabilen globalen Finanzsystems zu sichern (Helleiner 1994; Germann 2014).

Mit dem Ende des Bretton-Woods-Systems Anfang der siebziger Jahre erfolgte notgedrungen eine Neujustierung der Geldpolitik, da die meisten Wechselkurse nun frei schwankten und Kapitalkontrollen weitgehend wegfielen (Helleiner 1994; Germann 2014). Einige Länder koppelten ihre Währung an den US-Dollar (oder andere Währungen), um so die Fiktion eines invarianten Standards trotz schwächelnder Wirtschaft aufrechtzuerhalten, allerdings meist ohne Erfolg. Inspiriert vom Monetarismus, zu dessen bekanntesten Vertretern Milton Friedman gehörte, begrenzten einige Staaten in den achtziger Jahren die Geldmenge direkt. Der zugrunde liegende Gedanke lautete, dass sich durch die Kontrolle des Geldmengenzuwachses die Inflation bekämpfen ließe, die nicht zuletzt in den USA zu dieser Zeit sehr hoch war (Mitte der siebziger Jahre betrug die Inflationsrate dort ca. 15 Prozent, in Großbritannien ca. 25 Prozent). Im Gegensatz zu den Vorhersagen des Monetarismus stiegen die Zinsraten allerdings immens an, in den USA innerhalb von zwei Jahren um sieben Prozentpunkte (zeitweise lagen diese sogar über zwanzig Prozent), und die Arbeitslosigkeit kletterte auf elf Prozent. Während zwar die Inflation zurückging, kam es in den USA zu einer Rezession und auf globaler Ebene zur Schuldenkrise der Entwicklungsländer. Anfang der achtziger Jahre wurde dieser geldpolitische Ansatz wieder aufgegeben. Das monetaristische Experiment dauerte in den Vereinigten Staaten gerade einmal drei Jahre: von 1979 bis 1982 (vgl. Stigum/Crescenzi 2007: 375 ff.; Krippner 2011: 58 ff. und 114 ff.). Die Episode ging als »Volcker-Schock« in die Geschichtsbücher ein, benannt nach dem damaligen Vorsitzenden der US-Notenbank Paul Volcker (Volcker 2008). Präsident Jimmy Carter kostete das monetaristische Abenteuer 1980 seine Wiederwahl.

Seit den achtziger Jahren hat sich bei den meisten Zentralbanken das Ziel der Preisstabilität durchgesetzt.[3] Seitdem versuchen die meisten Notenbanken nicht die Geldmenge, sondern die Höhe der Inflation bezogen auf das gesamtwirtschaftliche Preisniveau zu steuern. Dieser geldpolitische Ansatz, bekannt als *inflation targeting*, funktionierte bis zur globalen Finanzkrise vor allem über die Leitzinsen und damit über den *Preis*, den die Banken für Zentralbankgeld zahlen müssen. Das Ziel bestand lange darin, nicht das *Geldangebot*, sondern die *Geldnachfrage* zu steuern. Die Inflationssteuerung wurde zunehmend begleitet durch Kommunikationsstrategien, die unter dem Begriff »Forward Guidance« gefasst werden. Die Idee lautet, dass der Markt kommende geldpolitische Entscheidungen durch frühzeitige Kommunikation einpreist, bevor diese überhaupt umgesetzt werden, so dass sich eine Steuerungswirkung allein durch die Kommunikation möglicher Entscheidungen einstellt (Krippner 2007). Das Inflationsziel wurde bei zwei Prozent angesetzt.

In den neunziger Jahren wurde außerdem die Sichtweise dominant, dass Zentralbanken unabhängig von ihren Regie-

3 Je nach vorherrschendem Geldregime unterscheiden sich die Bezugspunkte der Preisstabilität. So kann sich die Preisstabilität auf den Goldstandard, auf einen bestimmten Wechselkurs mit einer anderen Währung, auf einen Währungskorb oder auf ein Inflationsziel beziehen.

rungen agieren sollten (Goodhart 2011; Hall 2008; Conti-Brown 2016). Diese institutionalisierte Unabhängigkeit sollte verhindern, dass ein Staat seine Zentralbank anweisen kann, Geld zu drucken (über den Aufkauf von Staatsanleihen), und sich auf diese Weise zunehmend verschuldet, woraus wiederum möglicherweise Misstrauen in die Geldwertstabilität entstehen könnte (Schnabel 2020). Wenn die Schulden eines Staates in gewissen Grenzen gehalten werden, so die Annahme, bleibt das Vertrauen in die Währung erhalten (Mirowski 1991: 580). Allerdings lässt sich weder empirisch nachweisen, dass unabhängige Zentralbanken die Inflation effektiver als abhängige Zentralbanken bekämpfen können, obwohl sich dieser Glaube hartnäckig hält (McNamara 2002), noch sind die geldpolitischen Maßnahmen unabhängiger Zentralbanken rein technische Entscheidungen. So führt der Fokus auf Inflationsbekämpfung und Preisstabilität zur Priorisierung der Stabilität von Vermögenswerten gegenüber Wirtschaftswachstum und einer niedrigen Arbeitslosigkeit. Die Entscheidung der Fed im Jahr 2020, statt Preisstabilität nun die Bekämpfung der Arbeitslosigkeit in den Vordergrund zu stellen, kann demnach durchaus als historisch bezeichnet werden (Powell 2020; Fed of Atlanta 2020).[4]

Die Aufgaben der Zentralbanken fallen allgemein in drei Bereiche: Erstens sind sie für die Geldpolitik der Staaten verantwortlich, indem sie die Konditionen für die Geld- und Kreditvergabe beeinflussen (Kosten und Verfügbarkeit). Zweitens überwachen und regulieren Zentralbanken oftmals die Banken, um die Sicherheit und Stabilität des nationalen Banken- und Finanzsystems zu garantieren. Und drittens stellen

4 Vorher standen Preisstabilität und Maximierung der Beschäftigung formal zwar gleichberechtigt nebeneinander, de facto wurde aber das Ziel der Preisstabilität das der Beschäftigung vorgezogen.

sie den Finanzinstitutionen, der Öffentlichkeit und dem Staat unterschiedliche Finanzdienstleistungen zur Verfügung, sorgen also für die bankmäßige Abwicklung des Zahlungsverkehrs im In- und mit dem Ausland und tragen zur Stabilität der Zahlungs- und Verrechnungssysteme bei. Zentralbanken stehen vor vielfachen und sich zum Teil widersprechenden Herausforderungen. Sie müssen die Preisstabilität gewährleisten, also verhindern, dass es zu einer starken Inflation oder einer Deflation kommt. Sie sind für die Stabilität des Geld- und Finanzsystems zuständig, arbeiten an dessen Regulierung mit und müssen diese Systeme im Krisenfall massiv mit Liquidität stützen, bevor fiskal- und wirtschaftspolitische Maßnahmen greifen können. Schließlich sind sie aber auch für die Geldwertstabilität verantwortlich, müssen also das Vertrauen in die Währung aufrechterhalten. Diese Aufgaben können bisweilen gegensätzliche Maßnahmen erfordern. Weiterhin sind alle diese Aufgabenbereiche aber auch von Faktoren beeinflusst, die über die Einflusssphäre der Zentralbanken hinausgehen, die Stärke einer Volkswirtschaft insgesamt etwa oder die Höhe des Steueraufkommens, das Bildungsniveau, die existierenden Governance-Institutionen, der rechtsstaatliche Rahmen etc.

2.2 Leitzinspolitik

Das gängigste und wichtigste geldpolitische Instrument der Notenbanken in Nichtkrisenzeiten ist die Veränderung der Leitzinsen. Vor der globalen Finanzkrise wurde Zentralbankpolitik daher weitgehend mit Leitzinspolitik gleichgesetzt (Borio 2012). Leitzinspolitik beinhaltet allgemein die Veränderung von drei verschiedenen Zinssätzen (EZB 2015a): Erstens kann der Satz für die Einlagefazilität (*deposit facility rate*) verändert werden. Die Einlagefazilität bietet den Banken die Möglichkeit, Geld bis zum nächsten Geschäftstag bei der Zentralbank zu deponieren. Dieser Zinssatz stellt die Untergrenze für den Tagesgeldsatz am Geldmarkt dar (Bank of England 2015: 3). Zweitens kann der Satz der Hauptrefinanzierungsgeschäfte (*main refinancing operation*; USA: *federal funds rate*) modifiziert werden. Das Hauptrefinanzierungsgeschäft gibt den Banken die Möglichkeit, sich über Offenmarktgeschäfte Zentralbankgeld zu beschaffen. In den USA, Großbritannien und im Eurosystem sind die Hauptrefinanzierungsgeschäfte das wichtigste geldpolitische Instrument, um die Zinssätze und die Liquidität am Geldmarkt zu steuern. Der Satz der Spitzenrefinanzierungsfazilität (*marginal lending facility* [EZB] bzw. *discount window*[5] [US-Notenbank und Bank of England]) bildet schließlich den dritten Leitzins, der verändert werden kann. Die Spitzenrefinanzierungsfazilität erlaubt es den Banken, sich kurzfristig, in der Regel bis zum nächsten Geschäftstag (Übernachtkredit), *direkt* von der Zentralbank außerhalb der Offenmarktgeschäfte zum Spitzenrefinanzierungssatz Geld zu leihen. Während die Hauptfinanzierungsgeschäfte auf Initiative der Notenbanken zustande kommen, können sich Banken über die Spitzenrefinanzierungsfazilität jederzeit aus eigener Initiative an die Zentralbanken wenden.

Normalerweise beschaffen sich die Banken finanzielle Mittel allerdings am Geldmarkt und insbesondere im Schattenbankensystem, da dort die Zinssätze unter dem Spitzenrefinanzierungssatz liegen.[6] Banken müssen also mehr Zinsen

5 Der Begriff »discount window«, Diskontfenster, verweist auf den speziellen Schalter, den es bei der Bank of England und auch bei der Federal Reserve gab, an den sich die Banken wenden konnten, um kurzfristig Geldmittel zu erhalten.

6 Auf Geldmärkten werden Vermögenswerte mit kurzer bis sehr kur-

Abbildung 2: Leitzins verschiedener Zentralbanken zwischen 2000 und 2021 (in Prozent)

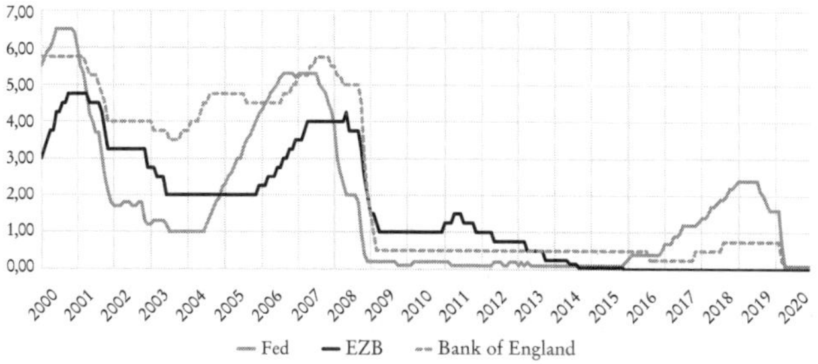

Quelle: eigene Darstellung, basierend auf Daten der Fed, der EZB und der Bank of England.

zahlen, wenn sie sich an die Zentralbank wenden. Auch ist die Nachfrage nach der Spitzenrefinanzierungsfazilität mit einem Stigma behaftet (Lee/Sarkar 2018).[7] Wenn eine Notenbank den Spitzenrefinanzierungssatz senkt, senken in Nichtkrisenzeiten normalerweise die Privatbanken ebenfalls die Zinssätze auf dem Geldmarkt, so dass hier eine gewisse Steuerungsmöglichkeit besteht.[8] Die Zinssätze auf dem Geldmarkt bewegen sich daher in Nichtkrisenzeiten norma-

zer (*overnight*) Fristigkeit gehandelt (ausführlich Stigum/Crescenzi 2007).

7 In der Finanzkrise war der Zinssatz des Diskontfensters der US-Notenbank niedriger als der des Geldmarktes. Dennoch bevorzugten viele Banken, sich Geldmittel über den Geldmarkt zu besorgen (vgl. Domanski/Moessner/Nelson 2014: 48 ff.).

8 Wenn Zentralbanken die Leitzinsen verändern, kann das neben der direkten Änderung der Konditionen, sich von der Zentralbank Geld zu leihen, auch über andere Kanäle Einfluss auf die Wirtschaft haben. Verändern können sich beispielsweise auch die Aktienkurse, die Erträge aus den Staatsanleihen, die Erträge aus Firmenanleihen, der Wert der Währung und die Bedingungen, zu denen Banken Kredite an Firmen vergeben (Stigum/Crescenzi 2007: 393 ff.).

lerweise zwischen dem Satz für die Einlagefazilität, der die Untergrenze für Zinsen auf Einlagen markiert, und dem Satz der Spitzenfinanzierungsfazilität, der die Obergrenze für Zinsen auf Kredite bestimmt (Bank of England 2015: 5). Diese Art der Geldmarktsteuerung wird auch als »Korridorsystem« bezeichnet.

Dieser Geldpolitik liegt die Annahme zugrunde, dass der Geldschöpfungsprozess der Geschäftsbanken partiell über den Leitzins der Zentralbank gesteuert werden kann, unterstützt durch die Festsetzung der Zinssätze auf die Reservekonten der Geschäftsbanken bei der Notenbank (vgl. McLeay/Radia/Ryland 2014a: 20f.; Bundesbank 2017b: 25ff.). Grund hierfür ist der Bedarf der Geschäftsbanken an Zentralbankgeld, um den öffentlichen Bargeldbedarf zu decken, vor allem aber zum Saldenausgleich zwischen den Geschäftsbanken und auch, um etwaige Mindestreserveanforderungen zu erfüllen: »Die Überlebensbedingungen der Banken sind bestimmt durch die Zugangsbedingungen zu Zentralbankgeld« (Mehrling 2011: 13).

Veränderungen des Leitzinses haben in der Regel also Auswirkungen auf den Zinssatz, mit dem die Geschäftsbanken sich untereinander und an Privatkunden Geld leihen. Je niedriger er liegt, umso eher werden unter sonst gleichen Bedingungen Kredite aufgenommen, so die Annahme. Werden die Zinsen umgekehrt erhöht, vermindert sich zumeist die Nachfrage nach Krediten. Der Leitzins der Zentralbank beinhaltet daher den Preis, zu dem sich die Geschäftsbanken mit Zentralbankgeld versorgen können (vgl. auch Mehrling 2013: 399ff.). Die Geldpolitik der Zentralbanken besteht also zumindest in Nichtkrisenzeiten überwiegend *nicht* darin, *direkt* die Menge an Reservegeld über Geldschöpfungsprozesse zu bestimmen, sondern vielmehr in dem Versuch, über die Festsetzung des Leitzinses und damit über den Preis für Zentralbankgeld die Nachfrage nach Reservegeld und auf diese Weise gesamtwirtschaftlich die Kreditvergabepraxis indirekt zu steuern (McLeay/Radia/Ryland 2014a: 21). Leitzinspolitik hat auf diese Weise eine Steuerungswirkung auf die Gesamtwirtschaft: »Änderungen des Leitzinses (oder der Erwartungen bezüglich des zukünftigen Leitzinses) beeinflussen daher die Geldmarktsätze, die Zinssätze für Bankeinlagen und -kredite sowie die Preise von Finanzanlagen, einschließlich des Wechselkurses. Diese Auswirkungen auf die Finanzmärkte und die damit verbundenen Änderungen der Erwartungen wirken sich wiederum auf Ausgabenentscheidungen und den Inflationsdruck in der Wirtschaft aus« (Bank of England 2015: 4). Mit diesen Mitteln versuchen Notenbanken einerseits einer Überhitzung der Wirtschaft entgegenzuwirken, indem Kredite verteuert und Investitionen zurückgefahren werden. Andererseits wird durch ein Absenken des Leitzinses die Kreditvergabe erleichtert, verbunden mit der Hoffnung, dass die wirtschaftlichen Aktivitäten zunehmen.

2.3 Lender of Last Resort

Die Zentralbanken nehmen eine Sonderstellung unter den Finanzakteuren ein, da ihre Verpflichtungen auch während einer Krise ihren Geldcharakter als gesetzlich anerkanntes Zahlungsmittel und daher als universelles Äquivalent für alle Vermögenswerte behalten (siehe Kapitel 3).[9] Im Gegensatz zu anderen Finanzakteuren hat eine Zentralbank kein Liquiditätsproblem, zumindest nicht in der eigenen Währung (Bundesbank 2017b). Sie kann die gewünschte Menge an Geld-

9 Allerdings kann eine Hyperinflation dazu führen, dass das gesetzliche Zahlungsmittel stark an Bedeutung verliert.

mitteln schaffen und durch den Kauf von Vermögenswerten, in den meisten Fällen Staatsanleihen des eigenen Staates, in Umlauf bringen.[10] Aus diesem Grund kann eine Zentralbank in der Krise als Lender of Last Resort, als Kreditgeber letzter Instanz, fungieren und – zumindest theoretisch – in unbegrenztem Umfang Geldmittel bereitstellen (Giannini 2011: 86ff.).[11] Die Idee hinter dem Agieren als Lender of Last Resort ist, dass eine Situation eintreten kann, in der ein Kreditinstitut im Prinzip solvent ist, jedoch längerfristige Verbindlichkeiten besitzt, so dass ihm die Geldmittel fehlen, um die kurzfristigen Verbindlichkeiten zu bedienen (siehe Tabelle 1).

Tabelle 1: Solvente und insolvente Finanzakteure

Solventer Finanzakteur A

	t	t + 1	t + 2	t + 3
Zahlungseingänge	10	10	10	10
Zahlungspflichten	5	5	5	5

Insolventer Finanzakteur B

	t	t + 1	t + 2	t + 3
Zahlungseingänge	10	10	10	10
Zahlungspflichten	20	0	0	0

Quelle: eigene Darstellung nach Mehrling 2011: 92ff.

10 Theoretisch kann eine Zentralbank alle möglichen Formen von Vermögenswerten monetarisieren, also z. B. auch Rohstoffe oder Aktien. Staatsanleihen haben den Vorteil, dass sie meist in genügend großer Menge vorhanden und in der Regel leicht liquidierbar sind (Stigum/Crescenzi 2007: 347).

11 Die Grenze der Geldschöpfung ist politisch bestimmt. Bei starker Geldschöpfungsaktivität nimmt *in der Regel* der Wert der Währung gegenüber anderen Währungen ab.

Beide Finanzakteure in Tabelle 1 weisen in der Zeit von t bis t + 3 Zahlungseingänge und -pflichten in derselben Höhe auf. Während der solvente Akteur jedoch zu jedem Zeitpunkt seinen Zahlungsverpflichtungen nachkommen kann, übersteigen beim insolventen Akteur die Zahlungsverpflichtungen zum Zeitpunkt t dessen Zahlungseingänge. Dieser Akteur ist unter Umständen gezwungen, einen hohen Preis für entsprechende Geldmittel zu bezahlen, um zum Zeitpunkt t den Zahlungspflichten nachzukommen, falls die Zentralbank in diesem Moment nicht entsprechende Geldmittel bereitstellt. Insbesondere in Krisenzeiten ist eine Unterscheidung zwischen insolventen und illiquiden Finanzakteuren jedoch schwierig, da länger anhaltende Illiquidität zur Überschuldung und damit zur Insolvenz führen kann (BIS 2014: 4; Tucker 2014: 14). Aber auch in Nichtkrisenzeiten ist im Finanzsystem die Möglichkeit zentral, sich im richtigen Moment Liquidität beschaffen zu können, da es gängige Praxis auf den Finanzmärkten ist, Geld langfristig anzulegen und kurzfristig zu leihen. Aus einer solchen Perspektive sind Kredite nichts anderes als eine Transformation von Fristen in die Zukunft – eines der zentralen Elemente des Finanzmarktes: »[B]orrow short and lend long« (Stigum/Crescenzi 2007: 432; vgl. Bank of England 2015: 4).

Aus marktliberaler Perspektive wird die Rolle des Staates bzw. der Zentralbanken als Lender of Last Resort häufig in Zusammenhang mit dem Begriff *moral hazard* diskutiert (Tucker 2014): Das Wissen der Finanzakteure um die Rettung durch die Notenbanken führe dazu, dass diese höhere Risiken in Kauf nehmen würden. Das gelte insbesondere für solche, die für das Finanzsystem von zentraler Bedeutung sind, die also in systemischer Hinsicht zu wichtig sind, als dass man sie fallenlassen würde (Stichwort »too big to fail«) (Kindleberger/Aliber 2005: 13). Da Zentralbanken auch dann noch Kredite an Finanzinstitute vergeben, wenn andere Akteure keine Liquidität mehr bereitstellen, können diese Institute die *Disziplinierung* durch den Markt vermeiden, so die Argumentation. Manche geben sogar der Fed eine Mitschuld an der globalen Finanzkrise 2007-09 (vgl. Taylor 2009).[12] Kritisiert wurde auch, dass die Zentralbanken den rechtlichen geldpolitischen Rahmen überschritten und insolvente Finanzinstitute retteten und letztlich zu viel Liquidität bereitstellten (Humphrey 2010). Allerdings wird selbst aus marktliberaler Perspektive seit der Finanzkrise kaum noch bezweifelt, dass dem Staat und insbesondere den Notenbanken eine bedeutende Rolle bei der Stabilisierung des Finanzsystems zukommt, gleichwohl einige betonen, dass staatliche Interventionen längerfristig gesehen eher indirekt sein sollten und insgesamt wieder zurückgehen müssten (World Bank 2013: xiii). Ob diese Meinung realistisch ist, darf angesichts der Entwicklungen seit der Covid-19-Pandemie bezweifelt werden.

12 Dem Staat die Schuld oder zumindest eine Mitschuld an Finanzkrisen zu geben ist eines der klassischen marktliberalen Argumente, die prominent unter anderem von Milton Friedman vertreten wurden (Friedman/Schwartz 1963).

3. Eine politische Theorie des Geldes

Geld existiert schon sehr lange, in verschiedenen Formen und Ausprägungen seit mehreren tausend Jahren. Und obwohl es tagtäglich verwendet wird, gibt es bis heute eine hitzige Debatte darum, was Geld genau ist. Woher kommt es? Kann es einfach per Anweisung geschaffen werden? Gibt es einen Unterschied zwischen der Geldschöpfung durch eine Zentralbank und dem Geld, das von Geschäftsbanken ausgegeben wird? Entstehen auf den Finanzmärkten neue Formen von Geld, wie Schattengeld und Derivate? Wie hängen Geld und Schulden zusammen, und worin besteht der Zusammenhang zwischen Geld, Ware und Wert? Schließlich: Ist Geld an etwas Materielles, wie Gold oder andere Fundamentalwerte, gebunden?

Im 21. Jahrhundert scheinen viele verschiedene Geldformen zu zirkulieren, und diversen Akteuren wird die Fähigkeit zugeschrieben, Geld schöpfen zu können (Cooper 2015; Bryan/Rafferty 2016). Zugleich halten sich Vorstellungen von Real- und Fundamentalwerten, und der Wert des Geldes wird weiterhin häufig an intrinsische oder vermeintlich objektive Werte geknüpft (Bieler/Morton 2008; Nitzan/Bichler 2009; Harvey 2011). Seit der zunehmenden Finanzialisierung, also der wachsenden Bedeutung der Finanzwirtschaft, und insbesondere seit der globalen Finanzkrise wird der Geldbegriff weiterhin auf alle möglichen Vermögenswerte und Finanzderivate angewandt (Cooper 2015; Bryan/Rafferty 2007, 2016). Bisweilen wird auch argumentiert, dass es keine eindeutige Definition von Geld geben kann, da sich dessen Erscheinungsformen historisch wandeln. Geld solle daher aus den mikrosozialen Praxen heraus verstanden werden (Zelizer 1995, 2005; Ganssmann 2012).

Diesen Konzeptualisierungen möchte ich hier widersprechen. Anhand der Gesellschaftstheorie Laclaus (Laclau 1990; 1996a, 2005) und rekurrierend auf Politökonomen wie Keynes, Marx, Weber und Schumpeter werde ich die sozioökonomische und politische Form des Geldes herausarbeiten. Hiernach handelt es sich bei Geld um eine besondere politisch-ökonomische Beziehung. Geld, oder genauer, die Geldform, besitzt an sich keinen Wert, solange dem jeweiligen Objekt Geld nicht eine entsprechende gesellschaftliche Bedeutung zugeschrieben wird. Der hier verfolgte Ansatz geht davon aus, dass es nicht möglich ist, die Geldform mit einem rein ökonomischen oder mikrosoziologischen Ansatz zu verstehen. Während viele verschiedene Kreditformen zwischen zwei Personen existieren können, handelt es sich bei Geld um eine sehr spezielle Kreditform (um eine Teilmenge der Kredite), die allein aufgrund eines politischen Aktes Form annimmt. Auch wenn dieser politische Akt nicht auf den Staat beschränkt ist, argumentiere ich in Übereinstimmung mit chartalistischen Theoretikern wie Knapp (1905), Keynes (1955 [1930]) und Ingham (2004) gegen Mises (1924), Ganssmann (2012) und die Mehrheit der wirtschaftswissenschaftlichen Konzeptualisierungen, dass der Staat eine wichtige Rolle für die Entstehung der Geldform spielt. Allerdings greifen manche der sogenannten »chartalistischen« Ansätze zu kurz, wenn sie die Geldform *allein* an den Staat knüpfen. Auch wenn dieser heutzutage eine herausragende Stellung einnimmt, so ist die Entstehung der Geldform nicht auf ihn reduzierbar. Vielmehr arbeite ich im Folgenden heraus, dass auch Gemeinschaften unabhängig vom Staat eine Geldform entwickeln können.

Ausgangspunkt der nun folgenden Argumentation ist die

Annahme, dass Waren keinen natürlichen oder intrinsischen Wert haben, sondern der Warenwert gesellschaftlich konstituiert ist. Geld drückt das Wert*verhältnis* der Waren zueinander aus und fungiert auf diese Weise als allgemeines Äquivalent für alle Vermögenswerte. Dieses allgemeine Äquivalent fasse ich mit dem Begriff des Mastersignifikanten. Geld stellt demnach die Maßeinheit eines Werts dar, der sich aus einem gesellschaftlichen Aushandlungsprozesses ergibt. Geld ist Ware (Devisenmärkte) und Ausdruck des Wertverhältnisses (Recheneinheit) aller anderen Waren zugleich. Auf diese Weise übernimmt ein partikulares Objekt die Rolle des allgemeinen Äquivalents für alle Vermögenswerte. Geld ist ein *Hybrid* aus Partikularität und Universalität, es hat einen spezifischen Wert und ist zugleich Ausdruck des Wertverhältnisses aller Waren. Geld ist allerdings kein passiver Ausdruck der Warenwerte, sondern konstituiert die Waren durch die Wertbenennung überhaupt erst. Geld definiert daher als Wertmaßstab nicht nur das Verhältnis der Warenwerte zueinander, sondern bestimmt, was als Ware gilt und was nicht. Wenn es nicht möglich ist, etwas in Geld auszudrücken, kann es in einer Marktwirtschaft nicht die Warenform annehmen. Daraus folgt, dass weniger das Objekt, das die Geldfunktion innehat, von Bedeutung ist, als vielmehr der politische Prozess, in dem bestimmt wird, welches Objekt diese Funktion übernehmen soll und welche Institution es auf welche Art und Weise vermehren darf.

3.1 Geld als Ware, Chartalismus und Konstruktivismus

Die einfachste Art der Konzeptualisierung von Geld ging davon aus, dass etwas dann die Geldform annehmen kann, wenn es einen intrinsischen Wert besitzt oder zumindest an einen materiellen Wert gebunden ist (kritisch hierzu bereits Knapp 1905; Innes 1913). Diese Vorstellung hielt sich recht lange, unter anderem deswegen, weil Edelmetallen, insbesondere Gold und Silber, ein intrinsischer Wert zugeschrieben wurde (und häufig immer noch wird). Die Frage, was Geld ist, wird oft auch schlicht mit dem Verweis auf dessen Funktionen beantwortet. Allgemein werden zumeist drei Funktionen unterschieden: Erstens fungiert Geld als Tausch- bzw. Zahlungsmittel. Es ermöglicht, wie bereits Adam Smith hervorhob, den Tausch von Dingen, die nichts miteinander gemein haben. Geld ist zugleich ein Wertaufbewahrungsmittel, eine abstrakte Kaufkraft. Entscheidungen zum Kauf von Dingen können aufgeschoben werden, Geld verbindet auf diese Weise die Gegenwart mit der Zukunft, es ist »eine scharfsinnige Einrichtung [...], um die Gegenwart mit der Zukunft zu verbinden« (Keynes 2009 [1936]: 248). Schließlich ist Geld auch eine Recheneinheit, ein Wertmaß, mittels dem sich alle (anderen) Waren miteinander vergleichen lassen. Dieses allgemeine Wertmaß ermöglicht die Kalkulation von Preisen, Kosten, Leistungen, von Schulden und Kredit, Profit und Verlusten (Ingham 2011: 67).

Offensichtlich ist jedoch nicht alles, was Wert speichert, Geld. Das wird ersichtlich an den diversen Anlageprodukten wie Häusern, Kunstobjekten oder Aktien. Auch kann Geld verschiedene Formen annehmen, wie Silber- und Goldmünzen, bedruckte Baumwolle (das Material, aus dem die meisten der heutigen Geldscheine gefertigt werden) oder als digitaler Eintrag auf einem Bankkonto. Ebenso wenig ist alles, was getauscht werden kann, Geld. In Krisenzeiten und insbesondere in Zeiten hoher Inflation ist Geld nur sehr bedingt ein sinnvoller Wertspeicher. Schließlich variiert der Wert von Geld, also der Währungen untereinander, wie die schwankenden Wechselkurse auf den Devisenmärkten zeigen. Der Verweis auf die genannten drei Funktionen von Geld ist daher nicht hinreichend, um Geld eindeutig zu charakterisieren.

Allgemein existieren zwei grundsätzlich gegensätzliche Konzeptualisierungen von Geld: Die eine geht davon aus, dass es sich um eine Ware und ein Tauschmittel handelt, für die andere ist es eine Recheneinheit und eine abstrakte Wertform. Erstere steht in der Tradition von Adam Smith (1974 [1776]), Carl Menger (1892; 1970) und Ludwig von Mises (1924). Auch innerhalb der Wirtschaftswissenschaften wird Geld weiterhin überwiegend als Ware und Tauschmittel konzeptualisiert (Mankiw 2017). Es sei, so die Auffassung, durch unzählige Markttauschakte spontan entstanden. Da direkter Tausch (etwa ein Huhn gegen ein Brot oder einen Mantel gegen einen Tisch) sehr ineffizient ist, hätte sich irgendwann diejenige Ware, die sich als die am besten tauschbare Ware erwies, also als die im Hinblick auf die Reduzierung der Transaktionskosten effizienteste Ware, als Standard durchgesetzt, gegenüber der nun alle anderen Waren getauscht werden konnten. Aus dieser Mikrofundierung des Geldes wird anschließend die Recheneinheit abgeleitet (vgl. Innes 1913).[1] »›Geldhaftigkeit‹ wird tautologisch mit ›Tauschbarkeit‹ gleichgesetzt – also als die ›liquideste‹ Ware« (Ingham 2004: 6). Nach diesem Verständnis vereinfacht Geld ökonomische Prozesse, die sonst genauso oder zumindest in ähnlicher Weise abgelaufen wären. Es ist nicht mehr als ein »Schmiermittel« (David Hume), eine »Drehscheibe, die Vermögen zirkulieren lässt« (Adam Smith), ein neutraler Schleier, der selbst keinen Einfluss auf ökonomische Pro-

1 Interessanterweise teilen auch einige neomarxistische Analysen diese Sichtweise (vgl. Fine/Lapavitsas 2000; Lapavitsas 2003), wobei darum gestritten wird, ob Marx selbst ebenfalls diesen Ansatz vertreten hat (Heinrich 2003: 220ff.; Lapavitsas 2005; Ingham 2006; Knafo 2007).

zesse hat, wie Schumpeter kritisch anmerkt: »Solange es [das Geld] normal funktioniert, beeinträchtigt es ökonomische Prozesse nicht. Diese laufen genauso ab, wie sie in einer Tauschwirtschaft ablaufen würden: Das impliziert jedenfalls der Begriff des neutralen Geldes« (Schumpeter 1986 [1954]: 264). Aus diesem Grund galt Geld in vielen ökonomischen Theorien als eine vernachlässigbare Größe. Auch die heutigen Wirtschaftswissenschaften beschäftigen sich nicht sonderlich mit Fragen der Geldform. Geld wird schlicht als eine Ware unter vielen Waren verstanden. Es könne, so die Annahme, mit den existierenden mikroökonomischen Ansätzen zu Nachfrage und Angebot analysiert werden. Noch bis Mitte des 19. Jahrhunderts war davon ausgegangen worden, dass sich der Wert des Geldes nach den Kosten seiner Produktion (vor allem der Gold- und Silbermünzen) bestimmt. Ende des 19. Jahrhunderts setzte sich dann die Argumentation von Alfred Marshall durch, der mit der Grenznutzentheorie argumentierte, dass der Wert von der Nachfrage und vom Angebot abhängt, also vom Grenznutzen der Individuen. Letztlich sei es dieser Marktprozess, der Geld seine Geltung verschaffe und seinen Wert beimesse, und nicht der Staat (oder eine andere Autorität), wie Chartalisten behaupten.

Chartalistische Ansätze kritisieren diese überwiegend neoklassischen Ansätze und argumentieren, dass die Funktion der Recheneinheit das Kriterium ist, das Geld definiert, und dass dieser Wertmaßstab eines rechtlichen Rahmens bedarf: »Das Geld ist ein Geschöpf der Rechtsordnung« (Knapp 1905: 1). Hiernach sei es unmöglich, dass sich allein über Tauschhandel ein stabiles Tauschverhältnis einer Ware gegenüber allen anderen Waren herausbilde, wodurch diese in die Lage versetzt werden würde, als stabiler Wertmaßstab für alle Waren zu fungieren: »Ein Gegenstand, der nur als ein zweckdienliches Mittel des örtlichen Austausches Verwendung findet, mag sich dem Gelde annähern, insofern, als er ein Mittel zur Ansammlung von Kaufkraft darstellen mag. Aber wenn es dabei bleibt, so haben wir uns kaum von dem Zustand des Naturaltausches entfernt« (Keynes 1955 [1930]: 1). Tauschprozesse produzierten zwar viele Tauschverhältnisse, nicht aber die Maßeinheit des Tausches selbst (Ingham 2004: 15 ff.). Es sei vielmehr genau umgekehrt: Ein echter Markt setze die Existenz eines akzeptierten Wertmaßstabs voraus, in dem sich Angebot und Nachfrage ausdrücken können. Es sei der abstrakte Nennwert des Geldes (*money of account*), der zähle: »Eine Geldeinheit ist bloß ein willkürlich festgelegter Nennwert [...], der als ein mehr oder weniger genaues Maß für den Wert aller Waren dient« (Innes 1913: 399). Aus dieser Funktion leiten sich dann alle Geldformen und anderen Funktionen ab. Geld begreift dieser Ansatz in erster Linie als Maßstab und Speicher allgemeiner Kaufkraft, der es ermöglicht, diese über Raum und Zeit zu transportieren und zu erhalten. Gold würde dann zu Geld, wenn bestimmte Autoritäten, insbesondere der Staat, den Preis des Goldes an einem bestimmten Geldwert fixieren (zum Beispiel »Eine Feinunze Gold entspricht 1000 Dollar«; siehe Knapp 1905; Keynes 1955 [1930]).

Es ist zumeist der Staat, der den Wertmaßstab bestimmt und ein Zahlungsmittel autorisiert, diesen Wert zu symbolisieren. Die *Geltung* des staatlichen Geldes basiert darauf, dass der Staat eine bestimmte Geldform als gesetzliches Zahlungsmittel (nicht zuletzt für die zu entrichtenden Steuern) akzeptiert und die Staatsausgaben mit diesem Geld vollzieht (Wray 2004).[2] Keynes hebt ebenfalls die Bedeutung des Staa-

2 In der Staatstheorie des Geldes (Chartalismus) ist es vor allem die Eigenschaft, als gesetzlich autorisiertes Zahlungsmittel für regelmäßig zu entrichtende Steuern zu fungieren, die ein Objekt zu Geld macht.

tes hervor: »Der Staat tritt demnach in erster Linie als die gesetzliche Gewalt auf, die die Zahlung des Gegenstandes erzwingt, der dem Namen oder der Beschreibung in dem Kontrakt entspricht« (Keynes 1955 [1930]: 4).[3] Tatsächlich haben seit der Moderne vor allem Staaten die Autorität inne zu bestimmen, welcher allgemeine Wertmaßstab als Geld dienen soll: »Legal kann ein Staat beliebige Arten von Objekten als ›gesetzliches Zahlungsmittel‹ und jedes chartale Objekt als ›Geld‹ im Sinn von ›Zahlungsmittel‹ bestimmen« (Weber 1922: 133). Auch ist (meist) nur der Staat befugt, Geld als Bargeld drucken zu lassen.[4] Während das gesetzliche Zahlungsmittel vom Staat vorgegeben wird, kann der Wert des Geldes, dessen *Validität*, im Sinne von Kaufkraft, aber nur sehr bedingt gelenkt werden.

Die starke Fokussierung auf den Staat hat allerdings von verschiedenen Seiten zu Kritik am Chartalismus geführt. Bereits bei Max Weber heißt es: »Nicht abzusehen ist, warum nur staatliche Proklamation, nicht auch Konvention oder paktierter Zwang zur Annahme für den Begriff [des Zahlungsmittels] ausreichen sollen« (Weber 1922: 41). Auch Keynes reduzierte die Etablierung von Geld nicht auf den Staat, als er schrieb, dass es »der Staat oder die Gemeinschaft [war ...], die bestimmte, welche Art oder Güte der Einheit zur Erfüllung einer Zahlungsverpflichtung [...] verwendet

3 »Er tritt aber mit einer doppelten Kompetenz auf, wenn er außerdem das Recht in Anspruch nimmt, zu entscheiden und zu erklären, welcher Gegenstand dem Namen entspricht und seine Erklärung von Zeit zu Zeit zu ändern« (Keynes 1955 [1930]: 4).

4 Wenn der Staat schwach ist bzw. wenn die Menschen dem Staat nicht zutrauen, die Währung stabil zu halten, kann es zur Entwicklung von Parallelwährungen oder auch zu einem Prozess kommen, der heute unter dem Begriff »Dollarisierung« gefasst wird, also der Verbreitung unterschiedlicher Währungen auf ein und demselben Territorium (Priewe/Herr 2005).

werden sollte« (Keynes 1955 [1930]: 11). Er führte aus: »Überdies ist es für Geldverträge besonders charakteristisch, daß der Staat oder die Gemeinschaft nicht nur die Übergabe erzwingen, sondern daß sie auch bestimmen, was übergeben werden muß, damit ein Vertrag, der auf die Rechnungseinheit lautet, abgeschlossen ist« (Keynes 1955 [1930]: 4). Demzufolge ist der Staat nur ein möglicher, wenn auch herausragender Akteur hinsichtlich der Etablierung des allgemeinen Äquivalents und bezüglich der Schaffung von Vertrauen in dieses Äquivalent. Vertrauen in Kryptowährungen wie beispielsweise Bitcoin soll über den vollständig technisierten und mathematisierten Prozess der Geldschöpfung, Mining genannt, entstehen. Ob Vertrauen langfristig und auch in Krisenzeiten stabilisiert werden kann, hängt von vielen Faktoren ab. Konings (2015: 260) spricht daher von einem »Vertrauensspiel, [...] das [...] die Unsicherheit niemals eliminiert«. In diesem Vertrauensspiel sind Zentralbanken die wichtigsten Akteure, da sie nicht nur (solvente) Geschäftsbanken, sondern das gesamte Finanzsystem absichern und auf diese Weise Vertrauen in dessen Stabilität schaffen. Beggs (2017) argumentiert, dass zwischen einer Autorität, die Geld erschafft und rechtlich etabliert, und dem Prozess, in dem Geld geschöpft wird, unterschieden werden sollte. Diese Differenzierung ist wichtig, sie führt allerdings nicht notwendigerweise zu einer Kritik an der Bedeutung des Staates für die Geldschöpfung. Selbst im Chartalismus wird nicht bestritten, dass Geld auch privat geschaffen wird.[5]

5 Ingham drückt sich allerdings zumindest missverständlich aus, wenn er konstatiert, dass der Staat nicht nur die Geldform bestimmt, sondern auch den substantiven Wert des Geldes (Ingham 2004: 84). Wie Beggs (2017: 5 f.) ausführt, geht eine Deutung des Begriffs des substantiven Werts auf Weber zurück, der damit dessen Tauschwert (gegenüber anderen Währungen) benennt. Auch wenn die Staaten

Konstruktivistische Ansätze gehen noch einen Schritt weiter. Sie problematisieren nicht nur die starke Fokussierung auf den Staat, sondern rücken den Aspekt der sozialen Konstruktion in den Mittelpunkt ihrer Analyse (Konings 2015; Beggs 2017). Insbesondere der Philosoph John Searle (1997; 2005) hat herausgearbeitet, dass das, was, wie er es nennt, eine soziale Tatsache wie Geld ausmacht, allein auf sozialer Zuschreibung beruht. Allerdings fehlt Searle eine Theorie, die erklärt, *auf welche Weise* soziale Institutionen entstehen. Sein Ansatz verbleibt in der wenn auch wichtigen Feststellung der sozialen Konstruiertheit des Geldes. Fragen von Herrschaft, gesellschaftlichen Machtverhältnissen und die politischen Dimensionen blendet er aus. Das gilt in ähnlicher Weise auch für Ganßmann. Zwar betont er richtigerweise alltägliche Praxen, also die Handlungsaspekte des Geldes – »doing money« (Ganssmann 2012) –, aber daraus wird ein fast schon voluntaristischer Ansatz: »Letztlich geht es darum, das Geld durch spontane soziale Interaktionen zu erklären« (Ganßmann 2004: 30). Während Ganßmann also den richtigen Punkt hervorhebt, dass sich Geld in die Alltagshandlungen der Menschen einschreiben muss, geht bei ihm zugleich die politische Dimension des Geldes verloren: »Geld sollte man sich nicht als etwas Universelles vorstellen, nicht als etwas, das irgendwann für immer und ewig in die Gesellschaft eingeführt wird, sondern eher als so etwas wie eine Fa-

bzw. deren Zentralbanken heutzutage eine herausragende Stellung innehaben, so sind sie nicht in der Lage, den Wert der Währung vorzugeben (siehe hierzu auch Schumpeters [1986 {1954}: 1056f.] Kritik an Knapp). Allerdings bezieht sich Ingham hier nicht auf Webers Definition, sondern eher auf die Interpretation von Wert als »working fiction« von Mirowski (1991). Beggs (2017: 10ff.) wiederum verwechselt den Wert des Geldes mit dem Wert (Preis) einer Ware.

milie eng miteinander verwandter Praktiken und Objekte« (Ganßmann 2004: 30).

Wie ich im Folgenden ausführe, ist Geld mehr als nur der Austausch irgendeines Zahlungsversprechens. Es fungiert als *allgemeines* und also gesellschaftlich anerkanntes und politisch notfalls mit Zwangsmitteln durchgesetztes Zahlungsversprechen. Deswegen wird hier Ganßmann widersprochen, wenn er Kreditverhältnisse als Teilmenge von Geldverhältnissen ansieht (Ganssmann 2012: 112ff.). Die alltägliche soziale Interaktion ist keine hinreichende Erklärung dafür, wie etwas zu Geld wird und was Geld ausmacht. Ein Zahlungsversprechen wird nur dann zu Geld, wenn es allgemeingültig ist, also an beliebig viele weitere Personen (innerhalb des jeweiligen Geltungs- bzw. Währungsraums) weitergereicht werden kann und andere sich mit diesem Zahlungsversprechen jede beliebige Ware kaufen können, solange es den Warenwert in Form des Preises abdeckt. Das Zahlungsversprechen muss verallgemeinert, gesellschaftlich anerkannt und politisch durchgesetzt werden. Der Übergang von einem spezifischen Zahlungsversprechen zur allgemeinen Geldform bedarf eines politischen Akts und ist aus diesem Grund potenziell konflikthaft. Kreditverhältnisse sind also keine Teilmenge von Geldverhältnissen, sondern umgekehrt: Geld ist eine besondere Teilmenge von Kreditverhältnissen. Geld stellt einen allgemein anerkannten Kredit dar, der weitergereicht werden kann. Erst wenn ein Objekt als allgemeines Äquivalent gesellschaftlich (bzw. im jeweiligen Geltungsraum) anerkannt ist, kann es die Funktionen von Geld übernehmen.

Der Staat spielt heutzutage zweifellos eine herausragende Rolle bei der Geldwerdung. Doch der politische Akt der Geldwerdung sollte dennoch nicht allein auf den Staat bezogen werden. Stattdessen ist es sinnvoller, auf ein erweitertes Verständnis von Politik zurückzugreifen und auch andere Formen gesellschaftlicher Aushandlungsprozesse in die Analyse zu integrieren (siehe hierzu auch Weber 1922: 41f.).[6] Ich schlage daher vor, unterschiedliche gesellschaftliche, rechtliche und auch (finanz-)marktinterne Prozesse miteinzubeziehen. Eine solche Konzeptualisierung der Etablierung der Geldform verknüpfe ich weiterhin mit dem Hegemoniebegriff Ernest Laclaus (Laclau 2005). Dieser betont einerseits, wie auch die Vertreterinnen und Vertreter des Chartalismus, dass gesellschaftliche Prozesse Zwangselemente enthalten und Akteure über ungleiche Machtinstrumente verfügen: »Die Etablierung des Versprechens auf Zahlung setzt eine ›Autorität‹ voraus, die letztendlich auf Zwang beruht. [...] Die monopolistische Durchsetzung des Wertmaßstabs [...] geht Hand in Hand mit der Monopolisierung physischer Gewalt« (Ingham 2004: 76). Der Begriff der Hegemonie erweitert aber zugleich den der Autorität. An den Theoretiker Antonio Gramsci angelehnt, werden so das gesellschaftliche Ringen um die Akzeptanz der Geldform und konsensuale Prozesse stärker in den Fokus gerückt: »[Hegemonie] zeichnet sich durch die Kombination von Zwang und Konsens aus« (Gramsci 1991: 1610). Davon ausgehend wird es möglich, die vielschichtigen politischen und sozioökonomischen

6 Auch haben historische Arbeiten gezeigt, dass die Geldform bereits vor der Staatsform existiert hat und die Geldform auch unabhängig vom Staat existieren kann (Zelizer 1995; Ingham 2004).

Dimensionen der Etablierung und Produktion von Geld herauszuarbeiten (sehr schön zeigt Zelizer [1995] die Debatten im 19. Jahrhundert um die Durchsetzung der »Greenbacks«, also des staatlichen US-Dollar, innerhalb der USA auf). In konflikthaften Prozessen wird darum gerungen, das Objekt festzulegen, das zum allgemeinen Äquivalent Geld werden soll, die Vermögenswerte zu bestimmen, die nach Bedarf zum Nennwert mit Geld gehandelt werden können, und die Institutionen festzulegen, die dieses Geld schöpfen dürfen. Der Hegemoniebegriff erfasst die heutige Bedeutung des Staates und ermöglicht zugleich ein Verständnis der Geldform unabhängig vom Staat bzw. über den Staat hinaus. Ein Objekt wird zu Geld, *sobald es aufgrund eines politischen Prozesses als allgemeines Äquivalent für die Vermögenswerte, die in dieser Gemeinschaft gehandelt werden, durchgesetzt, anerkannt und institutionell abgesichert wird.* Die allgemeine Akzeptanz des Geldes ist also ein notwendiger Bestandteil der Definition des Geldes (siehe ähnlich Bell 2001: 150f.; Wullweber 2019a).

Die Gesellschaftstheorie Laclaus spezifiziert den gesellschaftlichen Prozess, durch den sich Wertgenerierung vollzieht (Wullweber 2010: 63ff.). Demnach findet innerhalb gesellschaftlicher Auseinandersetzungen ein Ringen um die Etablierung bestimmter Wertzuschreibungen statt. In diesem durchaus konflikthaften Prozess versuchen verschiedene gesellschaftliche Akteure, ihre Interessen zu verallgemeinern (Laclau 2004: 283f.). Für solche gesellschaftlich universalisierte Bedeutungen und Allgemeininteressen hat Laclau das Theorem des Mastersignifikanten in seine Gesellschaftstheorie eingeführt.[7] Damit versucht er den spezifischen Ausdruck

7 Er nennt ihn auch den leeren Signifikanten (Laclau 1996b; Wullweber 2015).

eines Partikularinteresses zu fassen, das in gesellschaftlichen Prozessen universalisiert werden konnte.

Je stärker das jeweilige Partikularinteresse universalisiert – hegemonial – geworden ist, umso weniger ist dessen vormaliger Partikularismus ersichtlich. In der Hegemonietheorie ist es insbesondere der Übergang von partikularen Interessen zum Allgemeininteresse, symbolisiert durch den Mastersignifikanten, in der die gesellschaftlichen Auseinandersetzungen stattfinden (Laclau 2005: 96f.; Wullweber 2019b). In dem Moment, in dem ein Mastersignifikant hegemonial geworden ist, werden verschiedene allgemeine Interessen mit ihm gleichgesetzt. Der Mastersignifikant ist kein passiver Ausdruck dieser allgemeinen Interessen, sondern wirkt durch den Benennungsprozess konstituierend auf die Interessen und mit diesen assoziierte Bedeutungen zurück (Wullweber 2012, 2015).

3.3 Geld als Mastersignifikant

Vermögenswert und allgemeines Äquivalent

Geld drückt den Wert einer Ware bzw. eines Vermögenswertes in Form eines Preises aus.[8] Wenn es möglich wäre, diesen Wert direkt auszudrücken bzw. wäre er direkt aus einer Ware heraus erkennbar, wäre Geld obsolet.[9] Der *Umweg* über das Geld wäre nicht nötig. Entgegen der Substanztheorie folgt daraus, dass kein *natürlicher Wert* eines Vermögenswertes

8 Zur Diskussion von Werttheorien siehe Heinrich 2003. Zum Verhältnis von Wert und Preis Beckert/Aspers 2011.

9 Wenn hier von Wert die Rede ist, handelt es sich um den Marktwert. Andere Wertezuschreibungen, zum Beispiel nach moralischen oder ästhetischen Kriterien, werden hier nicht diskutiert.

existiert (Mirowski 1991; siehe auch Mirowski 1986; Konings 2018). Im ersten Band des *Kapitals* schreibt Marx: »Im graden Gegenteil zur sinnlichen groben Gegenständlichkeit der Warenkörper geht kein Atom Naturstoff in ihre Wertgegenständlichkeit ein« (Marx 1973 [1867]: 62). Vielmehr drückt sich der Wert einer Ware nur im Verhältnis zu den Werten anderer Waren aus. Ein Kubikmeter Brennholz ist so viel wert wie x Kilo Mehl, wie y Liter Milch usw. Nun sind x und y aber keine fixierten Größen, sondern abhängig vom Bedarf, von der vorhandenen Menge, von den jeweiligen Präferenzen, von der Qualität, der Produktionskapazität, der jeweiligen Kultur usw. Der Warenwert sieht daher von den besonderen Qualitäten der Ware ab und drückt Qualität – als soziales Verhältnis – nur im Verhältnis zu anderen Gütern aus. Auch reflektiert das Wertverhältnis der Waren untereinander Bedarf, Präferenzen etc., also soziale Aspekte und keine objektiven Werte. Indem der Warenwert das Verhältnis zwischen Waren ausdrückt und dieses Verhältnis sozial bedingt ist, beinhaltet der Warenwert ein gesellschaftliches Verhältnis. Auch wenn Marx den Wert der Waren letztlich auf die abstrakte menschliche Arbeitskraft zurückführt, sieht er doch ganz ähnlich die Wertgegenständlichkeit als »rein gesellschaftlich« (Marx 1973 [1867]: 62) an und konstatiert, dass »sie nur im gesellschaftlichen Verhältnis von Ware zu Ware erscheinen kann« (Marx 1973 [1867]: 62).

Wenn hier also davon ausgegangen wird, dass es keine Fundamentalwerte gibt, sondern der Wert einer Ware gesellschaftlich verhandelt wird, dann wären Preise nicht »der Versuch der Abbildung von Werten« (Hiß/Rona-Tas 2011: 470). Vielmehr würden Preise die Marktwerte in diesem spezifischen Moment tatsächlich abbilden (falls sie gezahlt werden). Das würde heißen, dass es in einem marktwirtschaftlichen Wirtschaftssystem die Waren betreffend keine grundlegende Differenz zwischen dem Wert einer Ware und dem gezahlten Preis gibt. Der Preis stellt den gesellschaftlichen Wert einer Sache in Relation zu den Werten der anderen Waren dar. Es ist dann nicht zutreffend, dass es einer »Übersetzung von Werten in Preise bedarf« (Hiß/Rona-Tas 2011: 474). In diesem Punkt stimme ich mit der Grenznutzentheorie überein, für die der Preis einer Ware dem Warenwert entspricht: »Statt weiterhin zwischen Marktpreis und Wert zu unterscheiden, gab die Grenznutzentheorie die Vorstellung von einem objektiven Maßstab für den ökonomischen Wert von Dingen auf – handele sich nun um Land, Arbeit oder sonst etwas – und verankerte den Wert ausschließlich in der Sphäre des Tausches auf dem Markt« (Beckert/Aspers 2011: 9, zit. n. Hiß/Rona-Tas 2011: 476). Daraus folgt jedoch nicht, dass es perfekte Preise gibt, aber es gibt nach dem hier verfolgten Ansatz ebenso wenig »den ›wirklichen‹ Wert der Dinge« (Hiß/Rona-Tas 2011: 476). Preise wie Werte werden gesellschaftlich verhandelt.

Die Relationalität von Waren allein führt jedoch nicht notwendigerweise zur Verwendung von Geld. Wenn zwei Waren unter sonst gleichen Bedingungen getauscht werden, ist der Einsatz von Geld nicht nötig, dann könnte beispielsweise stets ein Kubikmeter Brennholz gegen ein halbes Kilogramm Mehl getauscht werden. Bei zunehmender Marktgröße wird der Tausch allerdings auch zunehmend komplexer und unübersichtlicher, da jede Ware im Verhältnis zu jeder anderen Ware ausgedrückt werden muss. Bei 10 Waren gibt es bereits 45 Relationen, bei 100 Waren sind es 4950 und bei 1000 Waren bereits 499 500.[10] Wenn nun eine der Waren, etwa das Brennholz, knapp wird oder stärker nachgefragt

10 Die Formel hierzu lautet: $X = (n^2 - n)/2$.

wird, muss nicht nur ein Tauschverhältnis verändert werden, zum Beispiel für 1 m^3 Brennholz gibt es jetzt ein Kilogramm Mehl, sondern 999 Tauschverhältnisse (bei 1000 Waren). Ab einer bestimmten Marktgröße und aufgrund veränderter Produktionsbedingungen und Nachfrage wird der Ausdruck in den jeweiligen Tauschverhältnissen impraktikabel. Die Lösung der Tauschproblematik liegt in der Schaffung einer dritten Instanz, zu der alle Waren ins Verhältnis gesetzt werden können.[11] In dieser dritten Instanz drücken sich dann die Verhältnisse der anderen Waren aus. Da ganz unterschiedliche Dinge und Tätigkeiten ins Verhältnis gesetzt werden, kann dieses Dritte nicht etwas sein, das alle Waren aus sich heraus bereits teilen würden. Das Dritte nimmt Abstand von den konkreten Waren, indem es nur das Wert*verhältnis* der Waren untereinander ausdrückt. Ist diese dritte Instanz geschaffen, stehen die Waren nur in Bezug auf diese Instanz miteinander in einer Äquivalenz. Ihre Äquivalenz ist vermittelt (Abbildung 3).

Diese dritte Instanz erhält nun eine ganz eigene Bedeutung. Sie wird zum allgemeinen Äquivalent, zur Äquivalenz der Dinge überhaupt: Sie wird zu Geld. Geld, der allgemeine Wertmaßstab, ermöglicht den Warentausch und schließt zugleich vom monetären Warentausch alles aus, was nicht über diesen Wertmaßstab ausgedrückt werden kann (Keynes 1955 [1930]).

Geld kann selbst einen Gebrauchswert haben und auch eine Ware sein. Historisch hat sich gezeigt, dass es verschiedene Objekte gab, die als Geld fungierten (Silber, Gold, Schuldscheine, Muscheln, Zigaretten etc.). Das Besondere

11 Eine andere Lösungsmöglichkeit wäre, sich die Waren zu schenken. Dann wäre nicht nur Geld obsolet, sondern auch das Tauschverhältnis belanglos.

Abbildung 3: Das allgemeine Äquivalent

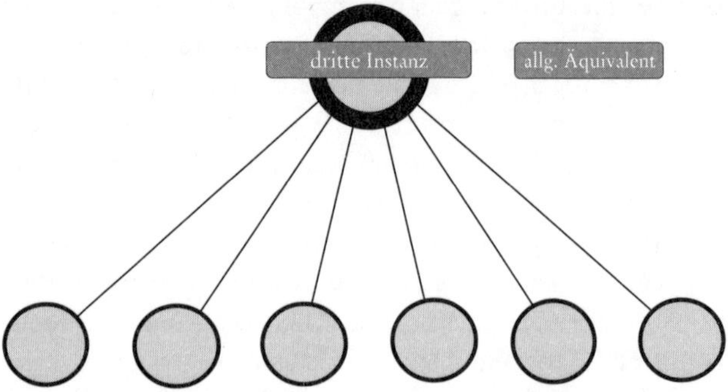

Quelle: eigene Darstellung.

dieser Objekte ist, dass sie als partikulare Dinge zugleich die Rolle eines allgemeinen Äquivalents für andere Warenwerte übernehmen. Mit ihnen kann das Verhältnis anderer Vermögenswerten zueinander definiert werden. Sie repräsentieren *das soziale Verhältnis* der Vermögenswerte. In diesen Objekten sind also Partikularität und Universalität vereint. Allerdings sind es nicht die spezifischen, inhärenten Eigenschaften des Geldes als Ware oder dessen Warenwert, die das Besondere des Geldes ausmachen, sondern dessen Eigenschaft als allgemeiner Wert*maßstab*. Diese Eigenschaft hebt das Geld von allen anderen Waren ab: »Geld ist das ›Geltende‹ schlechthin […]. Alle anderen Dinge haben einen bestimmten Inhalt und gelten deshalb; das Geld umgekehrt hat seinen Inhalt davon, daß es gilt, es ist das zur Substanz erstarrte Gelten, das Gelten der Dinge ohne die Dinge selbst. Indem es so das Sublimat der Relativität der Dinge ist, scheint es selbst dieser entzogen zu sein« (Simmel 2011 [1900]: 86).

Historisch hat sich gezeigt, dass bestimmte Eigenschaften von Vorteil und wahrscheinlich auch gesellschaftlich notwendig sind, um diese Funktion ausfüllen zu können. Geld muss als Träger des allgemeinen Warenwerts eine gewisse Beständigkeit haben, es muss transportfähig und nur begrenzt vorhanden sein, bzw. es muss die Möglichkeit geben, dessen Menge zu begrenzen. Nun gab es aber stets verschiedene Dinge mit gewisser Beständigkeit, die transportabel und begrenzt verfügbar waren, um diese Rolle zu übernehmen. Wie kam es dazu, dass einige Dinge, wie Gold oder Banknoten, zu Geld wurden und andere nicht? Historisch haben stets verschiedene Wertmaßstäbe nebeneinander existiert, auch in derselben Region (Zelizer 1995; Ingham 2004: 87ff.). Heute sind es vor allem die Währungen der Staaten, die diesen allgemeinen Wertmaßstab ausfüllen. Mit der Einführung des Euro als Buchgeld fungierte dieser als allgemeiner Wertmaßstab für die vorherigen Währungen des Euroraums, deren Wertverhältnis zueinander fixiert wurde und seitdem in Euro ausgedrückt wird (Goodhart 1998).

Geld als allgemeiner Wertmaßstab ist Ausdruck historisch spezifischer gesellschaftlicher Entwicklungen. Über historische Sozialisationsprozesse werden diese Entwicklungen potenziell naturalisiert und enthistorisiert (Husserl 1978; Carruthers/Babb 1996). Wurde ein allgemeiner Wertmaßstab etabliert und gesellschaftlich akzeptiert, kann es nach einiger Zeit so erscheinen, als ob Geld seine Rolle als Wertmaßstab nur ausführen kann, weil es selbst immer schon einen besonderen Wert gehabt hatte, wie beispielsweise Gold: »Die Diskussion über das Wesen des Geldes wird allenthalben von der Frage durchzogen: ob das Geld, um seine Dienste des Messens, Tauschens, Darstellens von Werten zu leisten, selbst ein Wert sei und sein müsse, oder ob es für diese genüge, wenn es, ohne eigenen Substanzwert, ein bloßes Zeichen und Symbol wäre, wie eine Rechenmarke, die Werte vertritt, ohne ihnen wesensgleich zu sein« (Simmel 2011 [1900]: 97).

Innes führt entsprechend bezogen auf den zu seiner Zeit vorherrschenden Goldstandard aus: »All die gesetzlichen Festlegungen des Goldpreises in der modernen Zeit sind bloß Überbleibsel der mittelalterlichen Theorie, der zufolge die disaströsen Schwankungen von Geldeinheiten auf mysteriöse Weise mit dem Preis der Edelmetalle zusammenhängen. Wenn man deren Preis, so die Überzeugung, kontrollieren und seine Schwankungen beseitigen könnte, sei die Geldeinheit ebenfalls unveränderbar« (Innes 1913: 400).

Es ist nicht die Substanz oder die Materialität des Geldes, die zählt, sonst müsste dieser Materialität ein Wertmaßstab innewohnen. Die Wertform des Geldes ist vielmehr von dessen Substanz zu unterscheiden. Der Auffassung, Geld hätte einen inhärenten Wert, fehlt diese analytische Unterscheidung. Die Form des Geldes (dessen Funktion als allgemeines Äquivalent) ist politisch bedingt und zu unterscheiden von dessen bloßer Substanz (dem konkreten Trägerobjekt). Es ist ein klassischer Essentialismus, die Form der Dinge auf ihre Substanz zu reduzieren: »Erst in dem Maß, in dem die Substanz zurücktritt, wird das Geld wirklich Geld« (Simmel 2013 [1900]: 176). Auch bei Marx heißt es: »Hält man an diesem stofflichen Moment, dem Austausch von Ware mit Gold, allein fest, so übersieht man grade, was man sehn soll, nämlich was sich mit der Form zuträgt. Man übersieht, daß Gold als bloße Ware nicht Geld ist und daß die andren Waren sich selbst in ihren Preisen auf Gold als ihre eigne Geldgestalt beziehn« (Marx 1973 [1867]: 119, Schreibweise im Original).

Es ist allein das Symbol, das numerische Zeichen, das den Wertmaßstab ausdrückt. *Es ist die Zahl, die zählt.* Deswegen muss Geld auch keine bestimmte Substanz haben. In der Tat geht der größte Teil des globalen Zahlungsverkehrs heute bargeldlos vonstatten. D. h. aber wiederum nicht, dass das

Geld an Bedeutung verlieren würde, sondern nur, dass die spezifische materielle Trägersubstanz des allgemeinen Wertmaßstabs an Bedeutung verliert, insofern sie austauschbar ist (Knapp 1905). Geld ist weiterhin nötig und in einer Marktwirtschaft unumgänglich, um die Verhältnisse der Waren untereinander auszudrücken. Es ist nur heute offensichtlicher als zum Beispiel zu Zeiten des Goldstandards, dass Geld ein soziales Verhältnis ausdrückt und der Träger dieses allgemeinen Wertmaßstabs austauschbar ist. Zugleich ist der Träger nicht unbedingt belanglos. Er ist dann von Belang, wenn bestimmten (materiellen) Trägern eine bevorzugte gesellschaftliche Bedeutung zur Wertsicherung *zugeschrieben* wird. Geld ist auch nicht gänzlich immateriell, wie Allon (2015: 284) annimmt, denn der numerische Wert bedarf eines Trägers, der den abstrakten Wert speichert und transportiert, auch wenn es sich heute letztlich meist nur um Zahlen auf Datenträgern handelt. Wäre Geld restlos immateriell, könnte es beliebig von jeder Person produziert werden. Geld ohne Trägersubstanz ist bedeutungs- und wertlos.

Mastersignifikant

Wie können die untereinander sehr verschiedenen Waren miteinander vergleichbar gemacht werden? Nun, da sich in der Äquivalenz keine dem Waren- oder Vermögenswert vorgängige Eigenschaft ausdrückt, muss, um die Waren vergleichbar zu machen und ihnen einen Wert zuweisen zu können, nach etwas *jenseits* der Waren gesucht werden (Laclau 1996a: 57). Die einzige Gemeinsamkeit, die alle Waren teilen, liegt darin, dass sie in ein Verhältnis zu einer dritten Instanz gestellt werden. Die Waren erhalten ihren Warenwert nur aufgrund der Referenz zu etwas Externem – dem Geld.

Die Möglichkeit, als allgemeines Äquivalent bzw. als Mastersignifikant zu fungieren, ist nicht bereits in dem Objekt, das diese dritte Instanz einnimmt, angelegt. Die Besonderheit der dritten Instanz basiert nicht auf bestimmten Eigenschaften, die diese Instanz besitzen würde, sondern allein auf dessen Sonderstellung als allgemeiner Wertmaßstab, als allgemeines Äquivalent. Wenn aber die einzige Gemeinsamkeit der Waren ihr Wertverhältnis zueinander in Bezug auf das allgemeine Äquivalent ist und die dritte Instanz allein aus dem Grund als allgemeines Äquivalent fungiert, da alle Waren zu ihr ins Verhältnis gesetzt werden, folgt daraus, dass theoretisch jedes Objekt die Rolle des allgemeinen Äquivalents einnehmen kann (siehe hierzu auch Knapp 1905: 2). Ein Objekt wird in dem Moment zu einem allgemeinen Äquivalent, in dem von seinen spezifischen Eigenschaften Abstand genommen wird.

Damit der Übergang von einem Objekt in die Geldform gelingt, muss dieses Objekt von seinem spezifischen Wert, der sich vormals aus der Relation zu den anderen Vermögenswerten gebildet hatte, getrennt werden. Die Baumwolle, aus der ein Fünfzig-Euro-Schein besteht, ist wenige Cent wert. In dem Moment jedoch, in dem das Stück Baumwolle als Geldschein anerkannt wird, interessiert der Wert der Baumwolle nicht mehr, genauso wenig wie das Material selbst. In dem politischen Prozess, in dem ein Objekt als Träger des allgemeinen Warenwerts bestimmt wird, erhält dieses Objekt eine vollkommen neue Bedeutung – nicht nur unabhängig von seinem vormaligen Waren- oder Gebrauchswert, sondern auch unabhängig von allen anderen Vermögenswerten. Dieses Objekt ist dann nicht mehr eine weitere Ware unter anderen Waren.

Es handelt sich bei Geld nicht um eine Abstraktion, im Sinne von Verallgemeinerung der Eigenschaften der Objekte, wie es bisweilen angenommen oder zumindest ungenau ausgedrückt wird. Es ist nicht »ein Maßstab für abstrakten Wert« (Ingham 2004: 68). Wäre das allgemeine Äquivalent nichts anderes als eine Abstraktion bestimmter Eigenschaften der Objekte, müsste davon ausgegangen werden, dass allen Waren eine Gemeinsamkeit innewohnen würde, dass also alle Waren eine positive Eigenschaft teilen würden, die nur noch durch das allgemeine Äquivalent angezeigt – abstrahiert – werden müsste (vgl. Laclau 2004: 280). Das ist aber nicht der Fall. Geld ist keine Maßeinheit für einen abstrakten Wert, sondern stellt die Maßeinheit eines allgemeinen, daher gesellschaftlich akzeptierten und durchgesetzten Werts dar, der sich nicht aus den Werten der Waren, sondern aus einem gesellschaftlichen Aushandlungsprozess ergibt. Warenwerte, so wurde argumentiert, sind Verhältnisse der Waren zueinander, und dieses Verhältnis hängt vom jeweiligen politischen, sozialen und ökonomischen Kontext ab. Warenwerte reflektieren daher gesellschaftliche Verhältnisse. Daraus folgt, dass die Zuschreibung der Rolle des allgemeinen Äquivalents auf einem politischen Prozess basiert (vgl. Weber 1922: 41).

Es wurde ausgeführt, dass das Konzept des Mastersignifikanten ein *Hybrid* aus Partikularität und Universalität benennt. Geld ist ein solches Hybrid, da ihm sowohl seine Eigenschaft als Partikularität (ein spezifischer Vermögenswert) als auch die der allgemeinen Rolle als Repräsentant des allgemeinen Wertmaßstabs zu eigen ist: Geld ist, wie Marx es in Bezug auf die allgemeine Warenform ausdrückt, »die Gattungsform des Aequivalents für alle andern Waaren. Es ist als ob neben und außer Löwen, Tigern, Hasen und allen andern wirklichen Thieren, die gruppirt die verschiednen Geschlechter, Arten, Unterarten, Familien u.s.w. des Thierreichs bilden, auch noch *das Thier* existirte, die individuelle

Incarnation des ganzen Thierreichs. Ein solches Einzelne, das in sich selbst alle wirklich vorhandenen Arten derselben Sache einbegreift, ist ein *Allgemeines*, wie *Thier*, *Gott* u. s. w.« (Marx/Engels 1983: 37, Hervorhebungen und Schreibweise im Original). Das Objekt ist auf diese Weise Teil der Äquivalenzkette der Warenwerte und transzendiert diese gleichzeitig. So ist es möglich, dass Geld zugleich etwas Partikulares (eine Ware) und etwas Universelles (der allgemeine Wertmaßstab) sein kann. Erst durch die *Subversion* des Waren- und Wertesystems wird aus einem Objekt mit spezifischem Wert ein Objekt, das den allgemeinen Warenwert ausdrückt.

Aus diesem Grund kann die Geldform nicht durch rein ökonomische Theorien erklärt werden. Denn die Geldform ist nicht Teil des Warensystems, für das es als allgemeines Äquivalent fungiert (genauso wenig wie zum Beispiel die Maßeinheit Liter Teil der Flüssigkeiten ist, die sie bemisst). Die Entstehung der Geldform kann nicht aus dem Warensystem heraus erklärt werden. Auch mikrosoziologische Theorien sind unzureichend. Sie können zwar die Praxis des Tausches genau beschreiben, bieten aber nicht das analytische Instrumentarium, um nachvollziehen zu können, wie die Geldform außerhalb der Tauschpraxis entsteht. Denn dafür bedarf es eines politischen, gesellschaftlichen Akts, der aus einem partikularen Objekt ein allgemeines Äquivalent werden lässt, weshalb es gesellschaftstheoretischer und soziopolitischer Ansätze bedarf, die Geldform zu erklären.

Das Objekt, das die Geldfunktion übernimmt, kann nicht vollständig universalisiert werden, da es stets auch etwas Partikulares – ein spezifisches Objekt, ein spezifischer Vermögenswert – bleibt und selbst gehandelt werden kann (vor allem auf Devisenmärkten). Auch ist nicht nur das allgemeine Äquivalent ein Hybrid, die Hybridität überträgt sich auf alle

Momente der Äquivalenzkette, die zum einen ihre Besonderheit als Ware mit spezifischen Eigenschaften behalten und zum anderen einen Warenwert erhalten, der sich nicht aus diesen spezifischen Eigenschaften ableitet, sondern allein aus dem Verhältnis zu den anderen Warenwerten generiert. Der Warenwert sieht von den besonderen Eigenschaften einer Ware ab und drückt die spezifischen Eigenschaften der Ware nur noch im allgemeinen Wertmaßstab aus – in Geld bzw. numerisch in einer bestimmten Menge an Geld.

Die Logik der Äquivalenz universalisiert die Teile der Kette, sie überschreitet die spezifische Bedeutung der Waren. Denn in dem Moment, in dem das Wertverhältnis der Waren untereinander über die Instanz des allgemeinen Äquivalents ausgedrückt wird, definieren sich die Werte der Waren nicht mehr über ihre jeweiligen Eigenschaften und auch nicht mehr direkt über ihr Verhältnis zueinander, sondern nur noch über das Geld, das nun als allgemeiner Wertmaßstab für alle Waren gilt: »Jedermann weiß, wenn er auch sonst nichts weiß, daß die Waren eine mit den bunten Naturalformen ihrer Gebrauchswerte höchst frappant kontrastierende, gemeinsame Wertform besitzen – die Geldform« (Marx 1973 [1867]: 62). Es ist jetzt nur noch der in Geld geronnene allgemeine Wertmaßstab, der den Dingen ihren Wert gibt. Geld bildet auf diese Weise die »Einheitsform der Werte« (Simmel 2011 [1900]: 414). Mehr noch, Geld definiert zugleich das gesamte Warensystem (siehe Abbildung 4).

Die Geldform kann nun exakt mit dem theoretischen Konzept des Mastersignifikanten beschrieben werden: »Was vorher eine simple Vermittlung darstellte, erhält nun eine eigene Beschaffenheit. Obwohl die Verbindung zunächst den Verbindungsgliedern untergeordnet war, wird diese nun durch eine Umkehrung der Beziehung dominierend« (Laclau 2005: 93).

Abbildung 4: Geld als Mastersignifikant

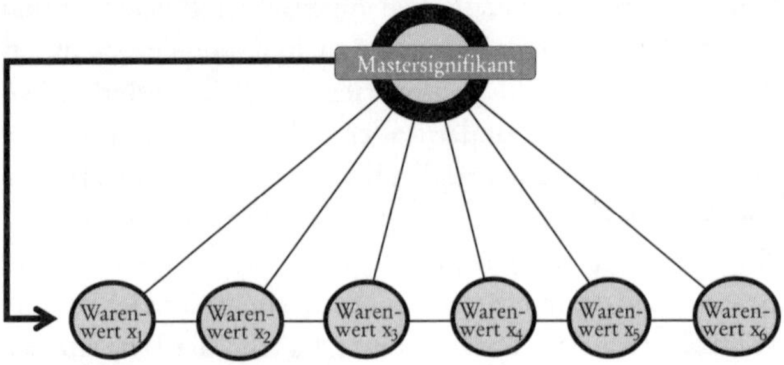

Quelle: eigene Darstellung.

Etwas stellt nur dann eine Ware dar, wenn es über das Geld in eine bestimmte Äquivalenz zu den anderen Waren gesetzt werden kann. Ist es nicht möglich, etwas in Geld auszudrücken, kann es keine Warenform annehmen. Geld definiert nun als allgemeiner Wertmaßstab nicht mehr nur das Verhältnis der Warenwerte zueinander, sondern es bestimmt, was als Ware gilt und was nicht. Geld drückt sowohl die Warenwerte als auch die Grenzen des Warensystems aus: »In solchen Fällen, wird der Name zum Fundament der Dinge« (Laclau 2005: 100). Es ist demnach nicht der Fall, dass sich die Recheneinheit erst über die *realen* Warenwerte bestimmt, sondern genau umgekehrt, dass die Warenwerte ihren Wert überhaupt erst erhalten, da sie durch das universelle Äquivalent ausgedrückt werden.

Geld als Mastersignifikanten zu konzeptualisieren beinhaltet, einerseits davon Abstand zu nehmen, die Geldform als an vermeintlich *materielle* oder *reale* Werte Gebundenes zu verstehen. Auch wenn diese Bindung historisch häufig hergestellt wurde, handelte es sich um keine natürliche Bindung, beispielsweise zu Gold. Vielmehr wurde diese Verknüpfung über gesellschaftliche und letztlich politische Prozesse hergestellt. Bereits Ludwig Wittgenstein kritisierte metaphysische und transzendentale Sichtweisen (Wittgenstein 2003 [1953]). Wert ist hiernach weder einfach präsent, noch durch das *Sein* des Objekts bestimmt. Es kann keine endgültigen objektiven Werte geben, wie auch Gramsci anmerkte: »Scheint es eine außergeschichtliche und außermenschliche Objektivität geben zu können? Aber wer wird eine solche Objektivität beurteilen? Wer wird sich auf diese Art von ›Standpunkt des Kosmos an sich‹ stellen können, und was bedeutet ein solcher Standpunkt? Es läßt sich sehr gut behaupten, daß es sich um ein Residuum des Gottesbegriffs handelt, gerade in seiner mystischen Fassung eines unbekannten Gottes« (Gramsci 1991: 1411).

Geld generiert ein System, das ohne dieses nicht existieren würde. Das heutige Warensystem und der Kapitalismus insgesamt könnten nicht bestehen, wenn es die Geldform nicht gäbe, die in der Lage ist, die vielen sehr unterschiedlichen Objekte vergleichbar und damit handelbar zu machen. Es ist die Geldform, die »der Vielheit die Form der Einheit« gibt (Simmel 2011 [1900]: 175). Zugleich ist dieses Geldsystem nicht selbststabilisierend. Es ist von dem Verlust des Vertrauens in das Geldsystem bedroht, von dem Abhandenkommen des Glaubens daran, dass das Objekt, das Geld repräsentiert, in der Lage ist, (weiterhin) die Funktion des allgemeinen Äquivalents zu übernehmen. Oben wurde argumentiert, dass der Übergang von einem spezifischen Objekt zur Geldform nicht vollständig gelingt. Insbesondere in Krisenzeiten (Wirtschaftskrise, Hyperinflation, Währungskrisen etc.), wenn das Vertrauen in eine Währung schwindet, kann die Partikularität des Objektes wieder offensichtlicher und den Menschen wieder bewusst werden, dass das Objekt, das die Geldform angenommen hat, als solches bzw. aus sich heraus wertlos ist. In diesem Moment kann ein Geldsystem zusammenbrechen. Die Bedrohung des Geldsystems liegt daher innerhalb des Systems, im Kern des Geldsystems selbst, in den soziopolitischen Beziehungen, die im Geldsystem eingeschrieben sind und dieses konstituieren. Diese Bedrohung kann nicht vollständig beseitigt werden, da Geld stets ein Hybrid bleibt: »Das Universelle ist unvereinbar mit jeglicher Partikularität und kann zugleich nicht ohne diese existieren« (Laclau 1996c: 35). Es bedarf politischer Akteure, heutzutage vor allem der Zentralbanken und der Finanzministerien, um den Mythos der Geldwertstabilität aufrechtzuerhalten.

3.4 Geld und Schulden

Es wurde argumentiert, dass Geld einen allgemeinen Wertmaßstab darstellt, der Warenwerte im Verhältnis zu anderen Warenwerten ausdrückt, angezeigt durch den Preis. Das durch das Geld zum Ausdruck gebrachte soziale Verhältnis wird in gesellschaftspolitischen Prozessen (wie Nachfrage und Angebot, aber zum Beispiel auch Arbeitskämpfe um den Wert der Arbeitskraft) stabilisiert. Bislang noch nicht geklärt wurde, um welche Art eines sozialen Verhältnisses es sich hierbei handelt.

Bei der Zahlung von Geld für eine Ware wird dem Verkäufer der relative Wert der Ware gegenüber anderen Waren gezahlt. Mit diesem Geld können anschließend weitere Waren gekauft werden. Geld ermöglicht den Kauf, da es mit dem Versprechen verbunden ist, dass Geld jederzeit den (relativen) Wert der Ware symbolisiert und für diesen symbolisierten Wert andere Waren gekauft werden können. Geld ist also ein Versprechen auf eine zukünftige Zahlung eines Kaufs – ein Zahlungsversprechen. Ein Zahlungsversprechen wiederum ist eine aufgeschobene Zahlung, ein Kredit:

> Das Wort »Kredit« wird für gewöhnlich als das Recht definiert, die Begleichung einer Schuld zu fordern und letztlich auch einzuklagen. [...] Wenn wir etwas kaufen, werden wir zu Schuldnern, wenn wir etwas verkaufen, werden wir zu Gläubigern. Da wir alle Käufer und Verkäufer sind, sind wir alle auch Schuldner und Gläubiger. [...] Ein Beispiel: Nehmen wir an, Person A habe Person B Waren im Wert von hundert Euro abgekauft. A schuldet B nun diese Summe. Um die Verpflichtung gegenüber B zu tilgen, kann A Waren im selben Wert an Person C verkaufen und von ihr als Zahlung ein Anerkenntnis einer Schuld entgegennehmen, dass sie (also Person C) von Person B bekommen hat. Indem A dieses Anerkenntnis nun B übergibt, kann sie B dazu verpflichten, ihre Schuld zu streichen. A hätte dann also den Kredit, den sie sich beschafft hat, eingesetzt, um ihre Schulden zu begleichen. (Innes 1913: 392f.)

Ein Verkauf ist folglich ein Tausch einer Ware für einen Kredit, welcher in dem nächsten Kauf als Schuld weitergereicht werden kann. Letztlich entstehen hierdurch unzählige Kredit- und Schuldverhältnisse. Wenn oben Geld als ein Symbol allgemeinen Werts konzeptualisiert wurde, kann dies nun dahingehend konkretisiert werden, dass Geld als soziales Verhältnis ein Zahlungsversprechen ausdrückt. Auf den englischen Pfundnoten ist dieses Zahlungsversprechen, das noch auf den Goldstandard zurückgeht, weiterhin vermerkt: »Ich verspreche, dem Inhaber auf Nachfrage die Summe von zehn Pfund zu zahlen«, heißt es etwa auf Zehn-Pfund-Noten. Auch wenn es sich heute tautologisch anhören mag, handelt es sich hierbei um ein Versprechen des Staates: Dem Besitzer einer Zehn-Pfund-Note wird versprochen, dass es sich nicht um einen spezifischen Kredit, sondern um ein gesetzliches Zahlungsmittel handelt, das jederzeit mit Zentralbankgeld getauscht werden kann.[12]

Geld als Kreditverhältnis zu konzeptualisieren heißt je-

12 In der Zentralbankbilanz wird dementsprechend der Bargeldumlauf auf der Passivseite, d. h. als Verbindlichkeit ausgewiesen (siehe nächstes Kapitel).

doch nicht, dass alle Formen von Krediten zugleich Geld wären. Geld ist insofern eine sehr besondere Form von Kredit, als Geld in dem jeweiligen Geltungsbereich ein *allgemein* akzeptierter Kredit ist (McLeay/Radia/Ryland 2014b). Dieser besondere Kredit besteht nicht nur zwischen zwei Akteuren, vielmehr handelt es sich bei Geld um ein allgemein akzeptiertes Zahlungsversprechen im Sinne einer allgemeinen Schuldforderung. Diese Schuldforderung kann weitergereicht werden und wird von anderen Akteuren als Zahlungsversprechen akzeptiert. Geld ist folglich ein allgemein akzeptierter Schuldschein gegenüber anderen Krediten mit spezifischen und nur eingeschränkt geltenden Zahlungsversprechen: »Alles Geld [ist] nur eine Anweisung auf die Gesellschaft [...]; es erscheint gleichsam als ein Wechsel, in dem der Name des Bezogenen nicht ausgefüllt ist. [...] Die Solvierung jeder privaten Verbindlichkeit durch Geld bedeutet eben, daß jetzt die Gesamtheit diese Verpflichtung gegen den Berechtigten übernimmt« (Simmel 2011 [1900]: 152). Die Funktion des allgemeinen Äquivalents für alle Vermögenswerte ist der entscheidende Unterschied zwischen Kredit und Geld.

Geld ist also eine verallgemeinerte Kredit-Schuld-Beziehung, die in einer abstrakten Recheneinheit ausgedrückt wird. Auf diese Weise kann die Zahlungspflicht weitergereicht bzw. übertragen werden. Geldemittenten, wie Geschäftsbanken und Staaten bzw. deren Zentralbanken, versprechen, das Geld, das von ihnen ausgegeben wurde, als Zahlung aller Schulden, bei denen sie als Gläubiger fungieren, zu akzeptieren. Geldschöpfung beinhaltet demnach Kreditschöpfung, was zugleich heißt, dass bei der Geldschöpfung der neu geschaffenen Menge an Geld eine gleich große Menge an Schulden gegenübersteht. Geld kann im Gegensatz zu handelbaren Gütern folglich nur entstehen (geschöpft werden), wenn zugleich Schulden geschaffen werden. Bei Rückzahlung eines Kredits wird entsprechend Geld vernichtet: »Das Geld der Person A ist die Schuld der Person B ihr gegenüber. Wenn B ihre Schulden begleicht, verschwindet das Geld von A« (Innes 1913: 402). Eine Bank schöpft und vernichtet also permanent Geld (Keynes 1955 [1930]: 19ff., siehe Kapitel 4.2). Die Bank verspricht, den Kreditnehmern Geld zur Verfügung zu stellen, und Letztere verpflichten sich, den Kredit wieder zurückzuzahlen. Diese Beziehung zwischen Bank und Kreditnehmer führt also zur Geldschöpfung bzw. -vernichtung.[13] Durch diese Beziehung kann heutzutage aber nur aus dem Grund Geld geschöpft werden, da eine institutionalisierte und staatlich legitimierte Struktur existiert, die diese privat ausgestellten Schuldscheine als allgemeines Äquivalent für alle Vermögenswerte und damit als Geld anerkennt (siehe folgendes Kapitel).

Handelbare Schuldscheine gab es bereits vor über 3000 Jahren im antiken Babylon, allerdings beschränkten sich diese auf kommerzielle Netzwerke. Auch waren diese Netzwerke durch potenziellen Zahlungsverzug und Insolvenz relativ instabil. Größere Sicherheit entstand erst durch staatliche bzw. quasistaatliche Strukturen (beispielsweise die italienischen Stadtstaaten). Wie allerdings bereits ausgeführt wurde, greift es zu kurz, die Geldform auf die Existenz von Staaten zu reduzieren. Dennoch hat der Staat heutzutage eine herausragende Bedeutung hinsichtlich der Bestimmung der Geldform. Das gegenwärtige marktwirtschaftliche Geldsystem entwickelte sich durch die Integration der kaufmännischen Handels-Kredit-Schuldsysteme in staatliche Geldsysteme, indem die privat ausgegebenen Schuldscheine

13 Diese Beziehung kann aber auch in anderen Formen auftreten, beispielsweise zwischen Zentralbank und Staat, Zentralbank und Geschäftsbanken und durch Ansprüche, die die Geschäftsbank durch Eigenhandel gegen sich selbst einräumt.

und das staatlich ausgegebene Geld durch die staatlich garantierte Konvertierbarkeit verknüpft wurden (Ingham 2004: 89ff.). Dieser politische Prozess, indem bestimmte Akteure legitimiert werden, Geld zu schöpfen, wird nachfolgend mit dem Konzept der *Sicherheitsstruktur* gefasst.

Ein Ergebnis der bisherigen Ausführungen lautet, dass weniger das Objekt, das die Geldfunktion innehat, von Bedeutung ist, als vielmehr der politische Prozess, in dem bestimmt wird, welches Objekt diese Funktion übernehmen soll und welche Institution es auf welche Weise vermehren darf: »›Geld‹ ist keine harmlose ›Anweisung auf unbestimmte Nutzleistungen‹, welche man ohne grundsätzliche Ausschaltung des durch Kampf von Menschen mit Menschen geprägten Charakters der Preise beliebig umgestalten könnte, sondern primär: Kampfmittel und Kampfpreis, Rechnungsmittel aber nur in der Form des quantitativen Schätzungsausdrucks von Interessenkampfchancen« (Weber 1922: 85). Da es stets alternative Objekte gibt, die ebenfalls als allgemeines Äquivalent fungieren könnten, ist dieser politische Prozess ein potenziell konfliktreicher Aushandlungsprozess, in dem verschiedene Interessen und Akteure aufeinandertreffen.

4. Es werde Geld: Zentralbanken und Sicherheitsstrukturen

Warum und auf welche Weise kann ein Staat über seine Zentralbank den Geschäftsbanken die Geldschöpfung ermöglichen? Was sind die Unterschiede zwischen Zentralbankgeld, Giralgeld (das Geld, das Geschäftsbanken schöpfen) und anderen Geld- und Kreditformen? Während alle möglichen Vermögenswerte und Kredite über (finanz-)marktinterne Prozesse geschaffen werden können, entsteht Geld als stabile Werteinheit nur über institutionalisierte – private oder staatliche – Sicherheitsstrukturen. Das Ziel ist stets, über Absicherungen Vertrauen in die Geldform zu schaffen. Bei Bitcoin und anderen Kryptowährungen soll dies beispielsweise über den dezentralen, technisierten und mathematisierten Prozess der digitalen Geldschöpfung geschehen, der durch die aufwändige Lösung kryptographischer Aufgaben die Möglichkeit des Bitcoin-Mining stark limitiert. Theoretisch kann jede Privatperson Bitcoins schürfen, weil dafür aber immense Rechenleistung notwendig ist, tun das nur wenige Akteure. Auch kann insgesamt nur eine begrenzte Menge an Bitcoins – etwa 21 Millionen – kreiert werden. Repos wiederum schaffen Sicherheit durch komplexe Absicherungsstrukturen zwischen privaten Finanzakteuren. Der entscheidende und politisch-ökonomisch interessante Unterschied zwischen privater und staatlicher Geldschöpfung besteht darin, dass private Sicherheitsstrukturen nicht krisenfest sind. In jeder schweren Krise mussten bislang die Staaten bzw. deren Zentralbanken einschreiten, um das Finanzsystem und/oder systemrelevante private Absicherungssysteme, wie den Repo-Markt, vor dem Kollaps zu retten.

Aus diesem Grund haben fast alle Staaten eine Zentralbank (Goodhart 1991).

4.1 Sicherheitsstrukturen

Mit dem Ausdruck »Sicherheitsstrukturen« beschreibe ich komplexe politisch-institutionelle Ensembles, die bestimmte Vermögenswerte in Zentralbankgeld oder in einen Vermögenswert mit stärkerer Absicherung umwandeln, diese also einfacher nach Bedarf zum Nennwert (also ohne Wertverlust) veräußert werden können (Wullweber 2021). Sie beinhalten verschiedene Stufen, auf denen sich Vermögenswerte befinden können, je nachdem, wie weit sie vom Zentralbankgeld entfernt sind. Der Rückgriff auf Sicherheitsstrukturen ermöglicht es, qualitative Abstufungen und Differenzierungen zwischen der Sicherheit und Liquidität verschiedener Geld- und Kreditformen vorzunehmen (Bell 2001; Mehrling 2013) (siehe Abbildung 5).[1]

Abbildung 5 illustriert die verschiedenen Stufen der Absicherung des Versprechens des Handels zum Nennwert nach Bedarf. Ganz unten in der Hierarchie befinden sich die unbesicherten Kredite, an der Spitze das Zentralbankgeld – der einzige Vermögenswert, der auch in einer Finanzkrise liquide bleibt. Weiterhin können die Verbindlichkeiten von Geschäftsbanken untereinander nur mit Zentralbankgeld beglichen werden. Im Allgemeinen gilt, dass sich ein Vermögenswert umso höher in der Kredithierarchie befindet, je

1 Auch wenn es viele Überschneidungen gibt, wird hier zwischen dem Bedarf an Liquidität und dem Bedarf an Sicherheit unterschieden, denn sichere Vermögenswerte sind nicht unbedingt hochliquide, sondern versprechen lediglich für einen bestimmten Zeitraum den Werterhalt (z. B. Repos mit einer längeren Laufzeit) (Golec/Perotti 2017).

Abbildung 5: Staat, Markt und verschiedene Absicherungsstufen (hinsichtlich des Versprechens des Handels zum Nennwert nach Bedarf)

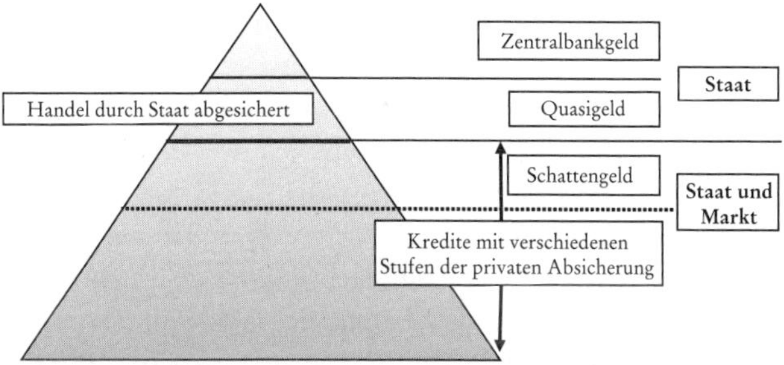

Quelle: eigene Darstellung.

stärker das Versprechen des Handels zum Nennwert nach Bedarf abgesichert wird und letztlich, ob der Vermögenswert mit Zentralbankgeld gehandelt werden kann. Die Nähe eines Vermögenswertes zur Spitze der Kredithierarchie ergibt sich also daraus, inwieweit dieser bei Bedarf zum ausgegebenen oder ursprünglichen Nennwert ohne großen Wertverlust über eine Sicherheitsstruktur in Zentralbankgeld umgewandelt werden kann oder zumindest den Zugang zu diesem erleichtert. Das Konzept der Sicherheitsstrukturen ermöglicht es, die Strukturen und Strategien von Finanzakteuren zu erfassen, welche die Absicherung von Vermögenswerten erhöhen. Der entscheidende Punkt ist der qualitative Unterschied zwischen verschiedenen privaten und staatlichen Absicherungsstrukturen hinsichtlich deren Möglichkeit, den Handel von Vermögenswerten zum Nennwert nach Bedarf zu garantieren.

Manche Vermögenswerte sind temporär solchermaßen liquide, dass sie fast wie staatlich anerkanntes Geld in andere Vermögenswerte umgetauscht werden können oder zumindest den Zugang zu Geld stark erleichtern. Diese Papiere bezeichne ich als »Schattengeld«. Schattengeld steht in dem hier verwendeten Modell für Vermögenswerte mit dem höchst möglichen Absicherungsgrad, der durch private Sicherheitsstrukturen erlangt werden kann. Der Begriff »Quasigeld« beschreibt hingegen Vermögenswerte, für die die Zentralbank den Handel nach Bedarf zum Nennwert (= Buchwert), also ohne Wertverlust, mit Zentralbankgeld verspricht. Es handelt sich um die Depositen, die von Geschäftsbanken geschaffen werden können (Giralgeld). Quasigeld und Schattengeld gehören beide zur Gruppe der Geldäquivalente. Sie versprechen den Handel zum Nennwert nach Bedarf, sind also in Nichtkrisenzeiten ähnlich liquide wie Zentralbankgeld. Beide sind aber kein Zentralbankgeld, wie den Finanzakteuren in Krisenzeiten schmerzlich bewusst wird (Gorton 2017). Die entscheidende Frage ist also, wer das Versprechen der Wertstabilität und Liquidität absichert. Quasigeld steht in der Kredithierarchie höher als Schattengeld, da hier der Staat für das Versprechen die Verantwortung übernimmt. Es handelt sich daher gleichsam um Geld, was dessen Liquidität angeht (Wray 1990; Bell 2001; Mehrling 2013; Pozsar 2014; Gabor/Vestergaard 2016).

Hinsichtlich der analytischen Einordnung der Vermögenswerte ist also von Interesse, ob und mit welcher Sicherheit diese Vermögenswerte über private oder staatlich institutionalisierte Sicherheitsstrukturen nach Bedarf zum Nennwert gehandelt werden können (siehe auch Schumpeter 1986 [1954]: 305). Je weiter ein Vermögenswert in der Sicherheitsstruktur von der Spitze der Pyramide entfernt ist, je unsicherer er also wird, und je geringer seine Liquidität, umso höher in der Regel die Rendite: »Der Zinssatz [ist] die Belohnung für die Aufgabe der Liquidität für einen bestimmten Zeitabschnitt« (Keynes 2009 [1936]: 141).

In Nichtkrisenzeiten ist der Unterschied zwischen Schatten- und Quasigeld kaum bedeutend. Im Gegenteil: Schattengeld wird insbesondere in der Hausse, also wenn die Preise auf den Finanzmärkten steigen, auf der Suche nach neuen profitablen und innovativen Einnahmeströme bevorzugt, da es in der Regel günstiger und flexibler verwendbar ist (Leyshon/Thrift 2007; Aitken 2011). In Zeiten florierender Finanzmärkte kommt es insgesamt zu einer Zunahme des Handels, die meisten Vermögenswerte scheinen sehr liquide zu sein und private Schuldkontrakte können erneuert werden, ohne dass die Schuld in Geld beglichen werden müsste: »Die Elastizität von Krediten bietet Freiheitsgrade, die die Beschränkungen durch die Knappheit von Geld abschwächen« (Mehrling 2013).

Wenn allerdings das Vertrauen über den konstanten Preisanstieg der Unsicherheit weicht, nimmt die Liquidität insgesamt wieder ab (Gorton 2017; Moreira/Savov Alexi 2017). Das veranlasst die Vertragspartner, die Begleichung der offenen Schuldforderungen zu verlangen. Die Begleichung der Kreditkontrakte ist aber letztlich nur mit Geld (Zentralbankgeld oder Quasigeld) möglich, nicht mit Schattengeld. In einer Krise, wie zuletzt gesehen während der Covid-19-Krise, wird daher versucht, alle möglichen Schuldkontrakte zu liquidieren, also zu Geld zu machen (Wullweber 2020a). Ob Finanzakteure in einer Krise Liquiditätsengpässe erfahren, hängt von deren Fähigkeit ab, auf Zentralbank- oder Quasigeld zugreifen zu können: »In einer Liquiditätskrise will jeder Geld und keiner Kredit« (Mehrling 2013: 401). Während also in Nichtkrisenzeiten alle möglichen Formen von Sicherheitsstrukturen von privaten Akteuren etabliert werden können, erreicht Schattengeld nicht die Absicherungsstufe staatlich geschaffener Sicherheitsstrukturen (Gorton 2017: 660). Die Sicherheit, einen Vermögenswert zum Nennwert nach Bedarf handeln zu können, hängt letztlich von der Existenz staatlicher Absicherungsstrukturen ab: »Sicherheit ist [...] ein Ergebnis eines institutionellen und rechtlichen Rahmens« (Cœuré 2016).

4.2 Geldschöpfung, Zentralbankgeld und Bankkredite

Die Möglichkeit, auf die Nachfrage nach Geld flexibel reagieren zu können, ist eine spezifische Eigenschaft des Kapitalismus. Hyman Minsky hat den Kapitalismus daher als eine »Geldproduktionsökonomie« bezeichnet (Minsky 1982a). Nicht die Loslösung von vermeintlichen Fundamentalwerten wie Gold zeichnet das heutige Geldsystem aus, denn die vollständige Kopplung der Geldform an Gold oder andere Objekte war stets eine Fiktion. Ebenso wenig ist der zunehmende Einsatz von elektronischem Geld, welches das klassische Bargeld immer stärker zurückdrängt, von zentraler Bedeutung. Entscheidend ist die Art und Weise, wie das System auf die Nachfrage nach Geld über historisch institutionalisierte Sicherheitsstrukturen elastisch reagieren kann. Diese Elastizität gestattet es, während eines wirtschaftlichen Aufschwungs genügend Liquidität für Start-ups, Innovation, Bildung, Arbeitskräfte, für den Ausbau der Infrastruktur etc. zur Verfügung zu stellen. In Krisenzeiten, wenn etwa die Wirtschaft schwächelt oder die Gesellschaft von einer Pandemie oder anderen Katastrophen heimgesucht wird, ermöglicht sie es, Geld bereitzustellen, um auf die Herausforderungen angemessen reagieren zu können.

Diese Flexibilität beruht auf einer tiefen Verflechtung staatlicher und privater Kreditsysteme, die nicht auf einer Notwendigkeit basiert oder die auf natürliche Weise historisch gewachsen wäre. Sie ist vielmehr das Resultat eines historischen Kompromisses zwischen dem Staat und dem Banken- und Handelssystem, indem kaufmännische Handels-Kredit-Schuldsysteme in staatliche Geldsysteme integriert wurden. Das Handels- und Bankensystem wollte seine etablierten Kreditsysteme bewahren, während der Staat (oder staatsähnliche Strukturen) sein eigenes Kreditsystem protegierte. Das Ergebnis dieses Aushandlungsprozesses: Banken dürfen über die Kreditvergabe (Buch-)Geld schöpfen, das als gesetzliches Zahlungsmittel anerkannt wird, und der Staat verspricht, diese privat produzierten Schulden nach Bedarf zum Nennwert mit Zentralbankgeld zu handeln. Der Staat wiederum besitzt das alleinige Recht, über seine Notenbanken Zentralbankgeld zu schöpfen. Das heutige Geldsystem ist also ein hybrides Gebilde aus staatlichen und privaten Sicherheitsstrukturen: »Solange das private Kreditgeld nicht in das fiskalische System der Staaten eingegliedert war, das über eine sichere Rechtsprechung und Legitimation verfügte, stellte es eine Sackgasse dar« (Ingham 2004: 122).

Nicht nur Zentralbanken können das gesetzliche Zahlungsmittel schöpfen. Zwar können Banken kein Zentralbankgeld schaffen, die von ihnen geschaffenen Depositen (Giralgeld) werden in der Gesellschaft bzw. vom Staat aber als gesetzliches Zahlungsmittel und damit als Geld anerkannt. Abgesehen von Mindestreservevorschriften und der Begleichung von Verbindlichkeiten untereinander müssen Banken daher in der Regel nicht auf Zentralbankgeld zurückgreifen. Neben den Notenbanken können Geschäftsbanken als einzige Akteure Geld schöpfen. Im Gegenzug für dieses außerordentliche Privileg akzeptieren Banken vergleichsweise starke Regulierungen, beispielsweise hinsichtlich der Eigenkapital- und Liquiditätsausstattung oder des Risikomanagements (Ingham 2004; Murau 2017a).

Eine Zentralbank kann durch den Aufkauf von Wertpapieren theoretisch beliebig viel Geld schaffen. Solange Vertrauen in die jeweilige Währung besteht, genauer, solange Vertrauen darin besteht, dass der Geldwert relativ stabil bleibt, gibt es keine objektive Grenze für diese Geldschöpfung. Das Vertrauen in die Geldwertstabilität hängt wiederum von der Bewertung zahlreicher qualitativer Faktoren ab: der Geld- und Wirtschaftspolitik der Regierungen, der wahrgenommenen Stärke der Volkswirtschaft, dem Bildungsniveau, Kommunikationsstrategien von Zentralbanken und anderen Faktoren. Eine weitere Grenze ist der relative Wert einer Währung im Vergleich zu anderen (der Wechselkurs). Wenn Notenbanken im großen Stil Zentralbankgeld schöpfen, nimmt die Geldmenge in ihrer Währung zu. Das führt *in der Regel* dazu, dass der Wert der eigenen Währung im Verhältnis zu anderen fällt. Für exportstarke Länder wie Deutschland kann eine solche Abwertung von Vorteil sein, da die Exporte im Verhältnis billiger werden, für stark importabhängige Länder kann sie indes ein Problem darstellen, da die eingeführten Güter teurer werden. Der US-Dollar nimmt eine Sonderstellung auf den Devisenmärkten ein, da er als internationale Leitwährung fungiert (Golec/Perotti 2017). Global gesehen steht der US-Dollar an der Spitze der Kredithierarchie. Er ist weiterhin unangefochten die Währung, mit der die meisten der internationalen Zahlungsströme abgewickelt werden. Diese besondere Stellung hat sich auch während der Finanz- und der Covid-19-Krise gezeigt: Der Wert des Dollar stieg, weil Investoren ihn als sicheren Hafen ansehen (Stokes 2014).[2]

2 Auch wenn immer wieder versucht wurde, den Dollar als Leitwährung herauszufordern, insbesondere durch den Euro, hat dieser bislang seine Stellung ohne Probleme behauptet (Germain/Schwartz 2014; Cohen 2015).

Quasigeld (Giralgeld) entsteht, wenn Privatbanken Kredite ausgeben. In einem Großteil der Wirtschaftswissenschaften werden Banken dennoch weiterhin schlicht als Intermediäre gesehen, die Gläubiger und Schuldner zusammenbringen (Mankiw 2017; kritisch McLeay/Radia/Ryland 2014a; Bofinger 2020). Banken wären hiernach nichts anderes als neutrale, kostenreduzierende Vermittler. Allerdings wiesen bereits Schumpeter und Keynes darauf hin, dass Banken nicht (nur) Geld verleihen, das sie vorher erhalten haben, sondern über die Vergabe von Krediten vor allem neues Geld schöpfen: »Es kann kein Zweifel darüber bestehen, daß im weitesten Sinne des Wortes alle Depositen von der Bank, die sie hält, ›geschaffen‹ werden« (Keynes 1955 [1930]: 24).[3] Es handelt sich um »einen weitverbreiteten Irrtum, wonach die Bank im Augenblick der Kreditvergabe nur als Intermediär auftritt, also Kredite lediglich mit Mitteln vergeben kann, die sie zuvor als Einlage von anderen Kunden erhalten hat« (Bundesbank 2017b: 20). Die Bank of England kritisiert die Mainstream-Ökonomie noch deutlicher: »Die Geldmultiplikator-Theorie kann zwar eine nützliche Methode sein, um Geld und Bankwesen in ökonomische Lehrbücher einzuführen, sie ist jedoch keine zutreffende Beschreibung dessen, wie Geld in der Realität geschaffen wird« (McLeay/Radia/Ryland 2014a: 15).

In den heutigen kapitalistischen Marktwirtschaften wird Geld überwiegend durch Schuldverträge zwischen Banken und Kreditnehmern geschöpft (siehe Abbildung 6).

3 Dieser Umstand kann auch nicht mit einer hohen Umlaufgeschwindigkeit des Geldes erklärt werden, da sich dasselbe Geld dann zur selben Zeit an verschiedenen Orten befinden müsste: »Banker erhöhen nicht die Umlaufgeschwindigkeit, sondern die Menge des Geldes« (Schumpeter 1986 [1954]: 304).

Abbildung 6: Bankkredit und Quasigeld

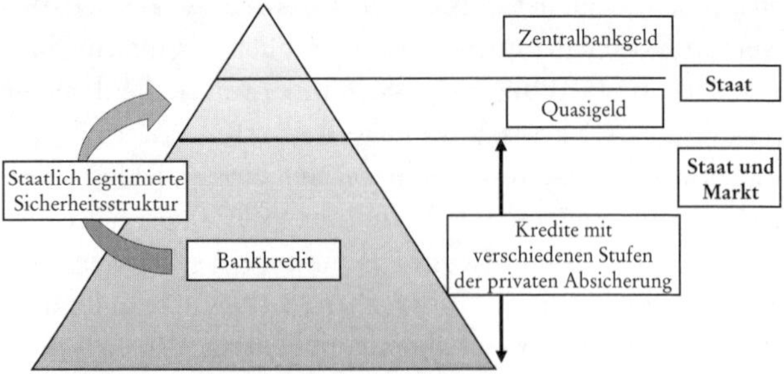

Quelle: eigene Darstellung.

Auf diese Weise kann das staatlich abgesicherte private System der Geldschöpfung sehr elastisch auf die Nachfrage nach Geld bzw. Kredit reagieren: »Was der Bankier mit Geld macht, kann mit keiner anderen Ware gemacht werden [...], denn keine andere Ware kann auf diese Weise vermehrt oder in ihrer Umlaufgeschwindigkeit beschleunigt werden« (Schumpeter 1986 [1954]: 304f.). Geschäftsbanken können also Einlageverpflichtungen in Form von Bankeinlagen ausgeben, die den Status von staatlichem Geld haben (Bell 2001: 160; Ricks 2016: 5).

Die bloße Akzeptanz der Konvertierbarkeit von Depositen in das gesetzliche Zahlungsmittel vonseiten des Staates ist allerdings nicht ausreichend, um dieses System zu stabilisieren. Chick (2013: 149ff.) spricht von »Konvertierbarkeitsrisiken«: »Ein großer Teil der modernen Entwicklung in diesem Bereich hat damit zu tun, dass Banken gelernt haben, ihre Liquidität (bzw. ihre Konvertierbarkeitsrisiken) zu managen« (Chick 2013: 151). Es mussten Mechanismen institutionalisiert werden, die die Konvertierbarkeit der Bankkredite absicherten. Zu diesem Zweck wurde ein komplexer institutioneller Rahmen geschaffen, der den Tausch dieser Depositen zum Nennwert garantieren und das Bankensystem stabilisieren soll. Dazu gehören unter anderem die Einlagensicherung, die Spitzenrefinanzierungsfazilität sowie Eigenkapitalanforderungen (Goodhart 1989). In Krisenzeiten agieren die Zentralbanken außerdem als Lender of Last Resort. Allerdings sichert das Einlagensicherungssystem die Depositen nur bis zu einer bestimmten Grenze ab (USA: 250 000 Dollar; EU: 100 000 Euro; Vereinigtes Königreich: 85 000 Pfund).[4] Alle Bankeinlagen, die über dieser Grenze liegen, gelten als ungesichert und stellen demnach genau genommen kein souveränes Geld mehr dar (Mehrling 2013; Ricks 2016). Als Bundeskanzlerin Angela Merkel am 5. Oktober 2008, knapp einen Monat nach der Insolvenz von Lehman Brothers und die drohende Pleite der Hypo Real Estate vor Augen, zusammen mit Finanzminister Peer Steinbrück vor die Kameras trat und beteuerte: »Wir sagen den Sparerinnen und Sparern, dass ihre Einlagen sicher sind. Auch dafür steht die Bundesregierung ein«, gab sie ein Versprechen ab, das im weiteren Verlauf der Krise glücklicherweise nicht auf seine Haltbarkeit geprüft wurde. Denn das Kleingedruckte hätte lauten müssen: bis zu einer Höhe von 100 000 Euro je Konto.

Ein Bankkredit steht also nicht auf derselben Hierarchiestufe wie Zentralbankgeld. Während Geschäftsbanken nach Bedarf elastisch über Bilanzbuchungen Depositen (Quasigeld) schaffen können und dabei nur sehr bedingt auf Zentralbankgeld angewiesen sind, können sie ihre gegenseitigen Verbindlichkeiten nur mit Zentralbankgeld begleichen. Geschäftsbanken verleihen also kein Zentralbankgeld. Der Han-

4 Die Einlagensicherung ist in allen Staaten unterschiedlich geregelt und basiert zum Teil auf Absicherungen der Banken, Sparkassen und Genossenschaftsbanken untereinander und zum Teil auf staatlichen Sicherungssystemen.

del zum Nennwert ist keine Verpflichtung, sondern eine durch den Staat abgesicherte Möglichkeit: »Da die Zentralbank garantiert, dass Sichteinlagen zum Nennwert mit der staatlichen Währung gehandelt werden, und weil sie zur Zahlung von Steuern akzeptiert werden, sind Bankschuldscheine (Sichteinlagen) fast so liquide wie staatliches Geld« (Bell 2001: 160; Mehrling 2013: 394). Abgesehen von ihren Mindestkapital- und Reserveanforderungen müssen Banken keine Reserven halten. Banken schaffen, wenn sie neue Depositen erstellen (also einen Kredit vergeben), eine Verbindlichkeit gegenüber sich selbst. Das Zentralbankgeld kommt erst zum Tragen, wenn diese Depositen als Bargeld ausgezahlt werden sollen oder diese auf ein Konto einer anderen Bank überwiesen werden. In beiden Fällen muss sich die Geschäftsbank Zentralbankgeld besorgen (McLeay/Radia/Ryland 2014a; Bundesbank 2017b).

Die Verwendung und Schöpfung von Geld und Kredit ist so alltäglich geworden, dass der zugrunde liegende komplexe und elastische Mechanismus des Geldmarktes selten wahrgenommen wird. Ihn zu verstehen ist aber wichtig, um die Funktionsweise des Finanzsystems und die Ursachen für dessen Krisen zu begreifen. Schauen wir uns die institutionalisierte Sicherheitsstruktur zwischen Bankensystem und Zentralbanken anhand der idealtypischen Bilanzen von Banken und Kreditnehmern etwas genauer an. In einer Bankbilanz werden die Vermögenswerte (Forderungen gegenüber anderen Banken, Zentralbankguthaben) auf der Aktivseite (Vermögen), die Verbindlichkeiten (Einlagen anderer Banken, Kundeneinlagen) auf der Passivseite (Schulden) dargestellt. Wenn eine Bank (Bank A) einen Kredit ausgibt und der Kreditnehmer bei ihr ein Konto hat, werden bei Bank A eine Forderung auf der Aktivseite und gleichzeitig eine »Verbindlichkeit gegenüber Nichtbanken« auf der Passivseite gebucht, d. h. jede Transaktion wird immer doppelt erfasst (doppelte Buchführung). Bei der kreditnehmenden Person (a) oder dem Unternehmen erhöhen sich durch den Kredit ebenfalls auf der Aktivseite der Bilanz ihre Vermögenswerte in Form des neu geschaffenen Bankguthabens (Aktiva).[5] Dem steht auf der anderen (Passiva-)Seite der Bilanz der Kredit als Verpflichtung, das Geld an die Bank zurückzuzahlen, gegenüber (Verbindlichkeiten gegenüber Kreditinstituten). Die Schulden der Kreditnehmerin oder des Kreditnehmers erhöhen sich also ebenfalls (siehe Abbildung 7).

Abbildung 7: Stilisierte Bilanzen der kreditnehmenden Person a

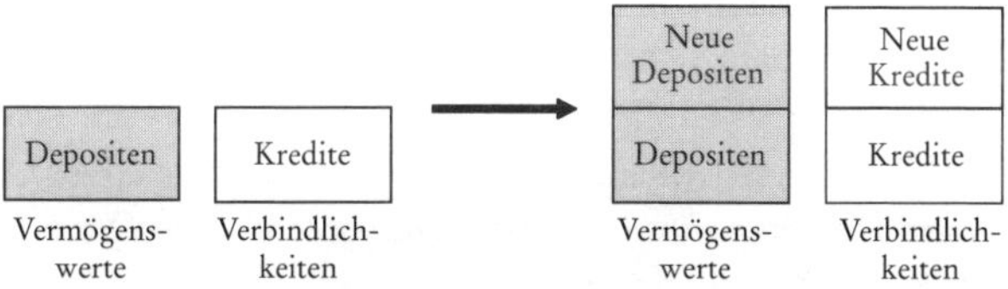

Quelle: eigene Darstellung nach McLeay/Radia/Ryland 2014a: 14.

In der Bankbilanz wird der Kredit auf der Aktivseite der Bank als Forderung verbucht, denn der Kreditnehmer muss diesen Kredit an die Bank zurückzahlen. Es handelt sich um ein Zahlungsversprechen (IOU: »I owe you«, Ich schulde dir) der kreditnehmenden Person gegenüber der Bank (siehe Abbildung 8).

5 In der Unternehmensbilanz werden die aufgenommenen Kredite als »Bankguthaben« spiegelverkehrt zum Ausweis in der Bankbilanz ausgewiesen.

Abbildung 8: Stilisierte Bilanzen von Bank A

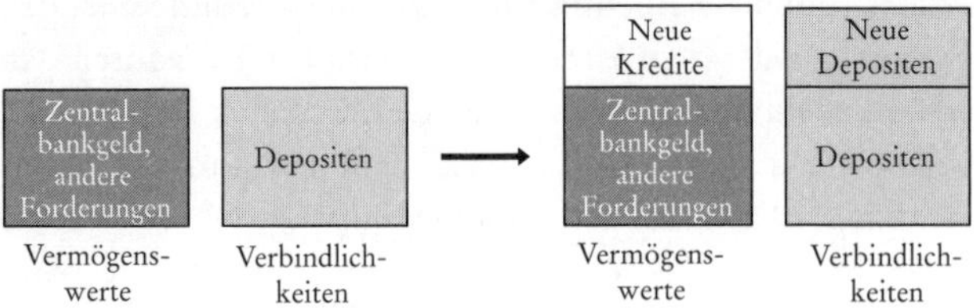

Quelle: eigene Darstellung nach McLeay/Radia/Ryland 2014a: 16.

Das durch den Kredit geschaffene Geld wird auf ein Bankkonto (Sichteinlage) transferiert. Wenn das Bankkonto bei derselben Bank eingerichtet wird, stellt das Konto eine Verbindlichkeit der Bank gegenüber dem Kontoinhaber dar: »Eine solche Bank schafft Ansprüche gegen sich selbst auf Hergabe von Geld […], sie schafft Depositen« (Keynes 1955 [1930]: 18).[6] In der Bilanz der Bank erhöhen sich also deren Verbindlichkeiten durch die Bankeinlage und deren Vermögenswerte aufgrund des Kredits.

Haben zwei Personen bei derselben Bank A ein Konto und überweist Person a eine Summe an Person b, wird das Geld schlicht von einem Konto auf das andere transferiert. Sind die Konten beider Personen überzogen (Nettoschuldnerpositionen), erhöht sich die Schuldlast bei Person a, während diese bei Person b geringer wird. Aus Sicht der Bank A verändert sich nichts, die Gesamtmenge an Vermögenswerten (Aktiva) und Verpflichtungen (Passiva) bleibt konstant. In diesem speziellen Beispiel vollzieht die Bank A schlicht

6 Es handelt sich hierbei um »einen Anspruch gegen sich selbst zugunsten eines Kreditnehmers […] und zwar gegen sein Versprechen späterer Rückzahlung« (Keynes 1955 [1930]: 19).

den Geldtransfer zwischen a und b. Sie fungiert hier ausnahmsweise tatsächlich nur als Intermediär (siehe Tabelle 2).

Tabelle 2: Geldtransfer von Person a zu Person b

Konto Person a		Bilanz Bank A		Konto Person b	
Vermögenswerte	Verpflichtungen	Vermögenswerte	Verpflichtungen	Vermögenswerte	Verpflichtungen
– Depositen			– Depositen (von Person a)	+ Depositen	
+ Haus			+ Depositen (von Person b)	– Haus	

Quelle: eigene Darstellung.

Wie allerdings die Bank of England anmerkt, handelt es sich hierbei um eine Ausnahme (McLeay/Radia/Ryland 2014a). Bezogen auf die Gesamtkreditvergabe ist die Rolle der Banken als Intermediäre im Vergleich zur Geldschöpfung durch Kredite vernachlässigbar (Jakab/Kumhof 2015). In den meisten Fällen nimmt Person a einen Kredit auf, den Bank A nicht über vorhandene Geldmittel, sondern durch die Schöpfung von Geldmitteln bedient: »Die Art und Weise, wie heutzutage Geld geschaffen wird, unterscheidet sich von den Beschreibungen in einigen Lehrbüchern der Wirtschaftswissenschaften: Es ist nicht so, dass Banken Depositen verleihen, die ihnen anvertraut worden sind. Vielmehr werden durch den Akt des Verleihens Depositen erschaffen – genau umgekehrt wird es in den Lehrbüchern für gewöhnlich dargestellt« (McLeay/Radia/Ryland 2014a: 15; Bundesbank 2017b). Wenn Person a Einlagen besitzt, während das Konto von Person b überzogen ist, nimmt bei einem Geldtransfer von a nach b die Gesamtmenge an Vermögenswerten und Verpflichtungen ab. Denn bei Rückzahlung eines Kredits wird Geld vernichtet. Umgekehrt expandiert die Gesamtmenge an Vermögenswerten und Verpflichtungen, die Geldmenge nimmt also zu, wenn das Konto von Person a bereits überzogen ist, während Person b Einlagen besitzt, und Geld von a nach b überwiesen wird. Denn nun muss Person a einen weiteren Kredit aufnehmen, den die Bank über den Geldschöpfungsprozess bedient (vgl. McLeay/Radia/Ryland 2014a; Tucker 2014: 13).

Wenn zwei Banken involviert sind, ergibt sich folgendes Bild: Person a nimmt einen Kredit bei Bank A auf, um das Haus von Person b zu kaufen, die ihr Konto bei Bank B hat. Das via Kredit neu geschaffene Geld wird nun (in Form von Depositen, also Bankguthaben/Kundeneinlagen) verwendet, um das Haus zu kaufen. Es wird als Guthaben von Person a auf die Person b, die das Haus verkauft, übertragen, während Person a, die das Haus kauft, Eigentum erwirbt. Wie verändern sich nun die Bilanzen der beiden involvierten Banken? Falls der Hausverkäufer das Geld, das er für das Haus erhalten hat, nicht in Form von Bargeld außerhalb der Bank hält, wird dieses in der Regel auf sein Konto überwiesen. Das Guthaben, das Person a von Bank A als Kredit erhalten hat, wird also auf Person b bei Bank B übertragen. Bank B übernimmt die Bankdepositen von Bank A, die für Bank B Verpflichtungen darstellen, allerdings nur gegen entsprechende Vermögenswerte, zumeist in Form von Zentralbankgeld. Da der Kredit bei Bank A verbleibt, nehmen in der Bilanz von Bank A die Kredite insgesamt relativ zu den Verbindlichkeiten und relativ zu den Kundeneinlagen zu. Für Bank A ist das zum einen erfreulich, da das Geschäftsmodell unter anderem darin besteht, höhere Zinsen für Kredite zu nehmen, als für die Einlagen ausgezahlt werden. Unter sonst gleichen Bedingungen würde sich also die Zinsspanne erhöhen. Allerdings muss die Bank zugleich darauf achten, dass sie immer über ein ausgewogenes Verhältnis von Vermögen (Forderungen) und Schulden (Einlagen), d.h. über ausreichend liquide Reserven (Bargeldreserve, Zentralbankguthaben, hochliquide Wertpapiere) verfügt, um jederzeit Liquiditätsengpässe durch kurzfristige Abflüsse (Abfluss von Einlagen) bedienen zu können und zudem bankenaufsichtliche Anforderungen zu erfüllen (Liquidity Coverage Ratio, der Eigenkapitalunterlegung von Krediten). Zudem verlangen viele Zentralbanken die Vorhaltung von Mindestreserven, die Geschäftsbanken auf ihren Zentralbankkonten hinterlegen müssen.[7] Wenn die Banken Bedarf an liquiden Mitteln haben, können sie zum Beispiel versuchen, neue Einlagen (und damit gleichzeitig neue Barreserven bzw. Zentralbankguthaben) von anderen Banken bzw. deren Bankkunden zu gewinnen. Sie können sich auch an den Geldmarkt oder direkt an die Zentralbank wenden und dieser temporär Vermögenswerte verkaufen (meist über Rückkaufvereinbarungen). Selbst wenn das Geld vom Interbankenmarkt stammt, handelt es sich letztlich um Zentralbankgeld, weil die gesamtwirtschaftliche (aggregierte) Nettokreditvergabe ansteigt: »Wann immer Zahlungen zwischen den Konten von Kunden bei verschiedenen Banken erfolgen, werden diese letztlich durch die Übertragung von Zentralbankgeld (Reserven) zwischen den Zentralbankkonten der Geschäftsbanken abgewickelt« (Bank of England 2015: 5).

Diese Form der staatlich legitimierten und abgesicherten Kreditvergabe und Geldschöpfung durch Banken ist eine spezifische Besonderheit der kapitalistischen Wirtschaftsweise: »Die *differentia specifica* des Kapitalismus ist die endogene Erschaffung neuer Depositen von Kreditgeld durch Banken *ex nihilo* [aus dem Nichts]« (Ingham 2004: 63, Hervorhebungen im Original). Daher stammt der Begriff »Fiat-

7 Die Mindestreservehaltung als geldpolitisches Instrument hat allerdings seit der Finanzkrise stark an Bedeutung verloren.

Geld«[8]: Es ist Geld, das durch Anweisung (von Geschäftsbanken und Zentralbanken) entsteht.[9]

Für diese Form der Geldschöpfung existieren keine natürlichen Grenzen. Theoretisch können unbegrenzt Bankkredite ausgegeben werden, da »der Betrag an Bankgeld, den die Banken bei Beachtung solider Bankgrundsätze schaffen können, unbegrenzt ist, vorausgesetzt, daß sie sich im Gleichschritt vorwärts bewegen« (Keynes 1955 [1930]: 21). Praktisch stößt eine Bank allerdings an Grenzen, da die Anleger irgendwann der Bank nicht mehr vertrauen, ihre Auszahlungen tätigen zu können bzw. ihre Verpflichtungen zu begleichen. Die private Geldschöpfung findet außerdem ihre Grenze in den mikro- und makroprudenziellen Regulierungsvorschriften (zum Beispiel Mindestkapitalausstattung, Eigenkapitalunterlegung von Risikoaktiva) und nicht zuletzt auch im Ertrag-Kosten-Kalkül der jeweiligen Bank: »[S]o muß die einzelne Bank mit den übrigen Banken gleichen Schritt halten und kann den Anteil ihrer eigenen Depositen an den Gesamtdepositen nicht derart erhöhen, daß er in keinem Verhältnis mehr zu der ihr zustehenden Quote an dem gesamten Bankgeschäft des Landes steht. Endlich wird das ›Tempo‹ der gesamten Mitgliedsbanken durch die Gesamtheit ihrer Reservemittel bestimmt« (Keynes 1955 [1930]: 24; McLeay/Radia/Ryland 2014a; Bundesbank 2017b).

Der Geldmarkt, auf dem Geld über das Zusammenspiel von Staat, Zentralbank und Geschäftsbanken geschaffen wird, koordiniert Nachfrage und Angebot des Geldes: »Der Geldmarkt stellt stets die Schaltstelle des kapitalistischen Systems dar« (Schumpeter 1934: 126). Er ist verbunden mit dem Ka-

8 *Fiat*, Latein für »Es geschehe«.

9 Letztlich basiert die Unterscheidung zwischen Geld und Fiat-Geld allerdings auf der falschen Vorstellung, dass Geld an gewisse Fundamentalwerte, z.B. Gold, gekoppelt sei.

pitalmarkt, auf dem das Geld in Kapital, also in neue Vermögenswerte wie Aktien und Anleihen etc., umgewandelt und auf diese Weise zum Beispiel der Wirtschaft zur Verfügung gestellt wird.[10] Geld bzw. das Primärkapital kann über den Verkauf von Aktien, Industrieanleihen oder andere Formen von Vermögenswerten erworben werden.[11]

Wenn Bank A Devisen benötigt, hat sie verschiedene Möglichkeiten, sich diese zu beschaffen. Vor der globalen Finanzkrise konnte sie diese über ein Swap-Geschäft auf dem kurzfristigen internationalen Geldmarkt (Interbankenmarkt) beziehen. Seit der Finanzkrise hat der ungesicherte Geldmarkt allerdings fast vollständig an Bedeutung verloren, da sich die Banken untereinander kaum mehr vertrauen (Bundesbank 2013). Alternativ kann Bank A sich auf dem Offshore-Eurodollar-Markt Geld leihen. Schließlich kann Bank A auch Repo-Transaktionen am Kapitalmarkt zum Beispiel mit Nichtbanken, wie Versicherungen, durchführen (siehe Kapitel 6.1). Der Interbankenmarkt, der Eurodollar-Markt sowie der Repo-Markt übernehmen also die grundsätzliche Funktion der (gewinnorientierten) Liquiditätsbereitstellung, wobei Repos inzwischen die gängigste Form der Beschaffung von Geldmitteln geworden sind (Bundesbank 2013). In Nichtkrisenzeiten gibt es keine großen Unterschiede zwischen den Zinsraten. Repos haben zumeist die geringsten Zinsraten, da es sich um besicherte Kredite handelt. Während der Finanz- wie auch während der Covid-19-Krise kam es allerdings zu erheblichen Zinsschwankungen. Denn wenn

10 Beide zusammen werden auch als Primärmärkte zusammengefasst. Auf dem Sekundärmarkt werden bereits emittierte Wertpapiere über Börsen oder den Over-the-Counter-Handel weiterverkauft.

11 Während sich Unternehmen im angelsächsischen Raum vor allem über Aktienmärkte finanzieren, stellen im kontinentaleuropäischen Raum weiterhin Bankkredite die übliche Form der Finanzierung dar.

ein Finanzakteur keine akzeptablen Sicherheiten anbieten kann und keinen Zugang zum Reservekonto bei der Zentralbank hat, bleibt ihm nichts anderes übrig, als im Eurodollar-Markt so lange zu bieten, bis ein Gegenpart das Angebot akzeptiert und Liquidität bereitstellt (Mehrling 2011: 95 ff.).

4.3 Politische Ökonomie der Liquidität

Liquidität ist eine Grundvoraussetzung für das Funktionieren von Finanzmärkten. Obwohl der Begriff von zentraler Bedeutung für die Charakterisierung von Finanzmärkten ist, existiert keine einheitliche Definition. Das grundsätzliche Problem der uneindeutigen Verwendung des Terminus liegt unter anderem darin begründet, dass ein Begriff, der auf der Mikroebene eine Qualität von Vermögenswerten beschreibt – im Allgemeinen die Möglichkeit, diese innerhalb eines relativ kurzen Zeitraums verkaufen und so deren Geldwert realisieren zu können –, auch als Bewertungsmaßstab für den Zustand eines makroökonomischen Systems verwendet wird. Liquidität wird zudem als Indikator für die Vitalität, im Sinne von Handelsaktivität, von Finanzmärkten genommen. Wie aber bereits Keynes (2009 [1936]: 132) feststellte, ist es nicht sinnvoll, von der Liquidität des Marktes insgesamt zu sprechen: Der Markt als Ganzes ist stets illiquide, denn bezogen auf das Gesamtsystem – also gewissermaßen »aus der Vogelperspektive« heraus betrachtet – werden keine Vermögensgegenstände liquidiert: Die Liquidierung eines Vermögensgegenstandes von einem Händler geschieht durch den Erwerb ebendieses Vermögensgegenstandes durch einen anderen Händler. Global betrachtet ist der Weltmarkt stets ausgeglichen: Die Überschüsse der einen Länder stehen den Defiziten der anderen gegenüber, was bedeutet, dass »es für das Gemeinwesen als Ganzes so etwas wie die Liquidität der Investition nicht gibt« (Keynes 2009 [1936]: 132). Der Begriff beschreibt daher die Möglichkeit der Zirkulation von Vermögenswerten bzw. deren Zirkulationsgeschwindigkeit innerhalb eines Systems. Vollkommende Liquidität eines Vermögensgegenstandes ist dann gegeben, wenn dessen vollständiger gegenwärtiger Wert in der Regel monetär realisiert werden und direkt in Kaufkraft von anderen Gütern und Dienstleistungen umgewandelt werden kann (Carruthers/Stinchcombe 1999: 356). Anders ausgedrückt: Ein Vermögenswert ist vollkommen liquide, wenn er zum Nennwert nach Bedarf gehandelt werden kann.

Neben der Frage, ob ein Vermögensgegenstand liquide ist, interessiert die Frage nach dem Grad der Liquidität. Dieser hängt von der Nachfrage nach diesem Vermögensgegenstand ab und der Möglichkeit, den verlangten Preis bezahlen zu können.[12] Ein weitverbreitetes Maß ist die Spreizung (*spread*) – auch Geld-Brief-Spanne genannt – zwischen dem höchsten Kaufangebot und dem niedrigsten Verkaufspreis für dieses Produkt. Je geringer die Spreizung, umso höher die Liquidität des Produktes. Finanzhändler, Börsen und andere Handelsplätze haben in der Regel ein großes Interesse, die Spreizung für die von ihnen gehandelten Wertpapiere möglichst gering zu halten. Manche Börsen zahlen einen Bonus an Market-Maker, also Händler, die über limitierte Aufträge (*limit orders*) die Liquidität für Finanzprodukte sichern. Das Maß an Liquidität eines Vermögenswerts wird häufig auch danach bewertet, ob der Verkauf größerer Mengen Auswirkungen auf dessen Marktpreis hat, wobei we-

12 Ein Vermögensgegenstand wiederum ist nicht per se gegeben, sondern muss erst durch Inwertsetzung und Kommodifizierung eines Objekts geschaffen werden (vgl. Wullweber 2004).

der »größere Mengen« noch »Auswirkungen« quantitativ fixiert sind (vgl. MacKenzie et al. 2012: 285; IMF 2015: 49ff.). Die Liquidität eines Vermögenswerts generiert sich aus dem Vertrauen der Marktakteure, dass dieser zu einem späteren Zeitpunkt wieder (gewinnbringend) verkauft werden kann. Liquidität ist folglich sozial vermittelt und abhängig vom politisch-ökonomischen Kontext.

Es stellt sich also die Frage, auf welche Weise politisch-ökonomische Bedingungen dazu beitragen, bestimmte Finanzhandlungen zu fördern und zu legitimieren, während andere behindert und delegitimiert werden. Die Deregulierungspolitik der Regierung unter Ronald Reagan und der sogenannte Big Bang von Premierministerin Margaret Thatcher – »Vorbei ist die Zeit der Kontrollen, die den Erfolg behindert haben« (Thatcher 1986) – vergrößerte beispielsweise den Spielraum für Finanzgeschäfte immens (vgl. Helleiner 1994; Germain 1997; Strange 1998). Ebenso können auch (Re-)Regulierungen Akteurskonstellationen verändern: Das Basel-II-Abkommen aus dem Jahr 2004, das unter anderem neue Eigenkapitalvorschriften für Banken beinhaltete, hatte eine starke Aufwertung der Ratingagenturen zur Folge, deren Evaluierungen keine neutrale Abbildung der Risiken von Finanzprodukten darstellen, sondern maßgeblich das Risikoverhalten der Finanzakteure anleiten und strukturieren (Sinclair 2005; Paudyn 2013). Zugleich führte das Abkommen zu einer Veränderung der Investmentstrategien im Bankensektor, da Banken im Versuch, die vorgeschriebenen Eigenkapitalanforderungen zu umgehen, zunehmend in das Schattenbankensystem auswichen (Thiemann 2014).

Für eine Analyse der Liquidität von Finanzmärkten ist also ein politisch-ökonomischer Rahmen erforderlich: »Die Vorstellung darüber, was zur ›Liquidität‹ beiträgt, ist zum Teil unbestimmt, von Zeit zu Zeit wechselnd und von gesellschaftlichen Gebräuchen und Institutionen abhängig« (Keynes 2009 [1936]: 202). Es bedarf eines Marktes, auf dem Vermögensgegenstände verkauft werden können; es bedarf Käufer, die an Vermögensgegenständen interessiert sind und den geforderten Preis bezahlen können; und es bedarf eines rechtlichen Rahmens, der mit den Vermögensgegenständen verbundene Rechte und Verpflichtungen an den Käufer überträgt. Der liquideste aller Vermögenswerte ist Bargeld. Doch dieses wirft keine Rendite ab. Aus Sicht privater Finanzakteure besteht die Herausforderung darin, möglichst liquide Vermögenswerte zu besitzen und zugleich eine möglichst hohe Rendite zu erzielen bzw. ständig zwischen Liquidität und Rendite abzuwägen. Der Handel wird erleichtert und damit in der Regel der Grad an Liquidität des Vermögensstandes erhöht, je mehr dieser standardisiert und formalisiert wird. Wie Carruthers und Stinchcombe (1999: 358) ausführen, bedarf es zur Entstehung und Erhöhung von Liquidität zugleich spezifischer institutioneller und organisatorischer Gegebenheiten – sie entsteht nicht *natürlicherweise* ohne politische Regulierung und Intervention. Garant für Liquidität ist in letzter Instanz der Staat und insbesondere die Zentralbank. Tatsächlich hat bereits Thomas Hobbes im *Leviathan* auf den engen Zusammenhang zwischen Staat und Liquidität hingewiesen: Von ihm stammt die Metapher, das zirkulierende Geld stelle den Blutkreislauf des Staatskörpers dar (Hobbes 2017 [1651]: 194). Dieser Kreislauf wird durch den Staat garantiert, und zugleich ist der Staat auf das Geld angewiesen. Liquidität – Marktliquidität – ist demnach letztlich eine politische Kategorie.

5. Allgemeine Instabilitäten im Finanzsystem

Kaum etwas müsste dem neoklassischen Ideal des allgemeinen Gleichgewichts so nahe kommen wie Teile des globalen Finanzsystems und insbesondere die Aktienmärkte. Die allgemeine Gleichgewichtstheorie nimmt an, dass sich, solange der Staat nicht eingreift, auf einem Markt mit rational agierenden Akteuren über den Preismechanismus ein Gleichgewicht herstellt, in dem sich Angebot und Nachfrage von Waren mengenmäßig ausgleichen und auf diese Weise der Markt bereinigt wird. Der Preis bilde exakt das Verhältnis von Angebot und Nachfrage ab, so die Annahme, und repräsentiere folglich den Gleichgewichtspreis. Nach dieser Sichtweise müsste sich durch die Computerisierung und insbesondere die Algorithmisierung, die den Handel auf den Finanzmärkten in den letzten Jahren rasant beschleunigt haben, innerhalb kürzester Zeit ein optimales Gleichgewicht einstellen. Denn der Finanzhandel läuft schon lange nicht mehr innerhalb von Sekunden oder Millisekunden, sondern im Mikrosekundentakt. Die Reaktionszeit von Computerprogrammen liegt inzwischen weit unterhalb einer Millisekunde (vgl. MacKenzie et al. 2012). Die Order zum Kauf oder Verkauf eines Finanzprodukts wird um ein Vielfaches schneller vollzogen, als es die menschliche Reaktionsgeschwindigkeit ermöglichen würde (Beunza/Stark 2012).[1]

Auch die Regulierungsbehörden haben lange Zeit an das Gleichgewicht der Märkte geglaubt (Financial Services Authority 2009). Tatsächlich aber zeigt kaum ein Markt so of-

1 Die Reaktionszeit eines Menschen beträgt durchschnittlich ca. 500 Millisekunden (MacKenzie et al. 2012: 286).

fensichtlich wie der Finanzmarkt, dass derartige Vorstellungen zu kurz greifen. Wie während der globalen Finanzkrise und der Covid-19-Krise offenbar wurde, kann sich Liquidität innerhalb kürzester Zeit in Illiquidität verwandeln. Bei Ausbruch beider Krisen entwickelte sich innerhalb weniger Tage aus einer vorher angenommenen Liquiditätsschwemme eine Kreditklemme. Ohne den massiven Eingriff der Zentralbanken wäre in beiden Fällen das globale Finanzsystem zusammengebrochen.

5.1 Liquiditätsschwankungen und Vertrauensverlust

In Zeiten steigender Wertpapierkurse scheinen alle möglichen Formen von Vermögenswerten einen hohen Grad an Liquidität aufzuweisen. Hierbei handelt es sich allerdings um eine Liquiditätsillusion, die auf drei Säulen fußt (Nesvetailova 2010: 22ff.): dem Paradigma eines sich selbst regulierenden Finanzsystems, der Ponzi-Finanzierung[2] und einer politisch-ökonomischen Struktur, die neue Finanzprodukte legitimiert und marktfähig macht. Vor der globalen Finanzkrise wurde diese Liquiditätsillusion ihrerseits durch drei Faktoren unterstützt: die durch Finanzinnovationen ermöglichte globale Expansion der privaten Risikomanagementindustrie; einen allgemeinen Glauben daran, dass alle Arten von Krediten endlos gekauft und wieder verkauft werden können; und ein regulatives Umfeld, das die Verschleierung der Häufung von uneinbringlichen Forderungen und dubio-

2 Ponzi-Finanzierung beinhaltet, dass die Ausgaben die Einnahmen überschreiten und deswegen ständig neue Kredite aufgenommen werden müssen. Sie wurde nach dem Italiener Charles Ponzi benannt, der in den zwanziger Jahren in den USA ein betrügerisches Anlage- und Finanzierungssystem entwickelt hatte.

sen Investmentpraktiken ermöglichte. Eine Liquiditätsillusion kann dramatische Folgen haben, denn sobald die Zuversicht in Unsicherheit über den zukünftigen Wert von Vermögenswerten umschlägt, verringert sich deren Liquidität (Minsky 1982a). Anders ausgedrückt: In unsicheren Zeiten nimmt der Bedarf an Vermögenswerten zu, denen weiterhin ein hoher Grad an Liquidität und Sicherheit zugesprochen wird.

Obwohl die Wahrscheinlichkeit sehr hoch ist, dass dem Anstieg der Preise eines Vermögenswertes irgendwann der Abstieg folgt, ist der genaue Zeitpunkt, zu dem liquide Vermögenswerte plötzlich illiquide werden oder zu dem auf einem Großteil der Finanzmärkte der Handel von Finanzprodukten stark zurückgeht, nicht im Voraus bestimmbar: »Liquidität ist da, bis sie es nicht mehr ist – das ist die Realität moderner Märkte« (Amato/Fantacci 2012: 16). Allgemein kann nur festgestellt werden, dass Vermögensgegenstände illiquide werden, wenn die Verkäufer keine Käufer finden. Nach Pitluck (2011: 31) muss die Liquiditätsannahme für einen Großteil der Finanzprodukte revidiert werden: »Die weltweiten Aktienmärkte sind normalerweise illiquide. Sie sind voll von für gewöhnlich schwer zu handelnden Finanzprodukten. Hin und wieder gibt es kurze und teilweise vorhersehbare Zunahmen von Liquidität.« Insbesondere Großinvestoren wie Pensionsfonds oder Investmentbanken seien gar nicht dazu in der Lage, größere Mengen an Finanzprodukten zu handeln. Denn wenn das Handelsvolumen sehr groß ist, wirkt sich der Handel direkt auf den Preis des Produkts aus. Ein Auftrag von US-Großinvestoren umfasst nicht selten 200000 Aktien, während im Durchschnitt an der Nasdaq, der größten elektronischen Börse der USA, oder an der New York Stock Exchange je Auftrag lediglich 300 Aktien den Besitzer wechseln (MacKenzie et al. 2012:

283). Ein solcher Großhandelsauftrag wird nicht innerhalb kürzester Zeit abgewickelt, sondern muss über Tage oder sogar Monate gestreckt werden.

Solange alle beteiligten Akteure erwarten und darauf vertrauen, dass die Preise steigen, sind die gehandelten Vermögenswerte liquide, da davon ausgegangen wird, dass die Wertpapiere mit Gewinn verkauft werden können. Sobald jedoch die Preise stagnieren, kann das Produkt wegen der anfallenden Transaktionskosten nur noch mit Verlust verkauft werden. Sobald also Anleger erwarten, dass die Preise stagnieren oder fallen, versuchen sie, Wertpapiere loszuwerden. Wenn nun eine Vielzahl von Akteuren zum selben Zeitpunkt die gleichen Wertpapiere verkaufen möchte oder ein Akteur eine große Menge der gleichen Wertpapiere abstoßen möchte (oder beides geschieht), kann es zu Engpässen in der Liquidierung der Wertpapiere kommen. Halten diese Engpässe an, kann wiederum eine Panik auftreten, in der zunehmend mehr Anleger das Produkt verkaufen möchten. Die Folge ist ein massiver Preisverfall. Genau diese Dynamik war während der beiden letzten großen Krisen zu beobachten.

Solange Vertrauen vorherrscht, ist Liquidität gegeben. Vertrauen – *Marktvertrauen* – ist daher ein Kernbestandteil des Finanzsystems (Bernanke 2008; Wullweber 2016a). Dieses Vertrauen hängt mit Zahlungsversprechen zusammen: »Ein Großteil der Finanzaktivitäten beinhaltet, auf die eine oder anderer Art, die Konstruktion, die Hervorbringung, die Verteilung, die Evaluation, die Akzeptanz (oder Zurückweisung), die Durchsetzung und die Modifikation von Versprechen« (Carruthers/Kim 2011: 240). Marktvertrauen wird weniger aufgrund interner, sondern vielmehr aufgrund externer Faktoren gebildet (Amato/Fantacci 2012: 16). Auf den Finanzmärkten ist es daher in hohem Maße abhängig von globalen sozioökonomischen und politischen Faktoren und heutzutage vor allem von der Geldpolitik der Zentralbanken.

5.2 Laisser-faire, Boom und Kollaps

Die beiden großen (Finanz-)krisen zu Beginn des 21. Jahrhunderts waren zwar in ihrer Dimension außergewöhnlich. Krisen im Finanzsystem sind allerdings eher die Regel als die Ausnahme. Um hier nur die größten aufzuzählen: die niederländische Tulpenkrise der Jahre 1636/37, die britische Südseeblase von 1720 – für die das Vereinigte Königreich noch im Jahr 2014 zahlen musste (Castle 2014) –, die deutsche Eisenbahnaktienhausse der 1840er Jahre und vor allem der Börsencrash von 1929, der zur verheerenden Weltwirtschaftskrise führte. Nach dem Ende von Bretton Woods Anfang der siebziger Jahre und der Liberalisierung und Deregulierung des Finanzsystems nahmen die Krisenperioden deutlich zu. Die größten waren die internationale Bank- und Schuldenkrise von 1982, die Immobilien- und Aktienkrisen in Japan, Finnland, Norwegen und Schweden von 1985 bis 1989, die Krise des US-Sparkassensektors von 1986, der Börsencrash von 1987, die Tequilakrise von 1994/95, die Asien- und Russlandkrise und der Bankrott des gewichtigen Hedgefonds Long Term Capital Management von 1997/98, die Dotcom-Krise von 1999/2000 sowie die argentinische Staatsschuldenkrise 2001. Eine im Auftrag des IWF durchgeführte Studie zählte in den Jahren von 1970 bis 2011 insgesamt 147 Banken-, 218 Währungs- und 66 Staatsschuldenkrisen (Laeven/Valencia 2012; Kindleberger/Aliber 2015).

Der Ökonom Hyman Minsky (1982a, 2008) hat gezeigt, dass im liberalisierten Finanzsystem sich wiederholende Dynamiken entstehen, an deren Ende es stets zu einer Krise kommt. Davon ausgehend hat er eine Theorie der finanziellen systemischen Instabilität sowie ein Krisenzyklenmodell entwickelt. Dieses Modell legt dar, dass im Kapitalismus eine destabilisierende Tendenz einer expandierenden Kreditvergabe und eines expandierenden Finanzsystems besteht, die weder durch ökonomische Aktivitäten noch durch staatliches Eingreifen vollständig neutralisiert werden kann: »Eine kapitalistische Wirtschaft schafft finanzielle Beziehungen, die Instabilität fördern. [...] Solange eine Wirtschaft kapitalistisch ist, wird sie in finanzieller Hinsicht instabil sein« (Minsky 1982b: 36; Herr 2011; Semmler 2011). Die Erwartungen der Akteure haben demnach eine große Bedeutung für die Entwicklung der Finanzmärkte. Sie sind jedoch nur bedingt auf Fundamentalfaktoren zurückzuführen, sondern haben viel mit dem Vertrauen der Akteure auf zukünftige Preisentwicklungen zu tun und unterliegen starken Schwankungen (Keynes 2009 [1936]: 33ff.).

Minskys Arbeiten können der Tradition von klassischen liberalen Politökonomen wie John Stuart Mill, Alfred Marshall, Irving Fisher und John Maynard Keynes zugerechnet werden. Minsky selbst verstand sich als Vertreter einer Variante des Keynesianismus, die die Rolle und die Dynamik des Finanzsystems berücksichtigt (Minsky 1982b: 14). Obwohl Minskys Theorie systemischer Instabilität auf liberalen Ansätzen basiert, sind bestimmte marxistische Grundannahmen bezüglich der Krisenanfälligkeit kapitalistischer Wirtschaftsweisen ihr sehr ähnlich. Beispielsweise weist David Harveys basierend auf Marx ausgearbeiteter Akkumulationskrisenzyklus erstaunliche Parallelen zu dem Modell von Minsky auf (vgl. Harvey 1982: 300ff.).

Minsky (1982b) unterscheidet drei Arten von Finanzierungsmethoden: Hedge-, spekulative und Ponzi-Finanzierung. Hedge-Finanzierung beinhaltet, dass die Gewinnerwartungen der getätigten Geschäfte genügend hoch sind, um sowohl die Zinsen zu bezahlen als auch die gesamte Verschuldung zu reduzieren. Spekulative Finanzierung beschreibt Geschäfte, die Gewinnerwartungen beinhalten, die ausreichen, um die laufenden Zinsen zu zahlen. Allerdings müssen regelmäßig neue Kredite aufgenommen werden, um auslaufende Darlehen zu finanzieren. Ein Schuldenabbau findet nicht statt. Ponzi-Finanzierung schließlich bedeutet, dass das Gesamteinkommen nicht ausreicht, um die laufenden Zinsen zu bezahlen. Es müssen daher ständig neue Kredite aufgenommen werden, um die Zinsen der alten Kredite zu bezahlen (oder Immobilien und andere Besitzstände müssen veräußert werden). Einer der bekanntesten Fälle für ein sogenanntes »Ponzi-Scheme« aus der jüngsten Vergangenheit war der Anlagebetrug des US-Amerikaners Bernie Madoff, der im Zuge der globalen Finanzkrise aufflog. Der Schaden soll sich auf mehr als fünfzig Milliarden Dollar belaufen haben.

Wenn sich die Wirtschaft abkühlt, kommt es aufgrund abnehmender Liquidität dazu, dass sich die Hedge-Finanzierung zu einer spekulativen Finanzierung verschiebt, die spekulative Finanzierung zu einer Ponzi-Finanzierung wird und Firmen und Personen, die Ponzi-Finanzierung betrieben haben, in Konkurs gehen. Minsky kritisiert die neoklassische Ökonomie für ihre Sichtweise, dass Krisen nur durch externe Faktoren (insbesondere staatliche Interventionen) ausgelöst und nicht durch finanzinterne Operationen entstehen können: »Für die heute in den Wirtschaftswissenschaften dominanten Theorien ist finanzielle Instabilität nichtexistent, etwas, das schlicht nicht geschehen kann« (Minsky 1982b: 13). Als Reagan und Thatcher, diesen Theorien und vor allem den Forderungen der Finanzindustrie folgend, die Finanzmärkte deregulierten, prognostizierte Minsky, dass »Es« – eine Depression wie in den dreißiger Jahren – wieder passieren könnte (Minsky 1982a). In der Tat hat ihm die Geschichte zumindest teilweise recht gegeben.

Kindleberger und Aliber (2015: 26ff.) unterscheiden mit Minsky verschiedene Phasen einer Finanzkrise, mit denen sich auch der Verlauf der jüngsten beiden großen Finanzkrisen fassen lässt: Die erste Phase beginnt mit einem Ereignis, das Gewinnerwartungen weckt, wie zum Beispiel der Liberalisierung und Deregulierung von Finanzmärkten, dem Absenken der Leitzinsen, einer technologischen Neuerung, einem Narrativ wie dem vom »Ostasiatischen Wunder«, Finanzinnovationen oder der quantitativen Lockerung. Wenn dieses Ereignis dazu führt, dass sich mit ihm in größerem und umfassenderem Maße Profiterwartungen verknüpfen, beginnen Firmen und Einzelpersonen Kredite aufzunehmen, um von möglichen Gewinnen zu profitieren. Nun setzt die zweite Phase ein: der Boom. Er wird durch die Expansion der Kreditvergabe auf den Kreditmärkten beschleunigt. Dies führt zu einer erhöhten Nachfrage nach Wertpapieren und anderen Vermögenswerten, wodurch sich wiederum die Marktpreise erhöhen und wegen gestiegener Gewinnmargen weitere Investitionen angezogen werden. Es kommt zu einem positiven Feedback, wenn die erhöhten Investitionen wiederum zu einer höheren Wachstumsrate des Nationaleinkommens und erhöhten Profiterwartungen führen, woraufhin zusätzliche Investitionen angezogen werden usw. Zinsraten, die Geschwindigkeit von Zahlungen, die Warenpreise und der gesamtgesellschaftliche Schuldenstand erhöhen sich. Nun kann sich eine regelrechte Euphorie entwickeln: Investoren kaufen Vermögenswerte, um von antizipierten Preiserhöhungen dieser Güter zu profitieren. Es kommt zu einem *Follow-the-leader*-Prozess: »Die Investoren drängen in den Zug, bevor er den Bahnhof verlässt und Fahrt aufnimmt« (Kindleberger/Aliber 2005: 27). Eine Blase entsteht.

Früher oder später geht der Zyklus in die dritte Phase über (siehe bereits Fisher 1932: 8 ff.):[3] Die Wirtschaft und somit die Gewinnerwartungen kühlen sich ab. Käufer von Wertpapieren und Immobilien werden unsicher, ob der Wertzuwachs anhält oder sich bereits auf einem Abwärtstrend befindet. Es werden nun weniger Waren gekauft und mehr verkauft. Die Tilgung bestehender Schulden führt zu ersten Notverkäufen. Der Bedarf nach Liquidität erhöht sich. Einige stark gehebelte Investoren (mit Ponzi-Finanzierung), die also viele Schulden relativ zum Eigenkapital aufnehmen, um ihre Investitionen finanzieren zu können, gehen nun in den Konkurs, da sie durch den Preisverfall ihre laufenden Kredite nicht mehr bedienen können. Die Wirtschaft schwächelt, woraufhin sich die Arbeitslosenquote erhöht und sich Pessimismus hinsichtlich zukünftiger profitabler Geschäfte ausbreitet. Allerdings kann sich der Trend auch wieder umkehren, so dass Aktien- und Immobilienpreise temporär wieder ansteigen, anschließend wieder fallen usw.

Schließlich setzt irgendwann die vierte Phase ein: Panik. Auslöser kann ein einzelnes Ereignis mit Signalwirkung sein, zum Beispiel eine Banken- oder Firmenpleite oder ein starker Preisverfall bestimmter Wertpapiere. Manchmal genügen sogar nur Signalwörter bestimmter Personen, um eine allgemeine Panik auszulösen. Ein bekanntes Beispiel hierfür ist Alan Greenspans Rede vom »irrationalen Übermut« der Anleger (Shiller 2000: 3). Zwar hatte der damalige Fed-Vorsitzende die Äußerung eher beiläufig während einer After-Dinner-Ansprache im Dezember 1996 getätigt. Doch anschließend stürzten die Aktienmärkte in Tokyo, Hongkong, London, New York und Frankfurt dramatisch ab, auch

3 Fisher (1933: 341 f.) hat diese Phase nochmals in neun Schritte unterteilt.

wenn sie sich bald wieder erholten. Setzt tatsächlich eine Panik ein, verfallen die Preise und die Insolvenzen nehmen zu. Die Liquidierung von Schulden kann nicht mehr mit dem Preisverfall mithalten: »Wenn eine ganze Gemeinschaft überschuldet ist, [...] kann manchmal der bloße Akt der Liquidierung die realen Schulden erhöhen, statt sie zu reduzieren« (Fisher 1932: 25). Es entsteht ein Teufelskreis, bei dem jeder Akteur gezwungen ist mitzumachen, weil fast alle Besitzgegenstände an Wert verlieren: »Massenhafte Tilgung zerstört sich selbst« (Fisher 1932: 26). Es kommt zu einer »Torschlusspanik [...]: Investoren stürmen zum Notausgang, bevor dieser sich schließt« (Kindleberger/Aliber 2015: 33), mit anschließender Bilanzrezession von unterschiedlicher Dauer. Die Krise endet erst, wenn Investoren der Ansicht sind, dass die Preise für Anlagegegenstände so niedrig sind, dass sie nicht weiter fallen, oder wenn ein Lender of Last Resort – vor allem die Zentralbank – die Investoren davon überzeugt, dass genügend Liquidität bereitgestellt wird, um die Nachfrage zu bedienen. Allerdings ist das Ende einer Krise nach Minsky zugleich der Beginn einer neuen, sich langsam aufbauenden Krise. Denn die Erinnerung an vorangegangene Krisen verblasst, sobald sich die Wirtschaft wieder etwas erholt hat. Dann entwickeln sich die relativ sicheren Hedge-Finanzierungen vermehrt zu spekulativen Finanzierungen und schließlich weiter zu risikoreichen Ponzi-Finanzierungen. Daher konstatiert Minsky: »Stabilität ist destabilisierend« (Minsky 1982b: 26).

Minskys Theorie der finanziellen Instabilität weicht von Rationalitätsannahmen der neoklassischen Ökonomik ab, also von der These, dass Investoren langfristig rational handeln würden. Sie handeln im Gegenteil häufig irrational und emotional, wie auch empirische Untersuchungen zeigen (Kindleberger/Aliber 2015: 39ff.). Eine ähnliche Argumentation hinsichtlich psychologischer Faktoren ist auch bei einer ganz anderen Forschungsrichtung zu finden – der Behavioural Finance. Insbesondere durch das nach dem Ausspruch von Greenspan benannte Konzept des »irrationalen Übermuts« (Shiller 2000) hat die Sichtweise von irrationalem Handeln auf den Finanzmärkten wissenschaftliche Akzeptanz erlangt: »Verhaltensökonomen haben gezeigt, wie selbst die anspruchsvollsten und professionellsten Finanzhändler illusorische Korrelationen herstellen, glauben, dass ungewöhnliche und nicht nachhaltige Trends wahrscheinlich unbegrenzt andauern werden, und zu viel Gewicht auf jüngste Ereignisse legen« (Tickell 2003: 120). Preisentwicklungen auf den Finanzmärkten werden so zu sich selbst erfüllenden Prophezeiungen: »Das Kursniveau wird bis zu einem gewissen Grad von einer sich selbst erfüllenden Prophezeiung angetrieben, die auf gleichgerichteten Ahnungen eines großen Teils der Groß- und Kleinanleger beruht und durch die Nachrichtenmedien verstärkt wird« (Shiller 2000: xv).

Der Optimismus unter den Finanzakteuren wandelt sich irgendwann in Übermut, Risiken und Abhängigkeit von finanziellen Hebelwirkungen werden systematisch unterschätzt: »Stabilität ist nicht einfach ein unerreichbares Ziel; vielmehr ist es so, dass destabilisierende Prozesse in Gang gesetzt werden, sobald auch nur annähernde Stabilität erreicht ist« (Minsky 2008: 59). Minsky hob darüber hinaus die Gefahr einer zu hohen Verschuldung von Privathaushalten und Firmen hervor. Ausgehend von seinen Argumenten wiesen einige Politökonominnen und Politökonomen bereits zu Beginn des 21. Jahrhunderts darauf hin, dass die Verschuldung der US-amerikanischen Haushalte nicht endlos zunehmen könne (Bonner/Wiggin 2003). Sie interpretierten die Subprime-Hypothekenindustrie, die sich Anfang des 21. Jahrhunderts entwickelt hatte, als gigantisches Ponzi-System: Erstens waren viele Subprime-Kreditnehmerinnen und -Kreditnehmer nicht in der Lage, ihre Hypothek abzubezahlen. Zweitens war die Absicherung der Hypotheken nur gewährleistet, solange die Wohnimmobilienpreise stiegen. Drittens waren die Banken durch die Weitergabe der Kreditausfallrisiken an die Finanzmärkte nur noch bedingt an der Überprüfung der Kreditwürdigkeit der Schuldner interessiert (Wray 2008). Zudem führte eine Verlängerung der Schuldenkette über Verbriefungsmethoden zu einem zunehmend illiquiden Finanzsystem (vgl. Minsky 1982a: 174). Es war demnach nur eine Frage der Zeit, bis diese Pyramide einstürzte.

Wie Minsky in seinen Überlegungen prognostiziert hatte, kam es nach der globalen Finanzkrise zu einer Erholung: Nachdem die Staaten die Banken und einen Großteil der Finanzakteure gerettet hatten und vor allem die Zentralbanken dem System über die quantitative Lockerung umfangreich Liquidität zuführten, nahm die Zuversicht der Finanzakteure hinsichtlich der zukünftigen Preisentwicklung wieder zu. Es kam zu einer beispiellosen Hausse, Wertpapierpreise stiegen in bislang unbekannte Höhen, und die Verschuldung der Firmen und Haushalte nahm immens zu. Diese Preisentwicklung wurde allerdings nicht von einer robusten Entwicklung der Weltwirtschaft begleitet. Der größte Teil des von den Notenbanken zur Verfügung gestellten Geldes wurde nicht in die Produktivwirtschaft, sondern auf den Finanzmärkten investiert. Dort kam es allerdings zu einem »fantastischen« Boom. Der Einbruch folgte dann abrupt und einschneidend, mit der Covid-19-Pandemie. Da die Zentralbanken weltweit jedoch sofort massiv intervenierten, setzte bereits nach wenigen Wochen wieder eine rasante Erholung der Finanzmärkte ein. Seitdem baut sich die nächste, noch größere Vermögenspreisblase auf.

5.3 *Finanzialisierung und global liberalisierte Ordnung*

Die Finanzkrisen der letzten vierzig Jahre können auf strukturelle Veränderungen im Finanz- und Wirtschaftssystem seit dem Zusammenbruch des Bretton-Woods-Systems und verstärkt seit den achtziger Jahren zurückgeführt werden. Die Zeit seitdem ist geprägt von der zunehmenden Bedeutung der Finanzwirtschaft, was allgemein durch den Begriff der »Finanzialisierung« ausgedrückt wird. Finanzialisierung beinhaltet verschiedene regionale und globale sozioökonomische Prozesse, wie den Aufstieg des Shareholder-Value-Prinzips als bestimmendes Merkmal der Unternehmensführung, die verstärkte Dominanz des angloamerikanischen Kapitalmarktes und des Investmentbankings über klassisch-traditionelle bankenbasierte Kreditfinanzierung, stetig steigende Aktienpreise, Kapitalherabsetzungen durch Aktienrückkäufe, steigende Dividendenausschüttungen, Offshoring, die Entstehung neuer systemrelevanter Finanzakteure und insgesamt die ansteigende Macht von Finanzeliten, die Liberalisierung internationaler Kapitalströme und den rapide steigenden Handel mit zunehmend komplexeren Finanzprodukten (Martin 2002; Epstein 2005; Froud et al. 2006; Ertürk et al. 2008a; Heires/Nölke 2013; Van der Zwan 2014).

Der Begriff setzt gewissermaßen die unter dem Schlagwort »Globalisierung« geführte Diskussion der achtziger und neunziger Jahre fort, spitzt diese aber dahingehend zu, dass nun insbesondere das Weltfinanzsystem bzw. die Finanzmarktlogik im Zentrum (der Kritik) steht (vgl. Young 2014). Er umfasst auch die Inwertsetzung und Kommodifizierung vormals noch nicht in eine Warenform umgewandelter und somit noch nicht markt- und finanzwirtschaftlich gestalteter gesellschaftlicher Bereiche und Beziehungen (Sassen 2009; Wullweber 2004): »Das Fundament des Finanzkapitalismus ist nicht das spektakuläre System der Spekulation, sondern etwas viel Banaleres: die konstante Suche nach oder die Konstruktion von neuen Strömen von Vermögenswerten [...], die überhaupt erst die Spekulation ermöglichen« (Leyshon/Thrift 2007: 98).

Diese verschiedenen Entwicklungen erhöhen insgesamt die Krisenanfälligkeit und Volatilität des globalen Finanzsystems und infolgedessen auch die Vulnerabilität anderer Wirtschaftszweige. Das aufgrund verschiedener politisch-ökonomischer Interessen herbeigeführte Ende von Bretton Woods Anfang der siebziger Jahre hatte die Instabilität der Wechselkurse zur Folge. Unternehmen mussten sich nun gegen diese Risiken absichern. Der US-Dollar verlor in den siebziger Jahren die Hälfte seines Wertes gegenüber der D-Mark und dem Yen. Erst durch die Hochzinspolitik der USA in den achtziger Jahren gewann er wieder an Wert (während die Währungen vieler Entwicklungsländer stark abwerteten), erreichte aber nicht wieder das vorherige Niveau. Zugleich waren zum Beispiel die innereuropäischen Wechselkurse zu Beginn der neunziger Jahre von starken Wechselkursschwankungen und insbesondere Abwertungen von bis zu dreißig Prozent gegenüber der D-Mark betroffen. Die Abwertungen der Währungen der asiatischen Tigerstaaten im Jahr 1997 waren noch massiver (vgl. Kindleberger/Aliber 2005). Auch die Ölpreise und Zinsen schwankten nun stärker.

Diese strukturellen Veränderungen begünstigten die Entwicklung von Finanzderivaten, da diese den Unternehmen eine gewisse Planungssicherheit boten. Derivate sind Finanzprodukte, deren Wert von anderen Vermögenswerten, Indizes oder Zinsraten abgeleitet wird. Das bedeutet, der Eigentümer spekuliert auf dessen Wertzuwachs oder Wertverfall, ohne den Vermögenswert selbst zu besitzen. Es sind daher hochspekulative Investitionen. Die bekanntesten Derivate sind Optionen, Futures, Forwards oder Swaps, theoretisch ist die Möglichkeit, neue Derivatformen zu erschaffen, aber unbegrenzt. Bereits in Thomas Manns *Buddenbrooks* wird eine Derivatspekulation ähnlich eines Forwards beschrieben: der Kauf einer Ernte für einen vorher festgesetzten Preis. Ein solches Finanzderivat kann durchaus Sinn ergeben. Eine Landwirtin sichert sich gegen einen möglichen Verfall des Erntepreises ab oder ein Händler will sich gegen zukünftige Wechselkursschwankungen schützen. De facto handelt es sich bei dem überwiegenden Teil der Derivate aber vor allem um Wettgeschäfte. Daher waren diese lange untersagt. Doch seit den achtziger Jahren wurde das Verbot zunehmend verwässert, und der Derivatehandel weitete sich stetig aus. Der Nominalwert der weltweiten Derivateverträge betrug 1998 ca. 100 Billionen US-Dollar, im Jahr 2007 umfasste er bereits etwa eine Billiarde US-Dollar (Stewart 2012: 300). Zwischen 1998 und 2007 wuchsen die weltweiten Derivatemärkte laut der Bank für Internationalen Zahlungsausgleich jährlich um 25 Prozent (BIS 2007: 20). Der Anteil des Finanzsektors an den gesamten Vorsteuergewinnen stieg in den USA von ca. 15 Prozent Anfang der achtziger Jahre auf ca. 35 Prozent im Jahr 2007 (Evans 2011: 32).

Die US-Regierung unter Bill Clinton lehnte in den neunziger Jahren verschiedene Gesetzesinitiativen zur Regulierung oder für ein Verbot von Derivaten ab (Tett 2010: 23 ff.). 1999 wurde der Glass-Steagall Act durch den Gramm-Leach-Bliley Act ersetzt und damit das Trennbankensystem, also die Trennung des Einlagen- und Kreditgeschäfts einer Bank von dem Investmentbanking, aufgehoben. Allerdings war der Glass-Steagall Act bereits 1987 aufgeweicht worden. In jenem Jahr wurde Banken erlaubt, mit hypothekenbesicherten Wertpapieren, kommerziellen Papieren und Municipal

Bonds zu handeln. Die Einnahmen aus diesen Geschäften durften 5 Prozent des Gesamtumsatzes nicht überschreiten. 1989 wurde diese Grenze auf 10 Prozent angehoben, 1997 schließlich auf 25 Prozent. Der Commodity Futures Modernization Act aus dem Jahr 2000 legte fest, dass der Over-the-Counter-Derivatehandel, also der außerbörsliche Handel, nicht länger unter den Commodity Exchange Act und damit nicht länger unter die Aufsicht der US-Finanzbehörden fiel (Financial Crisis Inquiry Commission 2011: 48ff.). Greenspan et al. (1999) argumentierten damals, dass eine Regulierung der Derivate ein Hemmnis für Innovation darstelle: »In den letzten Jahren hing in den Vereinigten Staaten eine Wolke gesetzlicher Unsicherheit über dem außerbörslichen Derivatehandel. Wenn sie nicht beseitigt wird, kann das dazu führen, dass Innovation und Wachstum auf diesen wichtigen Märkten gehemmt werden und der Führungsanspruch der USA Schaden nimmt, weil diese Geschäfte in andere Länder abwandern.«

Global herrscht seitdem ein stark finanzgeführtes Wachstumsmodell vor. Es kann hier zwischen einer schulden- und einer exportgetriebenen Variante differenziert werden, wobei Erstere vor allem in angelsächsischen Ländern und Letztere in Ländern wie China, Deutschland und Japan zu finden ist (Boyer 2000; Stockhammer 2010, 2014). Der atlantische Fordismus, als das bis in die siebziger Jahre hinein dominierende Akkumulationsregime, verschob sich zunehmend hin zu einem finanzgeführten Akkumulationsregime (Boyer 2000; Aglietta 2000). Der Fordismus basierte unter anderem auf einer steigenden Produktivitätsrate durch Skaleneffekte der Massenproduktion, vor allem durch Fließbandfertigung und eine tayloristisch organisierte Produktion, auf steigenden Reallöhnen und dadurch ermöglichtem (und politisch gewolltem) steigendem Konsum. In den siebziger Jahren geriet dieses Wachstumsregime in die Krise. In den Industrieländern gab es verschiedene Versuche, neue Dynamiken zu erzeugen (um hier nur einige Stichworte zu nennen: Toyotismus, wissensbasierte Ökonomie, technologische Innovation, Informations- und Kommunikationstechnologien), die abgesehen von bestimmten Sektoren allerdings nur mäßige makroökonomische Wachstumsraten generierten (Boyer 2000; Wullweber 2010; Sablowski 2013). Ab der zweiten Hälfte der neunziger Jahre nahm in den USA, aber zum Beispiel auch in Großbritannien, Irland und Island, der Finanzbereich eine immer bedeutendere Stellung für das Wirtschaftswachstum ein. Dennoch wird bisweilen übersehen, dass die Masse der kleinen und mittleren Unternehmen weitgehend von diesem Prozess unberührt blieb (Beck/Scherrer 2013: 158).

Während die finanziellen Vermögenswerte in den USA zwischen 2009 und 2020 um etwa 500 Prozent stiegen und das reichste eine Prozent der Haushalte inzwischen 20 Prozent des gesamten Einkommens auf sich vereinigt (Carney 2016), stagniert oder fällt das durchschnittliche Realeinkommen der unteren 80 Prozent bei gleichzeitiger Kürzung der Sozialleistungen (Piketty/Saez 2003; Piketty 2014; Foroohar 2020). Die Politik sah sich daher mit dem Problem konfrontiert, das gesamtgesellschaftliche Wohlstandsniveau trotz marktliberaler Wirtschaftspolitik aufrechtzuerhalten.

Die Lösung lag insbesondere in den USA in der Integration der Arbeitnehmerinnen und Arbeitnehmer in den Finanzmarkt. Erleichterter Zugang zum Finanzmarkt wurde über verschiedene Reformen erreicht, etwa die Deregulierung des Bankgeschäfts und die Verbriefung des Hypothekenmarktes. Der Konsum der Haushalte war nun verstärkt von der regelmäßigen Kreditaufnahme abhängig: »Wenn Lohnzurückhaltung höhere Renditen fördert, könnte ein

Aufschwung an der Börse dazu führen, dass Individuen eine Verbesserung ihres wirtschaftlichen Status wahrnehmen, zur Bank gehen und Kredite aufnehmen, um langlebige Güter, Autos und Häuser zu kaufen, die sie sich mit direkten Löhnen nicht leisten könnten. Mit anderen Worten, die Finanzwelt formt die verschiedenen Interessen der Arbeiter um« (Boyer 2013b: 7, vgl. Boyer 2013a: 99). Die über private Schulden finanzierten Ausgaben sind in vielen Ländern zum Konsummotor geworden, daher auch die Rede vom »privatisierten Keynesianismus« (Crouch 2009; Young 2009, 2011). Weil die angesammelten Schulden irgendwann aber bedient werden müssen, konstatieren einige Ökonomen eine potenzielle Krisenanfälligkeit (Stockhammer 2007: 644). Nicht zuletzt der Übergang vom wohlfahrtsstaatlich organisierten Pay-as-you-go-System zur privaten Altersvorsorge erzeugte eine Flut an Kapital auf der Suche nach lukrativen Anlagemöglichkeiten (Boyer 2013a: 96; für die Entwicklung in der Europäischen Union vgl. Lütz 2002; Bieling 2006). Ertürk et al. (2008b: 27) sprechen daher von den »finanzialisierten Massen«. Bezeichnend für diese Entwicklung sind die Mutual Funds in den USA.[4] Während 1982 noch 6,2 Millionen US-Bürgerinnen und -Bürger in 340 Mutual Funds investiert hatten, waren es 1998 bereits 119,8 Millionen Bürgerinnen und Bürger und 3513 Fonds (Shiller 2000: 35).

Basierte der Massenkonsum im Fordismus auf steigenden Löhnen, wird er im finanzgeführten Akkumulationsregime

4 Mutual Funds hießen Anfang des 20. Jahrhunderts noch Investment Trusts. Da nach der Krise von 1929 viele Bürgerinnen und Bürger ihre Rente verloren, die sie in Investment Trusts investiert hatten, wurde der Begriff Mutual Funds gewählt, da er ähnlich klingt wie die staatlich unterstützten und genossenschaftlich organisierten Mutual Savings Banks und Mutual Insurance Companies (vgl. Shiller 2000: 35f.).

durch eine zunehmende Kreditaufnahme und Verschuldung der privaten Haushalte ermöglicht. Dank ihrer Integration in den Finanzmarkt praktizierten Lohnarbeiterinnen und Lohnarbeiter nun potenziell eine Ponzi-Finanzierung: Sie kauften sich Häuser, die sie sich mit ihrem Einkommen eigentlich nicht leisten konnten, und hofften, sie später mit Gewinn verkaufen zu können (Ertürk et al. 2008b: 27). Dieses Wachstumsmodell funktionierte so lange gut, wie die Häuser- und Aktienpreise in die Höhe kletterten, die steigenden Kreditschulden also durch steigende Vermögenswerte abgesichert waren (vgl. Aglietta 2000: 153ff.; Stockhammer 2007). Mit der globalen Finanzkrise zerbrach dieser postfordistische Kompromiss. Der Ökonom Robert Boyer warnte bereits im Jahr 2000 vor der Krisenanfälligkeit dieses Wachstumsregimes: »Je größer der Einfluss der Finanzwirtschaft auf die Unternehmensführung, das Verhalten der privaten Haushalte, das Arbeitsmarktmanagement und die Wirtschaftspolitik ist, desto wahrscheinlicher ist es, dass ein aktienbasiertes Regime die Grenze der strukturellen Stabilität überschreitet. Der nächste Akt des Finanzdramas könnte durchaus an der Wall Street beginnen!« (Boyer 2000: 142) Das finanzdominierte Akkumulationsregime entstand also aus einer Reihe politischer Entscheidungen von den sechziger Jahren bis zur Finanzkrise als Antwort auf das Problem, das Wohlstandsniveau bei stagnierenden bis fallenden Reallöhnen aufrechtzuerhalten.

Woran liegt es, dass die Finanzindustrie so bedeutend geworden ist und ihre Interessen gegenüber anderen gesellschaftlichen Akteuren durchzusetzen vermag? Eine Rolle spielen die starke Verhandlungsposition und die Lobby-Bemühungen der Finanzindustrie. Jagdish Bhagwati (1998: 10), ein liberaler Ökonom, spricht vom »Wall-Street-Treasury-Komplex«, um auf die engen institutionellen Verflechtungen zwischen Wall Street und dem US-Finanzministerium hinzuweisen. Von ähnlicher Bedeutung sind die *revolving doors* – der Wechsel von Positionen zwischen Politik und Wirtschaft zwischen der Finanzindustrie und den Regulierungsbehörden (beispielsweise war Mario Draghi vor seiner Zeit als Präsident der EZB bei Goldman Sachs tätig), die zu einer Vereinnahmung führen können: »Regulatorische Vereinnahmung tritt auf, wenn Bürokraten, Regulierungsbehörden und Politiker aufhören, einer Vorstellung von einem breiteren kollektiven öffentlichen Interesse zu dienen, und beginnen, systematisch spezifische Besitzstandsinteressen zu begünstigen, normalerweise genau die Interessen, die sie eigentlich regulieren und für das breitere öffentliche Interesse einschränken sollten« (Baker 2010: 648, Baker 2015). Demgegenüber spricht Tsingou (2015) von »Club Governance«, im Sinne einer transnationalen Policy Community, die relativ autonom gegenüber nationaler Politik die internationale Regulierung des Finanzsystems dominieren würde (siehe auch Moschella/Tsingou 2013). Nach Germain (2010) ist der starke Einfluss der Finanzindustrie eingebettet in einen neoliberalen Diskurs mit globaler Ausstrahlung, der durchaus eine aktive Rolle des Staates beinhaltet, hinsichtlich der »Gestaltung, Förderung und Gewährleistung des freien und effizienten Funktionierens des Marktes« (Cerny 2010: 128, 245 ff.). Andererseits haben einige Studien gezeigt, dass die Finanzindustrie keine geschlossene Gruppe mit einheitlichen Interessen bildet. Zum Teil wurde innerhalb der Finanzindustrie versucht, die Regulierungen weg vom eigenen Sektor hin zu anderen Bereichen zu verschieben (Helleiner/Pagliari 2011). Die Kreativität der Finanzindustrie in der Entwicklung neuer Produkte spielt sicherlich ebenfalls eine Rolle. Hiernach besteht eine interaktive Interdependenz zwischen Regulierungen der Finanzmärkte und Finanzinnovationen (Nesvetailova 2010). Zum einen können die Regulierungsbehörden kaum noch mit den komplexen Innovationen mithalten. Zum anderen entstehen viele Produkte mit dem Ziel, bestehende Regulierungen zu umgehen. Shah (1997) prägte hierfür bereits Ende der neunziger Jahre den Begriff der »regulatory arbitrage«: »Es gibt eine Umgehungsindustrie, die in der Lage ist, den Geist hinter den Rechnungslegungsvorschriften zu untergraben« (Shah 1997: 101). Insgesamt kann konstatiert werden, dass durch die Liberalisierung des Weltfinanzsystems und weitere strukturelle Entwicklungen seit den siebziger Jahren ein Nährboden entstand, der die Wahrscheinlichkeit von Krisen mit globalem Ausmaß stark erhöhte.

5.4 Asset-Märkte und steigende Privatschulden

Nach dem Zusammenbruch der Finanzmärkte im Herbst 2008 begannen die Vermögenspreise, sich relativ bald wieder zu erholen. Doch das war weder ein Zeichen funktionierender Märkte noch basierten steigende Vermögenspreise auf einer verbesserten wirtschaftlichen Produktivität, einem höheren Lebensstandard, wachsenden Geschäftsmöglichkeiten oder auf einem Optimismus hinsichtlich positiver Wirtschaftsprognosen für die kommenden Jahre. Im Gegenteil blieben die Aussichten auf wirtschaftliche Erholung stark eingetrübt. Angesichts einer Vielzahl problematischer politischer und wirtschaftlicher Entwicklungen, wie eskalierenden Handelskriegen, der anhaltenden Krise in der Eurozone, einer Fragmentierung der internationalen Gemeinschaft, wachsender Ungleichheit, eines erstarkenden Rechtspopulismus und Unsicherheit durch den Austritt Großbritanniens aus der Europäischen Union, waren die wirtschaftlichen Bedingungen insgesamt düster (Fed 2019a: IMF 2019a; Cihák/Sahay 2020).

Seit dem Beginn der Covid-19-Pandemie hat sich die Lage noch deutlich verschärft: Trotz des größten Zusammenbruchs der globalen Ökonomie seit der Weltwirtschaftskrise 1929 und trotz anhaltender Unsicherheit bezüglich einer baldigen Erholung wurden die Finanzakteure schon wenige Wochen nach Ausbruch der Pandemie wieder risikofreundlich. Die Vermögenspreise stiegen an, völlig losgelöst von ökonomischen Fundamentaldaten, finanziellen Bedingungen oder historischen Normen (BIS 2020). Auf der Suche nach höheren Renditen investierten Anleger erneut in Junk Bonds und andere risikoreichere Finanzprodukte, wie der Rekordzustrom in dieses Marktsegment bereits Anfang April 2020 zeigt (Henderson/Rennison 2020). Alle Börsenindizes, wie der S&P 500, der Dow Jones oder der Dax, standen im Herbst 2020 auf Rekordniveau. Eine klassische Minsky-Blase hatte sich bereits von Neuem gebildet.

Wie ist diese Entwicklung zu erklären? Die Ansätze dazu sind komplex und vielschichtig. Dennoch können einige Faktoren benannt werden, die plausible Interpretationen für diese fast vollständige Entkopplung der Finanzmärkte von wirtschaftlichen Fundamentaldaten liefern. Vor dem Hintergrund wachsender globaler Ungleichheit und sehr ungleich verteilter Vermögen sowohl innerhalb der Länder als auch zwischen den Ländern nimmt das Vermögen einer kleinen Minderheit von Privatpersonen stetig zu. Zugleich gibt es aber auch immer mehr Pensions- oder Geldmarktfonds und andere Vermögensverwalter. Diese Institutionen und Investoren müssen ihr Geld anlegen. Sie sind folglich permanent auf der Suche nach relativ sicheren, aber zugleich rentablen Investitionsformen (Piketty 2014; Cihák/Sahay 2020). Weiterhin finden aufgrund dessen vermehrt Aktienrückkäufe der

Unternehmen statt, was unter sonst gleichen Bedingungen den Anstieg der Aktienpreise zur Folge hat. Auf der anderen Seite stellen die Zentralbanken seit der Finanzkrise massiv Geldmittel für das Finanzsystem bereit, in der Hoffnung, es auf diese Weise zu stabilisieren. Nun muss diese Schwemme an Liquidität aber ebenfalls angelegt werden. Da die Weltwirtschaft schwächelt, wird das Geld an den Finanzmärkten investiert.

Als Reaktion auf die Finanzkrise veränderte sich die Governance-Struktur des globalen Finanzsystems in einem radikalen und historisch beispiellosen Transformationsprozess. Führende Zentralbanken wurden zum Rückgrat der sich herausbildenden regulativen Konfiguration (Mehrling 2017; siehe Kapitel 8). Diese und andere weitreichende geldpolitische Maßnahmen waren notwendig, weil die meisten Regierungen in den vorangegangenen Jahren auf eine aktive Fiskalpolitik verzichtet hatten (Arnold/Khan 2019). Anstatt einen stärker gestaltenden wirtschaftspolitischen Kurs zu verfolgen, hatten sie häufig rechtliche Rahmenbedingungen geschaffen – zum Beispiel die »Schuldenbremse« in Deutschland –, die eine sparsame Haushaltspolitik (Austeritätspolitik) betonten und eine stärker investive Fiskalpolitik behinderten (vgl. Blyth 2013; Green/Lavery 2015; Konings 2016). Da eine Fiskalpolitik fehlte, die Wirtschaft und Gesellschaft hätte stärken können, mussten Zentralbanken in einem Umfeld schwacher Wirtschafts- und Geschäftsaktivitäten agieren. Um die Investitionstätigkeit zu fördern und auch, um ein Absinken in eine Deflation zu verhindern (bzw. im Fall von Japan, um aus dieser wieder herauszukommen), verfolgten sie eine lockere Geldpolitik.

Infolgedessen wurde der Geldmarkt mit Liquidität geflutet. Die Politik der Notenbanken trieb auch die Nachfrage nach Staatsanleihen in die Höhe. Bis Ende 2019 hatten etwa

15 bis 17 Billionen Dollar in Staatsanleihen negative Renditen erbracht, ein Anteil von etwa 33 Prozent (IMF 2019b; EZB 2020a). Auch die Renditen für Unternehmensanleihen waren sehr niedrig (siehe Abbildung 9).

Abbildung 9: Renditen von Unternehmensanleihen zwischen 1997 und 2021 (in Prozent)

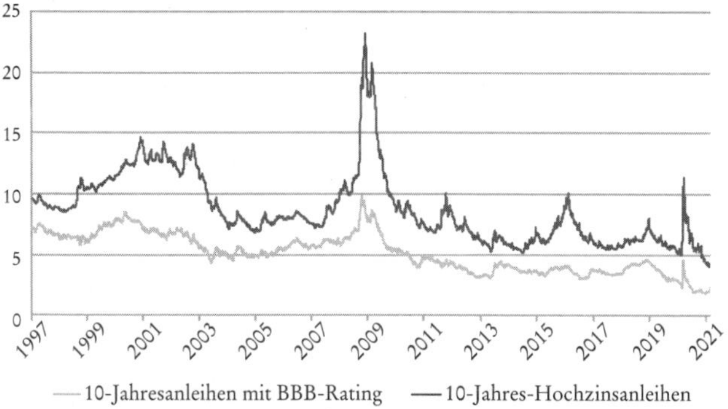

Quelle: Fed 2019a: 11.

Um höhere Renditen zu erzielen, investierten viele Finanzakteure wie Hedgefonds, aber auch vorsichtigere Akteure wie Versicherungsgesellschaften und Pensionsfonds in stärker gehebeltes und weniger liquides Vermögen mit höherem Risikoprofil (siehe Abbildung 10). Dadurch wurden diese Unternehmen krisenanfälliger. Einige institutionelle Anleger wie zum Beispiel Rentenfonds hatten in Kreditanlagen mit niedriger Qualität investiert und verringerten auch ihren Liquiditätspuffer, zum Beispiel in Form von Eigenkapital. In einer Finanzkrise, wie der durch die Covid-19-Pandemie verursachten Krise oder zuvor der globalen Finanzkrise, erschweren solche Anlagestrategien allerdings den Verkauf derartiger Vermögenswerte erheblich. Verkompliziert wird die

Sachlage allgemein noch dadurch, dass Altersversorgungssysteme wie Pensionsfonds in langfristige Vermögenswerte investieren, um Zinsen auf Rentenbeiträge zu zahlen und gleichzeitig höhere Renditen zu erzielen. Dies führt zu größeren Liquiditätsrisiken und einer gesteigerten Anfälligkeit für Volatilitäten (IMF 2019b). In Abbildung 10 ist zu sehen, dass die Qualität der Kredite in den Anlageportfolios der Fonds innerhalb der letzten vier Jahre deutlich abgenommen hat.

Abbildung 10: Festverzinsliche Fonds und niedrig bewertete Portfolios nach Kreditqualität (in Prozent)

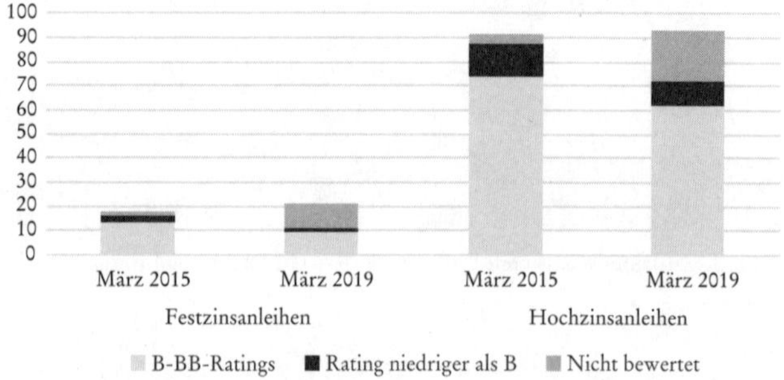

Quelle: IMF 2019b: 40, in Prozent des festverzinslichen Portfolios. Die dunkelgrau eingefärbten Anteile der Balken sind die riskantesten Kredite.

In den Jahren vor den beiden großen Krisen konnten sich die Unternehmen mit günstigen Krediten finanzieren, was insgesamt zu einem Anstieg der Unternehmensverschuldung führte. Die von den Zentralbanken verfolgte lockere Geldpolitik hatte also die Konsequenz, dass Teile des nichtfinanziellen privaten Sektors Geschäftsmodelle mit höherem Risiko übernahmen. Ende 2019 lag die Unternehmensverschuldung im Verhältnis zum BIP nahe ihrem historischen Höchststand (siehe Abbildung 11).

Abbildung 11: Verhältnis von Krediten an nichtfinanzielle Unternehmen zum Bruttoinlandsprodukt zwischen 1980 und 2019 (in Prozent)

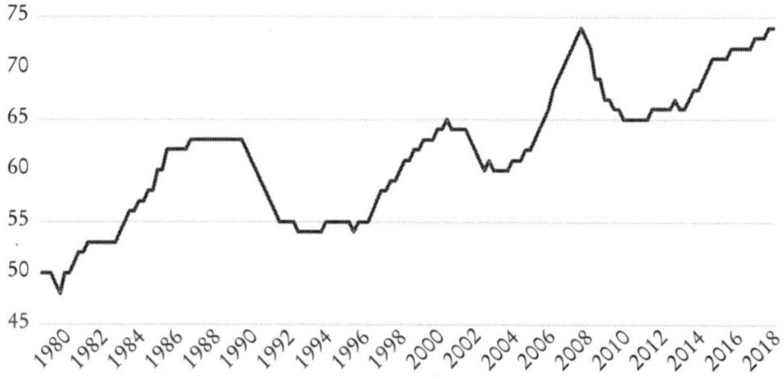

Quelle: Fed 2019a: 20.

Darüber hinaus wurde die Hälfte aller ausstehenden Schulden im besseren Investmentbereich, also mit Investment-Grade-Rating, gerade einmal in die unterste und also unsicherste Klasse des Investment-Grade-Bereichs (Triple-B) eingestuft.

Kurz: Die private Verschuldung hatte bereits vor der Covid-19-Krise solche Dimensionen angenommen, dass die Rückzahlung für einige Firmen (vor allem für diejenigen, die einer Ponzi-Finanzierungsstrategie gefolgt waren) sehr schwierig war (IMF 2019b). Steigende Vermögenspreise gehen gewöhnlich mit einer zunehmenden Verschuldung der Haushalte und Unternehmen einher. Wenn die Vermögenswerte hoch sind, fällt ihr Wertverlust in der Krise entsprechend stärker aus. Wenn die Vermögenspreise fallen, sinkt das Einkommen, und die Kosten für den Schuldendienst steigen. Hochverschuldete Haushalte und Unternehmen geraten nun unter Druck. Schwächelnde Unternehmen müssen ihre Ausgaben reduzieren, was wiederum das Gesamtniveau der wirtschaftlichen Aktivitäten verringert. Bereits Ende

2019 sahen sich die Unternehmen mit stark geschwächten Gewinnaussichten konfrontiert. Vor allem in den Vereinigten Staaten waren Kredite verwendet worden, um neben teuren Fusionen oder Übernahmen auch Sonderdividenden für Investoren zu finanzieren (IMF 2019b).

Wenn Unternehmen in Zahlungsschwierigkeiten geraten, sind davon auch die Finanzakteure betroffen. Sie müssen dann ihre Kreditlinien einschränken, und das zu einem Zeitpunkt, an dem Kredite dringend benötigt werden. Insbesondere stark gehebelte Akteure verfügen nicht über den notwendigen Kapitalpuffer, um Verluste aufzufangen. Sie sehen sich daher gezwungen, die Kreditvergabe zu kürzen und ihre Vermögenswerte zu Firesale-Preisen, also sehr geringen Preisen, zu verkaufen. Mit dem Fortschreiten des Dominoeffekts werden Liquiditätsprobleme für die Mehrheit der Unternehmen und Finanzkonzerne zu einem ernsthaften Problem und führen zu noch höheren Kosten für weitere Kreditaufnahmen. Zu genau einer solchen Situation kam es während der beiden letzten großen Finanzkrisen. Ungünstige Bedingungen wie diese resultieren in der Regel in hohen Verlusten und letztlich in zahlreichen Insolvenzen (Fed 2019a).

5.5 Hochfrequenzhandel

In den letzten zwei Jahrzehnten war ein zunehmender Trend zur Algorithmisierung des Handels und des Hochfrequenzhandels zu beobachten, um die Liquidität und Rentabilität von Wertpapieren zu erhöhen. Market-Maker – die für die Liquiditätserzeugung auf den Finanzmärkten und insbesondere im Schattenbankensystem von zentraler Bedeutung sind – verlassen sich bei der Ausführung von Handelsoperationen in hohem Maße auf Computeralgorithmen. Market-Maker sind heutzutage genau genommen kaum noch Menschen, sondern vor allem auf Algorithmen basierende Computerprogramme. Ebenso wie die menschlichen Trader versuchen diese digitalen Market-Maker, Wertpapiere zu einem möglichst geringen Preis zu kaufen und zu einem möglichst hohen Preis wieder zu verkaufen, also eine möglichst hohe Gewinnspanne zu erzielen. Einfache Algorithmen durchforsten den Finanzmarkt zum Beispiel nach Aktien, deren Wert mehrmals hintereinander höher notiert wird, und kaufen diese in der Annahme, dass der Anstieg anhält. Andere Algorithmen wiederum stoßen diese Aktien ab in der Erwartung, dass der Preis auf den ursprünglichen Wert zurückpendelt. Algorithmen suchen den Finanzmarkt auch nach historisch korrelierten Preismustern ab, zum Beispiel zwischen dem Anstieg des Rohölpreises und dem des Aktienpreises von Ölfirmen. Da beide Preise häufig korrelieren, aber meist eine Latenzzeit zwischen den Preisen existiert, können schnelle Programme diese ausnutzen (Adler 2012). Arbitragemöglichkeiten können sich sowohl innerhalb eines Finanzmarktes als auch zwischen verschiedenen Finanzmärkten und zwischen der Preisdifferenz eines Wertpapiers und dessen Derivat (zum Beispiel Aktienindex-Terminkontrakte) ergeben (MacKenzie et al. 2012).

Viele dieser algorithmisierten Computerprogramme beruhen auf dem Hochfrequenzhandel: auf der Möglichkeit also, dass sehr viele Transaktionen sehr schnell und sehr häufig auf dem Markt platziert, storniert und Marktpositionen liquidiert werden können, je nachdem, welche Marktbedingungen vorherrschen, so dass am Ende des Handelstages keine offenen Positionen mehr bestehen. Aufgrund des Hochfrequenzhandels ist der Spread – in Nichtkrisenzeiten! – im Allgemeinen sehr gering (MacKenzie et al. 2012). Wie anfangs erwähnt, ermöglicht die heutige Rechenleistung einen Frequenzhandel in der Zeit von weniger als einer Millisekunde (ein Tausendstel einer Sekunde). Ab einer solchen Geschwindigkeit dreht sich die Globalisierung gewissermaßen um: Während Globalisierungsprozesse insbesondere in Bezug auf Finanzmärkte allgemein damit einhergehen, dass Distanzen an Bedeutung verlieren, sind heutige Rechner so schnell, dass Entfernungen wieder an Bedeutung gewinnen. Es macht nun einen Unterschied, ob der Computer, von dem aus Kauf- und Verkaufsorder ausgesandt werden, direkt am Finanzhandelsplatz, zum Beispiel an der New Yorker Börse oder der Chicagoer Terminbörse, steht oder in einer anderen Stadt. Die Informationen über getätigte Order werden fast mit Lichtgeschwindigkeit übermittelt. Von Chicago bis New York benötigen Informationen, die seit dem Jahr 2011 über Mikrowellen-Relaistürme geleitet werden, etwa 4,2 bis 5,2 Millisekunden und sind daher um einiges langsamer als die Frequenz des Finanzhandels (vgl. Cookson 2013).[5] Selbst Nanosekunden (ein Milliardstel einer Sekunde) können entscheidend sein (Angel 2011). Die Senkung der Latenzzeit, in der ein Handel durchgeführt werden kann, ist inzwischen Ziel eines technologischen Wettrüstens geworden (Adler 2012).

Während dies auf den ersten Blick eine immense Steigerung von Liquidität mit sich zu bringen scheint, argumentieren Carruthers und Stinchcombe (1999), dass eine Voraussetzung für Liquidität darin liegt, dass jeder Finanzhändler zu jeder Zeit den aktuellen Preis des Wertpapiers kennt. Das ist aber inzwischen nur noch bedingt der Fall. Denn diejenigen

5 Bis Anfang 2011 wurde die Information über Glasfaserkabel geleitet und benötigte, nachdem eine neue Leitung durch die Allegheny Mountains gelegt worden war, etwa 6,65 Millisekunden (ausführlich MacKenzie et al. 2012).

Händler, die sehr schnelle Rechner in unmittelbarer Nähe der Finanzmärkte besitzen, sind deutlich im Vorteil. Bei den anderen Händlern sind die Preise unter Umständen nicht aktuell (MacKenzie et al. 2012: 288). Die Finanzakteure sind sich dieser Problematik bewusst. So sagte etwa Natan Tiefenbrun schon 2012, damals der kaufmännische Leiter einer der führenden europäischen elektronischen Aktienhandelsplätze: »Wir müssen uns von dieser Vorstellung verabschieden, dass es so etwas wie eine universelle Wahrheit hinsichtlich des besten momentan verfügbaren Preises gibt« (zit. n. MacKenzie 2012: 356).

Weiterhin treten seit einiger Zeit Anomalien auf den Finanzmärkten auf, die es vor der umfassenden Computerisierung und Algorithmisierung in dieser Form nicht gegeben hat: sehr schnelle Kurseinbrüche, geradezu extreme Preisbewegungen, die sich aber häufig bis zum Ende des Handelstages wieder normalisiert haben. Am Nachmittag des 6. Mai 2010 beispielsweise fiel der Dow-Jones-Index in nur sechs Minuten um 600 Punkte, der größte jemals gemessene Verlust innerhalb eines Tages. 23 Minuten später hatte sich der Index fast wieder erholt. Seitdem wird bei derartigen Ereignissen von Flashcrashes gesprochen. Eine Studie der U.S. Commodity Futures Trading Commission und der U.S. Securities and Exchange Commission (2010) kam zu dem Schluss, dass der Zusammenbruch vom 6. Mai durch den Algorithmus *eines* Mutual Fund verursacht wurde. Die einzige Besonderheit war die Größe des Verkaufsauftrages: 75 000 sogenannte E-Mini-S&P-Kontrakte[6] im Wert von insgesamt etwa 4,1 Milliarden Dollar. Durch diverse Feedbackeffekte,

6 Der E-Mini-S&P ist ein sehr populärer Aktienmarktindex-Terminkontrakt. Sein Wert bemisst sich nach dem fünfzigfachen Wert des S&P-500-Aktienindex.

Hochfrequenzhandelsprogramme und andere Finanzakteure kam es zu einem sogenannten Hot-Potato-Effekt: Die Investoren versuchten ihre Anlagen »wie eine heiße Kartoffel« weiterzureichen, indem sie diese Kontrakte als High-Frequency-Trades sehr schnell hin- und herschoben (innerhalb von gerade einmal 14 Sekunden, zwischen 14:45:13 Uhr und 14:45:27 Uhr, insgesamt mehr als 27000 Mal), und setzten so eine Abwärtspreisspirale in Gang. Als die Chicago Mercantile Exchange um 14:45:28 Uhr für fünf Sekunden (!) den Handel aussetzte, beruhigte sich der Markt zunächst wieder. Viele automatisierte Programme schalteten sich automatisch ab, ein Teil des Handels musste manuell weitergeführt werden. In den folgenden 20 Minuten lief die Abwärtsspirale allerdings weiter und hielt erst um 15:00 Uhr an. Insgesamt wurden 20000 Handelsgeschäfte weit unter Preis vollzogen, die rückwirkend wieder zurückgenommen werden mussten (vgl. Commodity Futures Trading Commission/Securities & Exchange Commission 2010, 2019).

Neil et al. (2012) haben zwischen 2006 und 2011 insgesamt etwa 18500 Ereignisse mit starken Preisbewegungen (Anstieg und Abfall) innerhalb kürzester Zeit (kürzer als 1,5 Sekunden) identifiziert, das wäre im Schnitt etwa ein Flashcrash pro Tag (wobei die Häufigkeit zunimmt). Flashcrash scheinen heute die Regel und nicht mehr die Ausnahme zu sein: »Wir leben im Zeitalter der Flashcrashes« (Oakley 2015). Eines der bekanntesten Beispiele ist der Verlust von etwa 440 Millionen Dollar innerhalb von 40 Minuten im August 2012 (Popper 2012). Anscheinend führen die Interaktionen der Algorithmen potenziell zu starken Marktschwankungen und Zusammenbrüchen (MacKenzie 2014; U.S. Department of the Treasury/Board of Governors of the Federal Reserve System/Federal Reserve Bank of New York/U.S. Securities and Exchange Commission/U.S. Commodity Futures Trading Commission 2015; IMF 2015; Terazono 2018). Die Annahme, dass Märkte umso stabiler seien, je liquider ihre Wertpapiere sind, muss also revidiert werden.

Trotz der Geschwindigkeitsschwankungen und Risiken, die mit dem auf Algorithmen basierenden Handel verbunden sind, nimmt dieser Handel weiterhin rasant zu, nicht zuletzt auch aufgrund von Fortschritten bei der Entwicklung von künstlicher Intelligenz und dem aufstrebenden Kryptowährungsmarkt. Beispielsweise machten automatisierte Aufträge am Devisenterminmarkt in den Vereinigten Staaten im Jahr 2018 einen Anteil von 91 Prozent aus (Meyer 2019; Commodity Futures Trading Commission/Securities & Exchange Commission 2019). Algorithmen haben den Rhythmus der Märkte grundlegend verändert, wodurch ihre Schwankungen schwieriger einzuschätzen und vorauszusehen sind, deutlich stärker ausfallen und insgesamt zunehmen (Wigglesworth 2020a). Wie ich im nächsten Kapitel beschreibe, neigt der algorithmische und hochfrequente Handel dazu, Finanzkrisen zu verschärfen. Als die Covid-19-Krise im März 2020 ausbrach, war es mehrfach notwendig, durch sogenannte Circuit-Breaker, also das vollständige Aussetzen des Finanzhandels einer oder mehrerer Handelsplattformen (wie beispielsweise der New York Stock Exchange), einen Handelsstopp zu erzwingen, um zu verhindern, dass algorithmische Handelsprogramme die Märkte noch in weit größerem Maße stören, als es ohne ihr Eingreifen bereits der Fall war.

6. Schattenbankensystem und marktliberaler Kapitalismus

Nach dem Zusammenbruch von Lehman Brothers im September 2008 entschied sich die US-Notenbank für einen historisch beispiellosen Schritt. Sie schuf verschiedene Fazilitäten, die es Nichtbanken ermöglichten, Zugang zu Zentralbankgeld zu bekommen. Durch diesen Schritt erhielten Schattenbankinstitute – große Investmentfonds, Geldmarktfonds und Vermögensverwalter – erstmals die Möglichkeit, über Repo-Geschäfte auf die Bilanz der Zentralbank zuzugreifen. Anfangs waren diese Fazilitäten nur als temporäre Krisenmechanismen gedacht. Doch schon vor der Covid-19-Krise zeigte sich, dass sich das Schattenbankensystem – das marktliberale Idealbild eines freien Marktes – nicht mehr ohne Sicherheitsnetz der Zentralbanken stabilisieren lässt. Im September 2019 kam es zu einer weiteren Krise im Repo-Markt. Nachdem der Repo-Satz, also der Zinssatz für Overnight-Repo-Geschäfte[1], auf ein seit der globalen Finanzkrise nicht mehr gesehenes Niveau anstieg und der Markt innerhalb weniger Tage zusammenzubrechen drohte, war die Fed gezwungen, ihre Repo-Fazilitäten für Banken und Schattenakteure wiederzueröffnen. Die Bedeutung dieser Fazilitäten zeigte sich auch während der Covid-19-Krise und trug maßgeblich zur Stabilisierung des Gesamtsystems bei (Pozsar 2014; Gabor/Vestergaard 2016; Ricks 2016; Murau 2017b; Wullweber 2019c, 2021). Auf diese Weise ent-

1 Die allermeisten Repos sind sehr kurzfristige Verträge, häufig mit einer Laufzeit von nur einem Tag, daher werden sie Übernacht-Repos genannt.

stand eine außerordentliche Sicherheitsstruktur für das Schattenbankensystem. Es stellt sich also die Frage, wieso gerade die Akteure dieses Systems einen solch privilegierten Zugang zur Zentralbank erhalten.

Im Schattenbankensystem werden inzwischen Wertpapiere im Umfang von mehr als 200 Billionen Dollar pro Jahr umgesetzt, das sind etwa 50 Prozent aller weltweit gehandelten Wertpapiere. Mit sechs bis neun Prozent jährlich wächst es deutlich schneller als das Bankensystem (FSB 2020a, 2020b). Zugleich sind die beiden eng miteinander verwoben (Aldasoro/Huang/Kemp 2020). Das Financial Stability Board definiert das Schattenbankensystem als Kreditvermittlung, die Entitäten und Aktivitäten beinhaltet, die sich teilweise oder vollständig außerhalb des regulären Bankensystems befinden, und sieht verschiedene systemische Risiken, die bestimmte Praktiken innerhalb des Schattenbankensystems für das gesamte Finanzsystem haben können (FSB 2013). Von 2018 bis 2019 stieg der Gesamtbetrag der kurzfristigen ausstehenden Schuldverträge, die sehr anfällig für Instabilitäten im System sind, um 9 Prozent auf fast 15 Billionen Dollar (Fed 2019a: 35).

Die zunehmende Bedeutung des Schattenbankensystems spiegelt sich auch darin wider, dass innerhalb des Finanzsystems inzwischen immer mehr Kredite von Akteuren vergeben werden, die keine Bank sind, also die Geschäftsbanken zunehmend unwichtiger für die Vergabe von Geldmitteln werden (FSB 2017a; FSB 2019; siehe auch Hardie et al. 2013).[2] Der größte Schattenbankensektor befindet sich in den USA (ca. 40 Prozent des globalen Schattenbankensystems), gefolgt von der Eurozone (ca. 20 Prozent) (FSB

2 Das gilt allerdings nicht für die Kreditvergabe insgesamt, die weiterhin deutlich von den Geschäftsbanken dominiert wird.

2017a: 48). Die wichtigsten Akteure sind Investmentfonds, Broker-Dealer (Wertpapierhändler), Geldmarktfonds, Pensionsfonds, Private-Equity-Gesellschaften, Hedgefonds, Versicherungsgesellschaften und die Zweckgesellschaften (Special Purpose Entities) (Pozsar 2014; FSB 2017a: 19ff.).

Das Schattenbankensystem gilt als unregulierter Teil des Finanzsystems (FSB 2020a). Dementsprechend beschäftigen sich viele Policy-Empfehlungen mit der Frage, wie der bestehende Regulierungsrahmen auf das Schattenbankensystem ausgeweitet werden kann. Einer solchen Sichtweise fehlt allerdings ein Verständnis für die Rolle, die der Staat und die Zentralbanken hinsichtlich der Aufrechterhaltung, Stabilisierung und auch des Ausbaus dieses Systems innehaben. Manche Staaten, wie die USA oder Frankreich, oder auch europäische Institutionen haben aktiv die Expansion des Schattenbankensystems vorangetrieben. Interessant ist das Schattenbankensystem vor allem deswegen, weil es sich im Gegensatz zum *bankbasierten* Kreditsystem um ein *marktbasiertes* Kreditsystem – marktbasiert im Sinne von kapital- und geldmarktbasiert – handelt: Anders als im bankbasierten Kreditsystem werden bei der Kreditvergabe keine Geldmittel geschaffen; vielmehr werden über den Markt Geldmittel und Wertpapiere an Akteure vermittelt. Dies geschieht durch die Integration von Geld- und Kapitalmarkt, indem mithilfe von Finanzintermediären (Market-Maker) kapitalmarktbasierte Kredite über den Geldmarkt finanziert werden (Mehrling et al. 2013: 2; siehe Abbildung 12). Im Gegensatz zum Bankensystem fungieren die Market-Maker im Schattensystem also wirklich als Finanzintermediäre.

Diverse kurzfristige Schuldtitel ermöglichen im Schattenbankensystem die Finanzierung von Anlagenportfolios (Ricks 2016: ix). Dadurch werden Vermögenswerte mit verschiedenen Fälligkeiten und Risikoprofilen (Anfälligkeiten) miteinander

Abbildung 12: Das Schattenbankensystem integriert Geldmarkt und Kapitalmarkt

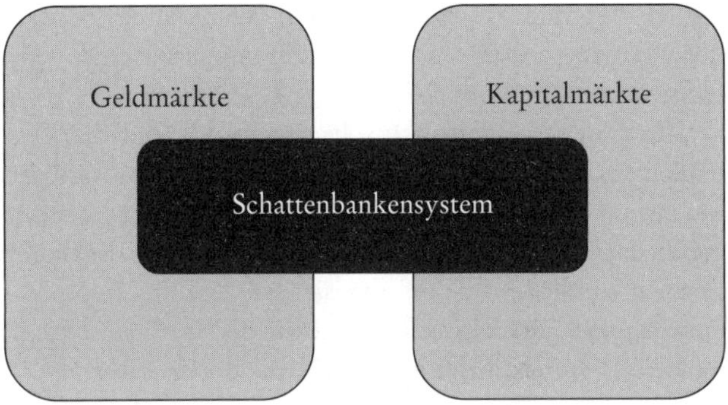

Quelle: Wullweber 2020a.

ander verquickt: »Wenn Nicht-Banken in bankähnliche Aktivitäten einsteigen, Fristen/Liquidität verändern und wie Banken eine Hebelwirkung erzeugen, können sie zu einer Quelle systemischer Risiken werden, sowohl direkt als auch durch ihre Verflechtung mit dem Bankensystem« (FSB 2017a: 5; zur historischen Entwicklung siehe Thiemann 2018).

6.1 Rückkaufvereinbarungen (Repos)

Das Schattenbankensystem ist für viele Finanzakteure heutzutage von zentraler Bedeutung, da sie sich hier relativ günstig Liquidität beschaffen können und deutlich weniger Restriktionen unterliegen als im bankbasierten Kreditsystem (BIS 2017). Repos sind die gängigste Art und Weise, sich kurzfristig – häufig mit einer Laufzeit von einem Tag (Overnight-Repo) – Liquidität zu beschaffen. Dabei handelt es sich um Verträge, bei denen Wertpapiere zu einem bestimmten Preis verkauft werden, um diese nach einer definierten Zeit zu einem vorher festgesetzten Preis plus Zinsen wieder zurückzukaufen. Der Käufer wird der rechtmäßige Besitzer der Wertpapiere und kann diese weiterverkaufen (engl.: *rehypothecation*; dt.: Weiterverpfändung) (Singh 2017). Falls der Verkäufer der Wertpapiere Insolvenz anmeldet und die Wertpapiere nicht zurückkauft, können diese von dem Kreditgeber auf dem Markt veräußert werden. Die Wertpapiere fungieren daher als Sicherheiten (siehe Abbildung 13). Rechtlich gesehen handelt es sich um abgesicherte Kredite. Repo-Systeme, wenn auch nicht so komplex wie die heutigen, existierten bereits im 19. Jahrhundert als Form der Absicherung von Krediten (Mehrling 2011; Gabor unveröffentlichtes Paper). Die US-Notenbank führt Repo-Transaktionen seit 1917 durch (Bundesbank 2013: 63).

Abbildung 13: Stilisierte Repo-Transaktion

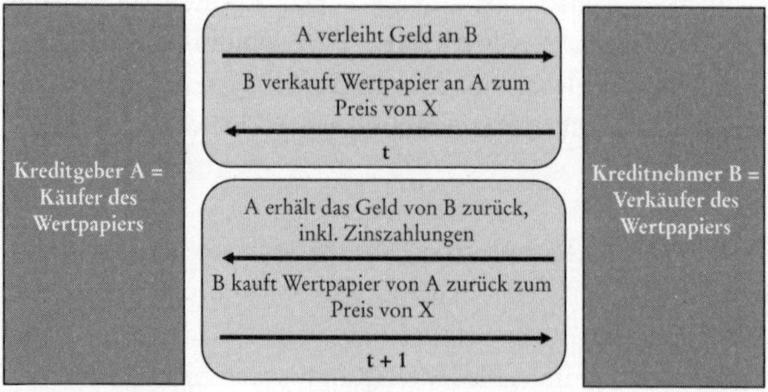

Quelle: eigene Darstellung.

Obwohl das dem Repo-Vertrag zugrunde liegende Wertpapier formal dem Kreditgeber gehört, erhält der Kreditnehmer bis zum Ablauf der Rückkauffrist weiterhin alle Zinszahlungen auf dieses Wertpapier. Es findet also eine Trennung zwischen rechtlichem Eigentum und ökonomischen Verwertungsrechten statt. Die eine Seite, meist der Kreditnehmer, muss zusätzlich einen sogenannten Haircut zahlen, also einen (Risiko-)Aufschlag auf das Wertpapier. Nehmen wir an, eine Fondsgesellschaft verkauft eine Staatsanleihe mit einem Nennwert von hundert Euro an eine Zentralbank, um durch ein Repo-Geschäft an einen Kredit zu kommen. Der Kreditnehmer, also die Fondsgesellschaft, erhält nur einen Kredit in Höhe von neunzig Euro (der Haircut entspricht in diesem Fall zehn Prozent). Der Haircut soll gewährleisten, dass die Sicherheiten auch bei einem Rückgang ihres Marktwerts weiterhin ohne Verlust veräußert werden können (sollte der Kreditnehmer die geliehene Summe nicht zurückzahlen). Der geringste Haircut und die geringsten Zinszahlungen fallen bei Staatsanleihen an, insbesondere bei solchen der wichtigsten Industriestaaten und der Eurozone, da diese als sehr sicher und wertstabil gelten (Golec/Perotti 2017).[3] Für Repo-Transaktionen ist daher die Verfügbarkeit von Staatsanleihen von zentraler Bedeutung: »Hoch bewertete Staatsanleihen behalten stets ihre Liquidität außer in den extremsten Situationen« (Bank of England 2015: 6). Der Wert der meisten anderen Wertpapiere ist volatiler, weswegen höhere Haircuts verlangt werden. Aufgrund dieser privatorganisierten Absicherungen werden Repo-Transaktionen als sehr sicher eingestuft und auch als Schattengeld bezeichnet (siehe Abbildung 14).

Wenn der Wert der als Sicherheiten verwendeten Wertpapiere fällt, müssen mehr Sicherheiten für die Repo-Transak-

3 Vor der globalen Finanzkrise lag der Haircut für viele Staatsanleihen bei null Prozent (CGFS 2010: 1 ff.). In der gängigen Marktpraxis muss diejenige Seite den Haircut aufbringen, die weniger kreditwürdig ist, was sich über die Dauer der Repo-Transaktion auch umkehren kann (vgl. Baklanova et al. 2017: 2f.).

Abbildung 14: Private Sicherheitsstrukturen

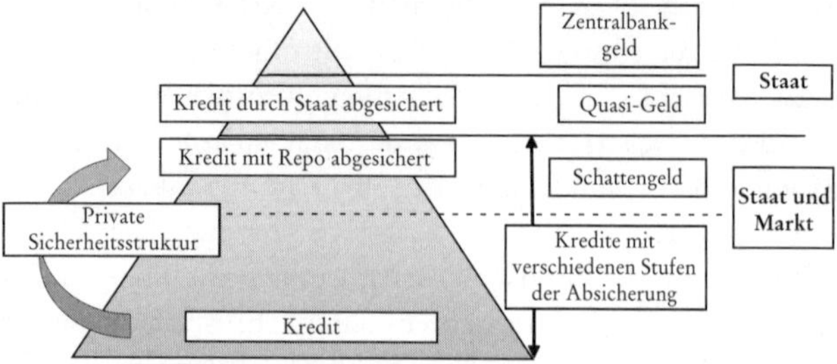

Quelle: eigene Darstellung.

tionen aufgebracht oder die teureren Bankkredite aufgenommen werden, was insgesamt zu geringeren Gewinnmargen und geringerem Engagement auf den Kapitalmärkten führt. Die Verfügbarkeit sicherer Staatsanleihen hat auf diese Weise auch eine direkte Auswirkung auf die Preise für andere Vermögenswerte. Da sich der Preis der Repo-Transaktion nach der Qualität der Absicherung bemisst, gibt es große Differenzen zwischen den Zinsraten, je nachdem, welche Staatsanleihen bzw. anderweitige Sicherheiten zugrunde liegen. Weiterhin wird der Wert der Sicherheiten Mark-to-Market bewertet, um auch bei größerem Wertverlust die kreditgebende Seite zu schützen. Mark-to-Market bedeutet, dass der Wert eines Vermögenswertes bzw. eines Finanzprodukts nicht zu einem bestimmten Zeitpunkt geschätzt und dann fixiert, sondern laufend dem Marktwert angepasst wird. Die Wertpapiere sind deswegen allerdings auch viel anfälliger für Marktfluktuationen. Wenn es zu einem Wertverlust oder -gewinn kommt, sind beide Seiten zum Margin Call berechtigt, können also weitere Sicherheiten (bei Wertverlust) oder weitere Geldmittel (bei Wertsteigerung) nachfordern. Die Höhe der Haircuts und die Qualität der Sicherheiten bestimmen maßgeblich die Kosten der Repo-Transaktion (vgl. Stigum/Crescenzi 2007: 531ff.; BIS 2017).

In einer Repo-Transaktion kommen Finanzakteure mit verschiedenen Interessen zusammen. Manche Akteure, zum Beispiel Geldmarktfonds, Vermögensverwalter und andere institutionelle Investoren oder auch Unternehmen, suchen nach Möglichkeiten, mit verhältnismäßig geringen Risiken Geld anzulegen, weswegen vor allem Staatsanleihen als Sicherheit verwendet werden: »Eine neue Einsicht ergibt sich aus der Anerkennung einer fundamentalen Nachfrage nach Sicherheit, die sich von der Liquiditäts- und Geldnachfrage unterscheidet« (Golec/Perotti 2017: 3; Bank of England 2015: 6). Zugleich beinhalten Repos eine hohe Flexibilität, sie können meist täglich restrukturiert oder auch verlängert werden. Auf der anderen Seite stehen Banken, Hedgefonds und andere Finanzakteure, die Repos verwenden, um eine Unterdeckung von Kapitalreserven aufzufangen und nicht zuletzt in der Hoffnung, mit dem Geld kurzfristig Profit zu erzielen. Repo-Transaktionen bringen daher Akteure mit Bedarf nach einer sicheren, aber flexiblen und profitablen Geldanlage zusammen mit risikofreudigen Akteuren, die das Kapital verwenden, um dadurch anderweitige Finanzgeschäfte, wie Leerverkäufe, Absicherungsgeschäfte (*hedging*) oder auch Weiterverkauf, zum Zwecke der Profitgenerierung zu finanzieren: »Die Form der Absicherungen in Repo-Verträgen schafft Bedingungen für aggressive Risikobereitschaft in einer Finanzwelt, in der die schwer fassbare Grenze zwischen Risiko*absicherung* und Risiko*produktion* zunehmend verschwimmt« (Gabor 2016a: 972, meine Hervorhebungen).

Neben der Möglichkeit, zu einem verhältnismäßig geringen Preis Geldmittel zu erhalten, können die den Repos zugrunde liegenden Wertpapiersicherheiten, im Gegensatz zu beispielsweise abgesicherten Krediten, weiterverkauft werden und bieten auf diese Weise hohe Flexibilität, weshalb viele ihre Verbreitung positiv bewerten: »Die Weiterverpfändung [...] und die Wiederverwendung von Sicherheiten erhöhen die Verfügbarkeit von Sicherheiten, senken die Kosten für die Verwendung von Sicherheiten und verringern folglich die Transaktions- und Liquiditätskosten. Sie unterstützen auch das allgemeine Funktionieren der Märkte, insbesondere Clearing- und Abwicklungsprozesse, die auf Sicherheiten angewiesen sind« (FSB 2017b: 3).[4]

Die Wiederverwendung von Sicherheiten ermöglicht den Finanzakteuren, einen geringeren Bestand an eigenen Sicherheiten vorzuhalten und auf diese Weise Bilanzkosten zu reduzieren. Repo-Transaktionen werden nicht nur aus ökonomischen, sondern auch aufgrund regulativer Entwicklungen wichtiger, da das 2014 in Kraft getretene Basel-III-Abkommen bestimmte Mindestabsicherungen vorschreibt, die auch durch Repo-Transaktionen erlangt werden können (FSB 2017b: 3). Insgesamt kommt die Bank für Internationalen Zahlungsausgleich zu dem Schluss: »Durch die Verbesserung der Fähigkeit von Anlegern, Geschäfte abzuwickeln und Margin-Anforderungen zu erfüllen, unterstützen Repos das reibungslose Funktionieren der Derivatemärkte und tragen zur Widerstandsfähigkeit des Finanzsystems und der Realwirtschaft bei« (BIS 2017: 6). Hiernach stabilisieren Repo-Transaktionen das Finanzsystem, da Akteure aufgrund der Mark-to-Market Bewertungspraxis zur ständigen Einpreisung der Risikodisposition gezwungen werden. Ähnlich stellt das Financial Stability Board fest: »[R]e-Hypotheken und die Wiederverwendung von Sicherheiten unterstützen den

4 Schließlich sind Repos, im Gegensatz zu Krediten, in manchen Jurisdiktionen wie den USA vom Verfahren des *automatic stay* ausgenommen. Das bedeutet, dass Repo-Transaktionen auch bei laufenden Insolvenzverfahren weiterhin abgewickelt werden können.

Fluss von Sicherheiten sowie die Finanzierungsliquidität und helfen daher, Liquidität dorthin zu bringen, wo sie am meisten benötigt wird« (FSB 2017b: 4).

Im Gegensatz zur traditionellen bankdarlehensbasierten Kreditvergabepraxis ist die Logik der Liquiditätsbereitstellung im Schattenbankensystem genau umgekehrt: Während traditionell langfristige Kredite über kurzfristige Verbindlichkeiten finanziert werden, werden im Schattenbankensystem kurzfristige Kreditinstrumente mit langfristigen Verbindlichkeiten ausgeglichen. Pozsar und Singh (2011) sprechen daher von einer umgekehrten Fristentransformation. Zugleich handelt es sich auch um eine Liquiditätstransformation, da nichtliquide Vermögenswerte über die Verbriefung handelbar gemacht werden und durch das komplexe Absicherungssystem Schattengeld bzw. Pseudo-Safe-Assets entstehen. Im Schattenbankensystem kommt es daher zu einer Verschiebung von Fälligkeiten und durch die Verschränkung verschiedener Fälligkeiten, Risikodispositionen und Wiederverwendung der gleichen Wertpapiere zur Risikoabsicherung insgesamt zu einer Risikotransformation hin zu einer erhöhten Krisenanfälligkeit des Gesamtsystems (vgl. Bundesbank 2014; Nesvetailova 2015; Bryan/Rafferty/Wigan 2016).

6.2 Shadow-Dealer

Eine Repo-Transaktion kann direkt zwischen zwei Vertragspartnern stattfinden. In der Regel sind allerdings Händler zwischengeschaltet (Broker-Dealer), die von einer Partei Wertpapiere aufkaufen (zum Beispiel von Vermögensverwaltern, Pensionsfonds, Hedgefonds oder Versicherungsunternehmen), um sie an eine andere zu verkaufen (zum Beispiel an Geldmarktfonds oder die Zentralbank), wobei Broker-

Dealer auch durchaus Eigenhandel betreiben (vgl. BIS 2017: 5 f.). Ohne diese Schattenhändler – Shadow-Dealer – würde der Repo-Markt im Schattenbankensystem nicht funktionieren, weswegen sie auch Marktmacher – Market-Maker – genannt werden. Durch die große Bedeutung des Repo-Marktes und die gewichtige Stellung der Zwischenhändler entstehen neue systemrelevante Akteure (vgl. Gabor/Ban 2016: 617 f.). Bis zu ihrer Insolvenz war beispielsweise die Investmentbank Lehman Brothers einer der wichtigsten Zwischenhändler im Schattenbankensystem.

Bei den Zwischenhändlern handelt es sich um Clearinghäuser, Investmentfonds und Großbanken wie JPMorgan, Morgan Stanley oder Goldman Sachs. Während diese Funktion im traditionellen darlehensbasierten Bankwesen relativ uninteressant ist – der größte Teil der Kredite wird hier wie beschrieben über die Geldschöpfung der Banken vollzogen –, rücken sie im Schattenbankensystem in den Mittelpunkt: Wenn Vermögensbesitzer (Investmentfonds, Asset Manager, Pensionsfonds etc.) einen Teil ihrer Wertpapiere temporär anlegen wollen, bieten die Zwischenhändler einen Preis für diese Papiere, kaufen sie über Repo-Transaktionen auf, sichern sich über Mark-to-Market und Haircuts ab, um sie anschließend (mit Profit) an beispielsweise Geldmarktfonds über eine Reverse-Repo-Transaktion weiterzuverkaufen. Hierbei versuchen sie, eine möglichst ausgeglichene Bilanz zu erzielen. Im idealisierten und nur theoretisch möglichen Fall handelt es sich um sogenannte Matched-Book-Händler, also um Zwischenhändler, die keinem Risiko ausgesetzt sind, da sich Verpflichtungen und Vermögenswerte exakt gegenseitig aufheben. Sie benötigen daher *theoretisch* (!) keine Reserven. Die Finanzintermediäre vermitteln also zwischen kreditgebenden Akteuren mit Liquiditätsüberschuss und Vermögensmanagern, die ihren Liquiditätsbedarf durch Bereitstellung von Wertpapieren decken (siehe Abbildung 15).[5]

Abbildung 15: Stilisierte Repo-Transaktionen des Market-Makers

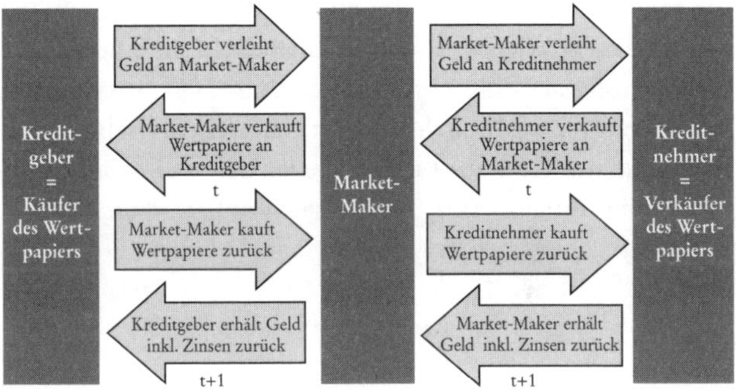

Quelle: eigene Darstellung

Die Banken stellen den Zwischenhändlern, falls notwendig, bei Liquiditätsengpässen zur Überbrückung die benötigten Kreditlinien zur Verfügung. In der Regel geschieht dies wiederum über Repo-Transaktionen, in denen die gehandelten Wertpapiere als Sicherheiten fungieren. Dadurch erhöht sich bei den Banken der Bedarf an Liquiditätsreserven. Zentralbanken wirken hier nur im Hintergrund, indem sie die Vergabe von Krediten durch Ausweitung der Offenmarktgeschäfte unterstützen: »Die Marktliquidität wird jeden Tag aufrechterhalten, weil die Refinanzierungsliquidität auf diese Weise elastisch zur Verfügung gestellt wird« (Mehrling 2011: 104).

Die Zwischenhändler übernehmen im Schattenbankensys-

5 Ein und derselbe Akteur, beispielsweise eine große Investmentbank, kann auch alle drei Funktionen und Positionen ausfüllen, allerdings in unterschiedlichen Transaktionen und Abteilungen.

tem die Funktion der Liquiditätsbereitstellung, die die Geschäftsbanken im *darlehensbasierten* Bankwesen innehaben. Der entscheidende Unterschied liegt allerdings in der Finanzierung der Vermittlungstätigkeit und in der fehlenden staatlichen Absicherung und Regulierung (Ricks 2016). Wenn eine Bank einen Kredit ausgibt oder Geld an eine andere Bank transferiert, kann sie die dafür nötigen Geldmittel selbst schöpfen. Diese Möglichkeiten stehen den Zwischenhändlern nicht zur Verfügung.[6] Sie mussten daher andere Mechanismen der Finanzierung und Absicherung finden.

6.3 Krisenherd Schattenbankensystem

Repos können als Geldäquivalente bezeichnet werden, da sie ähnlich wie die Geldform das Versprechen beinhalten, ohne Wertverlust zum Nennwert nach Bedarf gehandelt zu werden. Die Kernfrage lautet: Welcher Mechanismus sichert dieses Versprechen ab? Während in guten Zeiten Repos oft als so sicher und liquide wie Geld angesehen werden, zeigt sich in einer Finanzkrise, dass die den Repos zugrunde liegenden Vermögenswerte im Gegensatz zu Geld schnell ihre Liquidität verlieren können. Während die Konvertibilität bei Bankkrediten bei Bedarf mit Zentralbankgeld vom Staat über spezifische Sicherheitsstrukturen garantiert wird, versprechen Repos die Konvertibilität zu gewährleisten, indem private Mechanismen und Wertpapiersicherheiten dieses Versprechen absichern. Diese private Simulation staatlicher Sicher-

6 Allerdings gibt es Ausnahmen. Der Zwischenhändler LCH Clearnet hat schon seit längerer Zeit Zugang zu Zentralbankgeld, weil er in Frankreich wie eine Bank reguliert wird (Gabor/Vestergaard 2016: 17). Unterabteilungen von Geschäftsbanken können ebenfalls als Zwischenhändler tätig sein.

heit funktioniert jedoch nur in krisenfreien Zeiten (Gorton 2017; Wullweber 2021).

Im traditionellen darlehensbasierten Kreditwesen tragen Banken vor allem das Risiko, dass Kreditnehmer Insolvenz anmelden und der Kredit nicht zurückgezahlt wird. Auch besteht ein Liquiditätsrisiko, wenn sehr hohe Summen von Konten abgehoben werden (Bank of England 2015: 4). Während das Insolvenzrisiko über die Einlagensicherung und das Eigenkapital abgedeckt werden soll, wird das Liquiditätsrisiko durch die Spitzenrefinanzierungsfazilität der Zentralbanken abgesichert. In einer Finanzkrise werden die Banken, die an sich solvent sind, außerdem durch Zentralbanken als Lenders of Last Resort geschützt. Das traditionelle Bankensystem ist also umfassend durch staatliche Regulierungen und Institutionen gegen systemische Risiken abgesichert.

Im Schattenbankensystem sind die Risiken etwas anders gelagert. Im Sinne der Laisser-faire-Rationalität handelt es sich um eine privat organisierte Sicherheitsstruktur. Im Schattenbankensystem haben die Wertpapiere zur Absicherung von Repo-Transaktionen dieselbe Funktion wie die Einlageversicherung für die Bankkonten (Depositen). Beide sichern im Falle des Zahlungsausfalls die Einlagen bzw. Vermögenswerte ab. Der große und entscheidende Unterschied ist allerdings, dass die Einlageversicherung im Gegensatz zu den Wertpapiersicherheiten letztlich durch den Staat garantiert ist (Ricks 2016). Statt Buchkredite halten Finanzinstitutionen im Schattenbankensystem verbriefte Kredite, die durch Zins-Swaps und Devisen-Swap-Geschäfte abgesichert werden.[7] Statt über die Schaffung von Depositen – die staatlich

7 Nach Pozsar (2011) kann die Zunahme der Verbriefungspraxis vor der Finanzkrise auch durch den gestiegenen Bedarf an Absicherun-

legitimierte Geldschöpfung der Banken – werden die Kredite im Schattenbankensystem über den (marktbasierten) Geldmarkt finanziert. Schattenbanken können nicht wie die Banken Quasigeld schöpfen. Insolvenzrisiken werden kaum über Geldreserven (Eigenkapital) abgesichert, sondern sollen über andere Formen der Absicherungen, zum Beispiel Kreditausfallversicherungen (Credit Default Swaps, CDS), aufgefangen werden. Das Liquiditätsrisiko wiederum soll über Repo-Transaktionen bewältigt werden, basierend auf verbrieften Krediten (Mehrling 2011: 118, siehe Tabelle 3).

Tabelle 3: Vergleich der Absicherung von Banken und Shadow-Dealer (bis zur Etablierung der neuen Sicherheitsstruktur durch die Zentralbanken)

	Insolvenzrisiko	**Liquiditätsrisiko**	**Gesamtrisiko**
Geschäftsbank (darlehensbasiertes Kreditsystem)	> abgesichert durch Einlagensicherung und Eigenkapital	> Spitzenfinanzierungsfazilität der Zentralbank	> rechtliche, durch den Staat garantierte Sicherungssysteme
Shadow-Dealer/ Market-Maker (marktbasiertes Kreditsystem)	> diverse private Absicherungen, z.B. Zins-Swaps, Devisen-Swaps und Kreditausfall-Swaps (CDS)	> Repo-Transaktionen basierend auf verbrieften Wertpapieren	> kein staatlicher Schutz; privat hinterlegte Sicherheiten simulieren staatliche Absicherung

Quelle: eigene Darstellung.

gen verstanden werden, die nicht mehr durch die vorhandene Menge an Staatsanleihen abgedeckt werden konnten.

In Nichtkrisenzeiten fällt dieser Unterschied nicht ins Gewicht, insbesondere da der Wert der den Repos zugrunde liegenden Sicherheiten marktbasiert ist, ständig der veränderten Preislage angepasst wird und auf diese Weise die Auszahlung zum Nennwert verspricht. Die staatliche Garantie im darlehensbasierten Banksystem wird also im marktbasierten Kreditsystem durch die Wertpapiersicherheiten simuliert. In Krisenzeiten ist dieser Unterschied aber entscheidend, da sich ab einem bestimmten Moment keine Käufer mehr für die Wertpapiersicherheiten finden oder diese weit unter dem regulären Marktpreis verkauft werden müssen.

Während im darlehensbasierten Kreditwesen die Gefahr von Bank Runs über die staatliche Einlagensicherung, die Spitzenrefinanzierungsfazilität und das Agieren der Zentralbank als Lender of Last Resort stark vermindert wurde, existierten bis zur Finanzkrise solche Formen der Absicherung für das Schattenbankensystem nicht. Der »Run on Repo« (Gorton/Metrick 2012) konnte daher erst gestoppt werden, als die US-Notenbank durch die Ad-hoc-Einrichtung verschiedener Fazilitäten eine Sicherheitsstruktur für das Schattenbankensystem etablierte (Kapitel 8.4). Dem lag die Einschätzung zugrunde, dass das Schattenbankensystem genauso wie das Bankensystem einer staatlichen Absicherung bedarf.

Der entscheidende Unterschied hinsichtlich des Gesamtrisikos zwischen dem darlehensbasierten Bankwesen und dem kapitalmarktbasierten Schattenbankensystem liegt also darin begründet, dass Ersteres aufgrund von rechtlichen Sicherungssystemen durch den Staat abgesichert ist, während Letzteres bis zur Einrichtung der neuen Sicherheitsstruktur durch die Zentralbanken in der globalen Finanzkrise keine (direkte) staatliche Absicherung besaß und auch keinen Zugang zu Zentralbankgeld hatte (Mehrling 2011: 116ff.).

In Nichtkrisenzeiten und insbesondere in Zeiten einer

Hausse lässt sich innerhalb des Schattenbankensystems ein Großteil der Wertpapiere problemlos (weiter-)verkaufen bzw. als Sicherheiten verwenden. Deren Marktliquidität hängt allgemein davon ab, ob Wertpapierhändler diese auf- und weiterverkaufen können und wollen. Hierfür benötigen sie Zugang zum Geldmarkt. Ohne Repo-Markt müssten Market-Maker ihren Handel mit ihrem eigenen Kapital finanzieren oder direkt Bankkredite aufnehmen. Marktliquidität hängt daher auch von der Finanzliquidität ab (Brunnermeier/Pedersen 2009). Wertpapierhändler finanzieren sich heutzutage vor allem über Repos. (Darlehensbasierte) Bankkredite vermeiden sie, wenn möglich. Nur im Notfall greifen sie auf diese zurück. Zentralbanken stützen dieses Shadow-Dealer-System sowohl direkt über Repo-Transaktionen als auch indirekt als Lender of Last Resort für das Bankensystem. In Nichtkrisenzeiten erhöhen Repos daher die Liquidität des Gesamtsystems.

Wertpapiere, die von einer Zentralbank als Sicherheit akzeptiert werden, insbesondere Staatsanleihen, weisen die höchste Marktliquidität auf, denn diese können über Repo-Transaktionen direkt vom Finanzintermediär über die Banken an die Zentralbank weitergereicht werden (Gabor 2016a). Die Liquidität der anderen Wertpapiere hängt viel stärker von der jeweiligen Marktsituation ab. Sie werden zwar auch als Sicherheiten verwendet, sind bei Marktveränderungen aufgrund von Mark-to-Market aber deutlich stärker Haircuts ausgesetzt. Die mögliche Menge an Repo-Transaktionen ist begrenzt durch den Marktwert der Wertpapiersicherheiten. Wenn die *Marktliquidität* dieser Wertpapiere abnimmt, wird es teurer, sie als Sicherheiten für Repo-Transaktionen zu verwenden (wegen höherer Haircuts), weswegen tendenziell die *Finanzliquidität* abnimmt. Auch können nun insgesamt weniger Repo-Transaktionen durchgeführt werden.

Akteure können unter Umständen dazu gezwungen sein, diese Wertpapiere zu verkaufen, wodurch die Preisspirale weiter nach unten läuft. Sind hiervon viele Finanzakteure betroffen, kann es zu einer Finanzkrise kommen (Adrian et al. 2017; FSB 2017b).

Wenn der Finanzmarkt während einer Hausse expandiert, nimmt der Bedarf an Sicherheiten zu. Da der Markt für Staatsanleihen jedoch begrenzt ist, werden zunehmend andere Wertpapiere mit höherem Liquiditätsrisiko verwendet. Diese sind zwar günstiger, müssen jedoch wiederum über Swap-Geschäfte abgesichert werden, da allgemein angenommen wird, dass der Preis für eine risikofreie Sicherheit (zum Beispiel eine US-Staatsanleihe) dem Preis für ein riskanteres Wertpapier zuzüglich Risikoversicherung, Zins-Swap und Devisen-Swap entspricht (Mehrling et al. 2013: 6f.). Durch eine solche Form der Absicherung werden Pseudo-Safe-Assets generiert, die zu florierenden Zeiten so liquide sind wie die als sicher geltenden Staatsanleihen.[8] Da sie jedoch günstiger sind und der Bedarf an Sicherheiten während einer Hausse nicht durch die vorhandenen Staatsanleihen gedeckt werden kann, nimmt deren Anteil an gehandelten Sicherheiten stark zu (Golec/Perotti 2017: 4).[9] Vor der Covid-19-Krise haben beispielsweise Investmentfonds ihre Bestände an

8 Eine zu hohe Finanzliquidität, also zu viel Geld im Umlauf, stellt folglich ebenfalls ein Problem dar, da nun auch risikoreichere Wertpapiere als Sicherheiten akzeptiert werden und sich die Marktliquidität auch für exotische Finanzprodukte stark erhöht, was wiederum dazu führt, dass zunehmend mehr Finanzakteure stark gehebelt sind.

9 Dass Finanzakteure verstärkt auf Wertpapiere als Sicherheiten zurückgreifen, die keine Staatsanleihen sind, wurde auch politisch unterstützt, als die US-Notenbank Anfang 2000 begann, das Spektrum an Sicherheiten, die sie für Repo-Transaktionen akzeptierte, auszuweiten. Hintergrund war, dass durch die Politik der fiskalischen Konsolidierung die US-Regierung nicht genügend Staatsanleihen emit-

US-amerikanischen Unternehmensanleihen verdreifacht (siehe Abbildung 16). Um diese Zahlen ins Verhältnis zu setzen: Im Jahr 2019 hielten Investmentfonds ein Sechstel aller ausstehenden Unternehmensanleihen und erwarben ein Fünftel aller neu ausgegebenen Unternehmensanleihen (Fed 2019a).

Abbildung 16: Wert der von Investmentfonds gehaltenen US-amerikanischen Unternehmensanleihen zwischen 2000 und 2018 (in Milliarden Dollar)

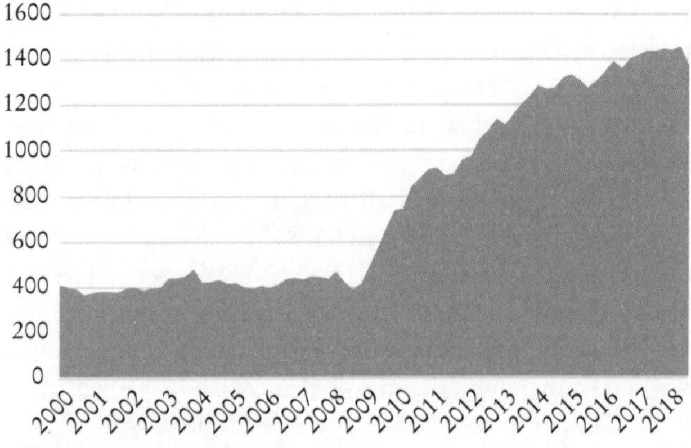

Quelle: Fed 2019a: 38.

Repos erhöhen in guten Zeiten die Liquidität des Finanzsystems, also die Möglichkeit, Wertpapiere in Geldmittel umzuwandeln. Zugleich führen Repos tendenziell aber auch zu einer Zunahme stark gehebelter Finanzpraktiken sowie kurzfristiger Refinanzierungen. Sowohl wenige Wochen vor der Finanzkrise als auch kurz vor der Covid-19-Krise kam

tierte und ein Engpass an Wertpapiersicherheiten entstanden war (Gabor 2016a: 981 f.).

es zu einer deutlichen Zunahme von Repo-Transaktionen. Einige Finanzmarktakteure verwendeten diese kurzfristigen Verbindlichkeiten, um ihre Investitionen immens zu hebeln. Solche Strategien kollabieren allerdings, sobald sich die Profiterwartungen abkühlen. Da es sich bei Repo-Transaktionen in der Regel um Verträge mit kurzer bis sehr kurzer Laufzeit handelt, sind Kreditnehmer einem erhöhten Liquiditätsrisiko ausgesetzt. Zugleich wird der Wert der zugrunde liegenden Sicherheiten Mark-to-Market evaluiert, wodurch der Preis für die Repos prozyklischen Entwicklungen unterworfen ist (FSB 2017a: 27). Da den Repos zudem die staatlich garantierte Sicherheit fehlt, ist der Markt für sie inhärent instabil (BIS 2018).

Regulierungsbehörden haben dennoch akzeptiert, dass das Schattenbankensystem für die Liquiditätsgenerierung des Finanzsystems zentral geworden ist. Während das Financial Stability Board und die Bank für Internationalen Zahlungsausgleich direkt nach der Finanzkrise noch davon sprachen, die Größe des Schattenbankensystems zu reduzieren, schlagen ebenjene Institutionen nun vor, das Schattenbankensystem in ein resilientes System zu überführen (FSB 2015, 2017b; BIS 2019a). Inzwischen wird sogar eine andere Bezeichnung verwendet: »nicht-bankbasierte finanzielle Intermediation«. Dadurch soll das System eine stärkere Legitimierung erfahren (FSB 2019; für eine Diskussion dieser Entwicklung siehe Engelen 2018).

6.4 Internationale Politik und das Schattenbankensystem

Das starke Wachstum des globalen Schattenbankensystems in den letzten zwanzig Jahren ist nicht allein auf finanzmarktinterne Entwicklungen zurückzuführen. Der Begriff suggeriert, dass sich innerhalb des Finanzsystems ein Bereich abseits der staatlichen Kontrolle und Einflussnahme herausgebildet hätte. Ausgeblendet wird hierbei, dass einige Staaten und internationale Institutionen aktiv den Ausbau des marktbasierten Kreditsystems vorangetrieben haben. Denn durch die Trennung von Geld- und Fiskalpolitik und die politisch durchgesetzte Unabhängigkeit der Zentralbank fanden sich die westlichen Staaten in einer Situation wieder, in der die Zentralbanken nicht mehr die Abnahme der Staatsanleihen garantierten, sondern diese auf dem Finanzmarkt platziert werden mussten. Die Staaten standen nun in Konkurrenz zueinander um die Abnahme ihrer Anleihen. Das gilt insbesondere für die Eurozone, in der zwar alle Staaten dieselbe Währung haben, aber jedes Land seine eigene Staatsanleihe. Da das Schattenbankensystem auf Staatsanleihen zur Absicherung der Kredittätigkeiten angewiesen ist, war die Ausweitung des marktbasierten Kreditsystems sehr vorteilhaft für den Absatz von Staatsanleihen (EZB 2017). Nicht zuletzt aus diesem Grund haben europäische Institutionen, allen voran die Europäische Kommission und die EZB, die Ausweitung des europäischen Repo-Marktes nach Vorbild des US-Repo-Marktes forciert (Gabor 2016a).[10] Inzwischen

10 Das beinhaltet auch regelmäßige Auktionen und ein Zentralbanksystem, das auf Primärhändler aufbaut. Gabor (2016a) hat gezeigt, dass die Umstellung nach dem Vorbild des US-Marktes unter den europäischen Staaten durchaus umstritten war. Während Frankreich diesbezüglich eine Führungsrolle einnahm, waren Deutschland, aber auch Großbritannien anfangs skeptisch.

ist der europäische Repo-Markt (aber nicht das Schattenbankensystem) sogar größer geworden als der Repo-Markt der USA, gefolgt von Japan und Großbritannien.[11] Denn der Repo-Markt, so die Hoffnung, verbindet und vernetzt die verschiedenen Wertpapiermärkte innerhalb des europäischen Währungsraums. Auf diese Weise werden auch das Funktionieren und die Übermittlung der geldpolitischen Entscheidungen der Zentralbank erleichtert. Ein integrierter europäischer Finanzbinnenmarkt reagiert nach Ansicht der EZB eher auf Zinsentscheidungen, funktioniert also besser als geldpolitischer Transmissionskanal als ein in nationale Jurisdiktionen fragmentierter Finanzmarkt. Repo-Transaktionen werden daher inzwischen von der Europäischen Zentralbank als wichtigstes Instrument zur Umsetzung geldpolitischer Entscheidungen angesehen (EZB 2015b). Auch hat die Menge an Rückkaufvereinbarungen, die die EZB täglich abschließt, eine direkte Auswirkung auf die Menge an verfügbarem Zentralbankgeld.[12] Im Jahr 2002 trat die Richtlinie 2002/47/EG des Europäischen Parlaments und des Rates der Euro-

11 Der europäische Repo-Markt wird im Vergleich zum US-amerikanischen Markt von wenigen großen Banken dominiert und besteht vor allem aus kurzfristigen Transaktionen (Gabor 2016b). Repos werden sowohl im als auch außerhalb des Schattenbankensystems durchgeführt.

12 In vielen Ländern, wie z.B. in den USA, Kanada, Frankreich, Großbritannien, Italien, Japan und China, ist die Zentralbank nicht direkt auf dem Geldmarkt aktiv, sondern handelt über sogenannte Primärhändler. Das sind finanzstarke Akteure, die einen privilegierten Zugang zum Staatsanleihenmarkt haben und sich im Gegenzug dazu verpflichten, bei den Auktionen von Staatsanleihen ein Mindestgebot abzugeben (Primärhändler der Fed sind z.B. BNP Paribas, Barclays, Citigroup, Credit Suisse, Deutsche Bank, Goldman Sachs, JPMorgan und Morgan Stanley; eine vollständige Liste ist online verfügbar unter: {https://www.newyorkfed.org/markets/primarydealers}).

päischen Union über Finanzsicherheiten in Kraft, die den rechtlichen Rahmen für den vereinfachten grenzüberschreitenden Handel mit Repos ermöglicht. Mit ihr sollte »die Effizienz der für die Umsetzung der gemeinsamen Geldpolitik notwendigen grenzüberschreitenden Transaktionen« erhöht und »die am Markt vorhandene Gesamtliquidität durch grenzüberschreitende, sicherheitsunterlegte Transaktionen ins Gleichgewicht« gebracht werden (Europäisches Parlament/Rat der Europäischen Union 2002: 44). Die Etablierung und Ausweitung des europäischen Repo-Marktes beinhaltet also den Versuch, neben dem europäischen Binnenmarkt für Waren, Personen und Dienstleistungen auch einen Binnenfinanzmarkt zu etablieren, auf dem Finanzakteure nicht nur Devisen, sondern auch Wertpapiere ohne Hemmnisse grenzüberschreitend verschieben können.

Bis zur Eurokrise, die 2010 auf die Finanzkrise folgte, wurden alle Staatsanleihen der Eurozone gleichwertig als Sicherheiten für Repo-Transaktionen mit der EZB akzeptiert. Dadurch sollte die Europäisierung der nationalen Staatsanleihen bestärkt und zudem verhindert werden, dass innerhalb der Eurozone vor allem deutsche Bundesanleihen als Sicherheiten Verwendung finden. Denn direkt nach der Einführung des Euro als gemeinsame Währung wurden ganz besonders deutsche Staatsanleihen zu sicheren Wertpapieren, während fast alle anderen Staatsanleihen aus der Eurozone schlechtere Bewertungen erhielten: »Nachdem die Regierungen die Gefahr einer faktischen D-Mark-Zone hinter sich gelassen hatten, befürchteten sie, dass der Euro-Staatsanleihenmarkt zu einer deutschen Bund-Zone werden würde« (Gabor/Ban 2016: 624). Um dieser Entwicklung entgegenzuwirken, begünstigte die EZB gemeinsam mit den großen europäischen Geschäftsbanken Repo-Transaktionen, die einen Korb verschiedener Staatsanleihen aus der Eurozone enthielten. Die Geschäftsbanken waren an einem solchen Vorgehen interessiert, da sie mit dem Problem zu kämpfen hatten, dass Länder mit einer bis zum Ausbruch der Covid-19-Pandemie zurückhaltenden Fiskalpolitik, wie Deutschland, nicht genügend neue Schulden aufnahmen und dementsprechend nicht genügend neue Staatsanleihen als Sicherheiten für den Repo-Markt emittierten. Der Stabilitäts- und Wachstumspakt mit seinen Vorschriften für die Haushaltsdefizite und die öffentliche Verschuldung der Eurostaaten verstärkte diese Situation potenziell noch (Gabor/Ban 2016).[13] Ein integrierter europäischer Finanzmarkt für Wertpapiersicherheiten ermöglichte es, niedrig bewertete Staatsanleihen de facto unter denselben Finanzierungsbedingungen wie hoch bewertete innerhalb der Eurozone zu verwenden.[14] Als Folge dieses Vorgehens der EZB wurden bis zur globalen Finanzkrise in der Tat alle Staatsanleihen innerhalb der Eurozone als gleichwertige Sicherheiten für Repo-Transaktionen behandelt. In der globalen Finanzkrise zeigte sich allerdings, dass der europäische Finanzbinnenmarkt fragil ist. Nach Ausbruch der Eurokrise wurden die Staatsanleihen der einzelnen Länder aus der Eurozone dann wieder sehr unter-

13 Die Nachfrage nach sicheren Wertpapieren in Form von Staatsanleihen ist so hoch, dass bei fiskalischer Konsolidierung auch der hohe Schuldenstand Deutschlands nicht ausreichend ist, den Bedarf zu decken (das gilt selbst für den US-Staatsanleihenmarkt, siehe Golec/Perotti 2017). Mit andauernder Krise scheint allerdings auch die Bundesbank der unkonventionellen Geldpolitik der EZB gegenüber aufgeschlossener zu werden.

14 Länder wie Deutschland und die Niederlande werfen der EZB vor, auf diese Weise die Disziplinierung der Fiskalpolitik der niedrig bewerteten Länder wie Griechenland, Italien oder Portugal zu unterlaufen (Weidmann 2013a). Um diese Kritik abzuschwächen, argumentiert die EZB, dass ihre Repo-Geldpolitik auf gängigen Marktbewertungspraxen beruhe.

schiedlich bewertet, so dass vor allem die besser eingestuften Staatsanleihen als Sicherheiten in den Repo-Transaktionen verwendet wurden. Während US-Anleihen auch in der Finanzkrise ihre guten Bewertungen behielten, galt dies für viele aus der Eurozone nicht (Pozsar 2014).

Zusammengefasst können vor allem drei Gründe für die zunehmende Bedeutung des Repo-Marktes innerhalb des Schattenbankensystems benannt werden. Erstens bietet der Repo-Markt eine hohe Flexibilität und eine Vielzahl an Anlage- und Finanzierungsmöglichkeiten für private Finanzakteure. Zweitens ermöglicht der hohe Bedarf dieser Akteure an geeigneten Sicherheiten für die Repo-Transaktionen den Staaten, ihre Anleihen vorteilhaft auf dem Finanzmarkt zu platzieren, wobei sie zugleich untereinander in Konkurrenz stehen. Drittens nutzen Zentralbanken den Repo-Markt als Transmissionskanal für ihre Geldpolitik. Während der Repo-Markt für Privatakteure schlicht eine profitable und flexible Finanzierungs- und Anlagemöglichkeit bietet, stellt sich dieser aus der Perspektive staatlicher Institutionen vor allem als Terrain dar, auf dem im Wettbewerb mit anderen Staaten Staatsanleihen platziert und Geldpolitik durchgesetzt werden kann. Das führt unter anderem dazu, dass Geldpolitik zunehmend marktförmiger gestaltet wird, mit regelmäßigen Auktionen und marktbasierten Bewertungsmethoden, wodurch die Fragilität des Systems tendenziell zunimmt. Bestimmte Privatakteure, allen voran die Zwischenhändler, gewinnen mehr und mehr an Bedeutung.

7. A Never Ending Crisis: Das globale Finanzsystem Anfang des 21. Jahrhunderts

Das Schattenbankensystem ist zum Verständnis der globalen Finanzkrise und der Covid-19-Krise von zentraler Bedeutung. Es spielt daher auch in meiner Darstellung der beiden bisher größten Finanz- und Wirtschaftskrisen des 21. Jahrhunderts eine wesentliche Rolle.

7.1 Die globale Finanzkrise 2007-09

Die Finanzkrise war die schwerste Krise der Finanzwirtschaft und des globalen Finanzsystems seit dem Ende der zwanziger Jahre. Entsprechend dramatisch waren die Folgen für die Weltwirtschaft und den Euroraum. Teilweise sind sie bis heute zu spüren. Die Finanzkrise löste die bis dahin schärfste globale Rezession seit dem Zweiten Weltkrieg aus und führte nur kurze Zeit später zur Eurokrise, die viele Jahre andauerte und bis heute nicht gelöst wurde. Auch gut zehn Jahre nach dem Ende der Finanzkrise wird über die Ursachen und Auswirkungen diskutiert (Wullweber 2016b). Mit dem Ausmaß und der Wucht der globalen Finanzkrise sowohl im Hinblick auf die Weltwirtschaft als auch hinsichtlich der Gefahr eines Beinahe-Zusammenbruchs des globalen Finanzsystems hatte fast niemand gerechnet. Viele Finanzexpertinnen und -experten waren im Gegenteil davon ausgegangen, das globale Finanzsystem befände sich in einer sehr stabilen Phase – der sogenannten »Great Moderation« (Bernanke 2004): »Die vorherrschende Annahme, die – in den USA, im Vereinigten Königreich und in immer mehr Ländern der Welt – der Regulierung des Finanzmarktes zugrunde liegt, lautet, dass die Finanzmärkte sowohl effizient als auch rational sein können [...] und dass infolgedessen das Preisniveau insgesamt eine starke Tendenz hin zu einem rationalen Gleichgewicht hat« (Financial Services Authority 2009: 39; Galí/Gambetti 2009). Größere Finanzkrisen schienen aufgrund eines ausgeklügelten Systems gegenseitiger privater Absicherungen ausgeschlossen. Zentralbankpolitik konzentrierte sich im Wesentlichen auf die Anpassung der Leitzinsen an wirtschaftliche Schwankungen, die im Vergleich zu den achtziger Jahren verhältnismäßig gering ausfielen.

Warum wurden größere Krisen gar nicht erst in Betracht gezogen? In ihrer viel zitierten Frage, die sie während einer Diskussion mit führenden Ökonominnen und Ökonomen an der London School of Economics stellte, brachte Queen Elizabeth II. die Sache auf den Punkt: »Wenn diese Dinge so bedeutend waren, warum sind sie dann niemandem aufgefallen?« (Beattie 2008) Die Antwort der Ökonominnen und Ökonomen war eindeutig: »Die Unfähigkeit den Zeitpunkt, das Ausmaß und die Schwere der Krise vorherzusehen und sie abzuwenden war, auch wenn es dafür zahlreiche Gründe gab, vornehmlich ein *Versagen der kollektiven Vorstellungskraft* vieler sehr kluger Menschen« (Besley/Hennessy 2009: 3, meine Hervorhebungen). Und weiter: »Die Schwierigkeit lag darin, die Risiken für *das System als Ganzes* zu erkennen, anstatt für dieses oder jenes spezifische Finanzinstrument oder Darlehen« (Besley/Hennessy 2009: 1, meine Hervorhebungen). Ein Grund für die Überraschung der Zunft war also nicht zuletzt, dass sich erst seit der Finanzkrise in den Diskussionen in den Wirtschaftswissenschaften zaghaft die Erkenntnis durchsetzt, dass Dynamiken auf den Finanzmärkten nicht allein aus mikroökonomischer Perspektive verstanden werden können, dass Finanzmärkte nicht an sich stabil sind, Instabilität nicht allein durch externe Störfaktoren hervorgerufen wird, reflexive und emotionale Dynamiken die Regel darstellen und politische Faktoren für die Analyse von global-ökonomischen Prozessen unumgänglich sind.

Mitte 2006 stagnierten die Immobilienpreise in den USA, kurz danach fielen sie. Der Umschwung kam für viele überraschend, denn die US-Immobilienpreise waren in den letzten Jahrzehnten kontinuierlich gestiegen. Auch lagen Anfang 2006 die Raten für Delinquenz, also für den prozentualen Anteil der Kreditnehmerinnen und Kreditnehmer, die bezogen auf die letzten zwölf Monate mit zwei oder mehr Rückzahlungsraten im Verzug sind, und ebenso für Zwangsversteigerungen allesamt so niedrig wie nie zuvor seit Beginn der Aufzeichnung durch die Mortgage Bankers Association im Jahr 1979. In der zweiten Jahreshälfte von 2006 nahmen die Delinquenzraten jedoch drastisch zu. Sie verdoppelten sich von 5 auf 10 Prozent. Im März 2007 lagen sie bei 13 Prozent und im Juni bereits bei fast 20, hatten sich also innerhalb eines Jahres vervierfacht (IOSCO Technical Committee 2008). Die Rate der Zwangsversteigerungen lag im März 2007 so hoch wie noch nie seit Beginn der Aufzeichnungen im Jahr 1970. Insbesondere die Subprime-Kredite, die in den Jahren 2005 und 2006 vergeben worden waren, erwiesen sich als problematisch. Als Folge der Zahlungsausfälle mussten viele kleine und mittelgroße Subprime-Kreditgeber schließen oder wurden von anderen Instituten wie Morgan Stanley, Merrill Lynch, Citigroup, Barclays oder der Deutschen Bank übernommen. Aber auch große Kreditgeber wie Residential Capital, eine Tochtergesellschaft des Autobauers General Motors, gerieten in Schwierigkeiten und mussten fast eine Milliarde US-Dollar für den Ausfall von Subprime-Krediten bereitstellen. Im Mai 2007 erwiesen sich Subprime-Kredite im Wert von geschätzten 100 Milliarden Dollar als *bad debt*: als Schulden, die wahrscheinlich nicht zurückgezahlt werden können. Nun begannen die Ratingagenturen, die vorher mit Bestnoten versehenen Subprime-Kredite abzuwerten. Im Jahr 2007 bekamen auch die ersten Hedgefonds und Zweckgesellschaften, die als ausgelagerte Tochtergesellschaften die hochriskanten Kreditgeschäfte für die Banken übernahmen, nicht nur in den USA, sondern auch in Ländern wie Großbritannien, Deutschland, den Niederlanden und Australien gewichtige Probleme und mussten ihre Geschäfte einstellen. Die Schweizer Bank UBS beispielsweise schloss einen Hedgefonds, nachdem dieser 120 Millionen US-Dollar durch Investitionen in Subprime-Kredite verloren hatte.

Der Beginn der globalen Kreditklemme (engl. *credit crunch*) kann auf den August 2007 datiert werden. BNP Paribas, die größte französische Bank, erklärte, dass drei ihrer Investmentfonds in Schwierigkeiten gekommen waren und Investoren kein Geld mehr von diesen Fonds abziehen könnten, woraufhin Aktienkurse weltweit einbrachen. Immer mehr Kredit- und Finanzinstitute hatten mit der Refinanzierung ihrer laufenden Kredite zu kämpfen. Kommerzielle Banken verliehen nur noch kurzfristige Kredite mit hohen Zinsraten, denn niemand wusste genau, wer welche Mengen an problematischen Krediten besaß: »Investoren versuchen verzweifelt herauszufinden, welche Banken, Hedgefonds oder Aktiengesellschaften potenziell Hunderte von Milliarden Dollar an faulen Krediten und Subprime-Hypothekenpapieren halten, die implodieren würden« (Creswell 2007). In Deutschland musste zu dieser Zeit die IKB Deutsche Industriebank, die zu 38 Prozent der öffentlichen Förderbank Kreditanstalt für Wiederaufbau gehörte und eigentlich bekannt war für die

Kreditvergabe vor allem an den deutschen Mittelstand, Insolvenz anmelden, da sie sich umfangreich im Derivatehandel engagiert und enorme Verluste eingefahren hatte. Es folgten unter anderem die Landesbanken von Sachsen, Bayern, Baden-Württemberg sowie die HSH-Nordbank und private Banken wie die Hypo Real Estate und die Commerzbank, die staatliche Hilfe beantragten oder Insolvenz anmelden mussten. Die Deutsche Bank erhielt von der US-Regierung 14,9 Milliarden Dollar infolge der Rettung des Versicherungskonzerns American International Group (AIG) und musste aus diesem Grund nicht direkt vom deutschen Staat gestützt werden (Financial Crisis Inquiry Commission 2011; für die Entwicklung des öffentlich-rechtlichen Finanzwesens in Deutschland und international vgl. Scherrer 2014a; 2017).

Um die Kreditklemme auf den Finanzmärkten zu verhindern, vergaben die Europäische Zentralbank, die Fed und Zentralbanken in Japan, Kanada und Australien nun Notkredite mit sehr niedrigen Zinsraten (Bajaj/Landler 2007). Zugleich wurden die Leitzinsen gesenkt und Währungstauschvereinbarungen mit der Fed etabliert (Panitch/Gindin 2014: 385). Trotz dieser massiven Intervention der Zentralbanken konnte sich der Geldmarkt nicht stabilisieren. Die Geschäftsbanken trauten einander nicht mehr und vergaben untereinander kaum noch Kredite. Schließlich musste die britische Bank Northern Rock im August 2007 einen gravierenden Liquiditätsengpass melden, als Kunden der Bank versuchten, ihr Erspartes abzuheben, woraufhin Großbritannien seinen ersten Bank Run seit dem Schwarzen Freitag von 1866 erlebte. Northern Rock musste schließlich in Konkurs gehen und wurde verstaatlicht (Nesvetailova 2010: 30ff.).

Im Oktober 2007 verkündete Merrill Lynch den bis dahin höchsten (bekannten) Quartalsverlust in der Geschichte der Wall Street, der allerdings bereits im folgenden Quartal von der Citigroup mit einem Verlust von fast 10 Milliarden Dollar übertroffen wurde. Trotz verschiedener Versuche, den Finanzmarkt zu beruhigen, musste die bedeutende Investmentbank Bear Stearns im März 2008 von den US-Behörden gerettet werden, da sie eine große Anzahl sogenannter »toxischer« verbriefter Hypotheken besaß. Bear Stearns wurde von JPMorgan für 240 Millionen Dollar mit der Zusage der Fed übernommen, 29 Milliarden Dollar an »faulen« Wertpapieren zu übernehmen (vgl. Kindleberger/Aliber 2015: 84ff.). Zu diesem Zeitpunkt hatten bereits fast zwei Millionen Menschen ihre Häuser verloren, weiteren vier Millionen Menschen drohte die Zwangsversteigerung (Harvey 2011: 1).

Im September 2008 kam es schließlich zum Kollaps der Finanzmärkte: Die beiden Giganten des US-Hypothekenmarktes, die Federal National Mortgage Association (Fannie Mae) und die Federal Home Loan Mortgage Corporation (Freddie Mac), mussten Anfang September unter staatliche Verwaltung gestellt werden, weil sie immense Verluste zu verbuchen hatten. Merrill Lynch kam nach Verlusten von 23 Milliarden Dollar durch ihren Besitz verbriefter Hypothekenpakete in große Schwierigkeiten und wurde von der Bank of America übernommen. Mitte September 2008 musste die US-Investmentbank Lehman Brothers Insolvenz anmelden – die größte Unternehmensinsolvenz in der Geschichte der USA. Die Folgen des Lehman-Bankrotts waren dramatisch: »Innerhalb weniger Tage erlitt das gesamte Finanzsystem einen Herzstillstand und musste künstlich am Leben gehalten werden« (Soros 2009: 25).[1] Lehman Brothers hatte eine zentrale Position als Market-Maker im Schatten-

1 Es gibt allerdings auch Einschätzungen, dass nicht die Insolvenz von Lehman Brothers, sondern die unklare und wenig durchdachte (Rettungs-)Politik der US-Regierung schuld an den weiteren dramatischen Entwicklungen war (Taylor 2009: 27ff.).

bankensystem inne: Lehmans Zahlungsausfall gefährdete die Position fast aller Wall-Street-Banken und -Investoren, da diese dessen Geschäftspartner bei diversen Derivatekontrakten waren. Praktisch alle Wall-Street-Banken waren in diesem Moment potenziell zahlungsunfähig. Nun kollabierte der Markt für Kreditausfalltauschgeschäfte und die weltgrößte Versicherungsgesellschaft AIG wurde von der US-Regierung mit einem Notkredit von insgesamt 150 Milliarden Dollar vor der Insolvenz gerettet. Island stand kurz vor einem finanziellen Zusammenbruch, woraufhin die Regierung die Kontrolle über die drei größten Banken des Inselstaates übernahm. Banken strauchelten unter anderem in Ungarn, Brasilien, Mexiko, in den sogenannten asiatischen Tigerstaaten und, wenn auch nicht ganz so verheerend, in der Türkei, in China, Indien, Australien und Neuseeland. Auch internationale Handelskredite wurden nur noch zögerlich vergeben, so dass der Import und Export in einigen Sektoren stark zurückging (Soros 2009; Nesvetailova 2010; Helleiner 2011).

Im Oktober 2008 stimmte der US-Kongress (im zweiten Anlauf) massiven Rettungsmaßnahmen (dem Troubled Assets Relief Program mit einem Umfang von 700 Milliarden Dollar) und Verstaatlichungen von Betrieben und Banken zu. Die Zinssätze der führenden Zentralbanken wurden auf historische Tiefstwerte gesenkt. Zugleich wurde eine Geldpolitik der quantitativen Lockerung betrieben, indem die Zentralbanken über die Ausweitung der Geldbasis massiv Geld zur Verfügung stellten (siehe Kapitel 8).

Das System stabilisierte sich allerdings erst in dem Moment, als die US-Notenbank als Händler der letzten Instanz agierte. Im Moment der Krise müssen Zentralbanken selbst als Dealer of Last Resort auftreten, indem sie umfangreich unter anderem illiquide Wertpapiere aufkaufen, die sonst keinen Käufer mehr finden würden. Die Schaffung sogenannter Bad Banks spielt ebenfalls eine wichtige Rolle hinsichtlich der Rekapitalisierung der Banken und der Schaffung von Liquidität. Zum einen wird hierdurch der jeweiligen Bank Liquidität bereitgestellt und deren Insolvenz verhindert. Zugleich wird vermieden, dass es durch die Insolvenz der Bank zu Kettenreaktionen (Ansteckungen) kommt, die durch die Nichtbedienung von Verbindlichkeiten dieser Bank, insbesondere über Swap- und Repo-Verträge, andere Banken ebenfalls in die Insolvenz zwingt. Die zu Beginn als sektoral eingeschätzte Krise des US-Subprime-Hypotheken-Marktes hatte sich in eine globale Finanzkrise und schließlich zu einer globalen Rezession ausgeweitet, die nicht zuletzt auch zur Eurokrise führte.

Durch die Finanzkrise wurde nicht nur deutlich, dass die bestehende Governance-Struktur nicht in der Lage war, eine Krise solchen Ausmaßes zu verhindern. Es stellte sich auch heraus, dass keine kohärente Governance-Struktur existierte, die koordiniert auf die Krise hätte reagieren können. Es herrschte ein mikroprudenzieller regulativer Ansatz vor (Borio 2009; Baker 2017; Thiemann/Aldegwy/Ibrocevic 2017). Regulative Kompetenzen waren fast alle auf den nationalstaatlichen Rahmen beschränkt. Auch die Europäische Union hatte größtenteils darauf verzichtet, eigene Governance-Strukturen aufzubauen. Vielmehr waren die europäischen Institutionen, wie auch die Mitgliedsstaaten, aktiv an der Entstehung des Schattenbankensystems beteiligt, vor allem um die Schaffung eines europäischen Finanzbinnenmarktes zu forcieren. Auch wenn es international verschiedene Institutionen mit Regulierungskompetenzen gab, war doch keine mit einer robusten Handlungsmacht ausgestattet. Stattdessen herrschen Soft-Law-Standards vor, die auf freiwilliger Einhaltung basierten und von transnationalen und zum Teil privaten Institutionen entworfen wurden, wie dem Basel Committee on Banking Supervision, der International Organization of Securities Commissions, der International Association of Insurance Supervisors oder dem International Accounting Standards Board (Tsingou 2015).

7.2 Die Covid-19-Krise

Als im März 2020 die notwendigen Maßnahmen zur Eindämmung von Covid-19 zu einem Beinahe-Stillstand großer Teile der Wirtschaft und globaler Lieferketten führten, stand das globale Finanzsystem kurz vor dem Kollaps. Konzertierte Aktionen führender Zentralbanken in einem bislang beispiellosen Ausmaß waren notwendig, um es vor dem Zusammenbruch zu bewahren (siehe Kapitel 8). Die Covid-19-Krise löste zugleich einen Angebots- wie einen Nachfrageschock aus. Millionen von Menschen konnten ihrer Arbeit nicht nachgehen. Die Industrieproduktion kam in weiten Teilen zum Erliegen oder wurde zumindest nur auf sehr niedrigem Niveau weitergeführt. Durch die Schließung eines Großteils der Geschäfte kam es zugleich zu einem starken Nachfragerückgang. Das Wirtschaftswachstum praktisch aller Länder brach ein. In Deutschland schrumpfte die Wirtschaft um ein Zehntel, ein in Umfang und Geschwindigkeit beispielloser Rückgang (Weidmann 2020b). Viele Regierungen legten Rettungs- und Investitionsprogramme in zum Teil erheblichem Ausmaß auf, um die Unternehmen sowie die Arbeiternehmerinnen und Arbeitnehmer zu unterstützen.

Die weltweiten Maßnahmen zur Eindämmung von Covid-19 führten auch zu einer schweren Krise im globalen Finanzsystem. Allerdings befand es sich, wie gezeigt, bereits vor dem

Ausbruch der Infektionskrankheit im Krisenmodus. Seit der globalen Finanzkrise hatte sich eine neue gigantische Kreditblase auf den Kapitalmärkten aufgebaut. Zugleich stieg weltweit das Volumen an Haushalts- und Unternehmensschulden auf ein Rekordniveau. Weiterhin war eine enorme Menge Geld in risikoreiche Anlagen wie Exchange Traded Funds (ETFs) investiert worden. Hochfrequenz- und der algorithmische Handel bestimmten den Finanzhandel. Vor allem das Schattenbankensystem expandierte kontinuierlich und wurde bei Kreditschöpfungs- und Kreditvermittlungsprozessen immer wichtiger (FSB 2020b).

Nach der globalen Finanzkrise hatten die Kapitalmärkte mehr als zehn Jahre lang einen Bullenmarkt erlebt, also permanent steigende Vermögenspreise – der längste Bullenmarkt in der Geschichte. Kurz vor Ausbruch der Pandemie hatten beispielsweise die Aktienpreise in den Indizes S&P 500 und Dax alle bisherigen Rekorde übertroffen (IMF 2020). Aus unterschiedlichen Gründen – Konzentration des Reichtums bei wenigen Vermögenden, eine Zunahme privater Altersvorsorge, die angelegt werden muss, aber auch Maßnahmen der Zentralbanken zur Stabilisierung des Systems – war viel Geld im Umlauf, das auf die Finanzmärkte strömte, um dort investiert zu werden, und so die Vermögenspreise auf ein extremes Niveau trieb. Um höhere Renditen zu erzielen, verfolgten viele Finanzakteure aggressive Strategien und setzten auf risikoreichere und weniger liquide Anlagen mit geringerer Bonität. Diese Umstände machten das Finanzsystem viel anfälliger für Marktschwankungen.

Zugleich hatten Schattenbankakteure ihren Liquiditätspuffer verringert. Sogar das Bankensystem, das durch das Basel-III-Abkommen nach der globalen Finanzkrise zum Aufbau eines stärkeren Kapitalpuffers verpflichtet worden war und 2020 insgesamt robuster abgesichert war als 2008, wurde in den Jahren vor dem Ausbruch von Covid-19 wieder krisenanfälliger, unter anderem aufgrund der weiteren Expansion der Großbanken und einer Zunahme stark gehebelter Investitionen (Blickle et al. 2020), aber auch, weil sehr hohe Boni an Manager und Dividenden an Aktionäre gezahlt und gleichzeitig in großem Umfang Aktien zurückgekauft wurden. Allein 2019 gaben Großbanken weltweit einen Betrag von etwa 325 Milliarden Dollar für Aktienrückkäufe und Dividenden aus, wodurch ihre Kapitalausstattung geschwächt wurde (Bair 2020). Darüber hinaus hatten die Aufsichtsbehörden zuletzt die Kapitalanforderungen gelockert und die Standards für Stresstests gesenkt (Systemic Risk Council 2019).

In der Produktivwirtschaft führten die günstigen Finanzierungsmöglichkeiten zu einem starken Anstieg der Unternehmensverschuldung. Obgleich es gerade das Ziel der lockeren Geldpolitik gewesen war, höhere Unternehmensinvestitionen zu fördern, ging das stark gesteigerte Volumen an Krediten nicht mit einer steigenden gesamtwirtschaftlichen Nachfrage einher. Im Gegenteil, seit mehreren Jahren sind die meisten Industrieländer nahe einer Rezession. Das liegt nicht zuletzt daran, dass die Einkommen der überwiegenden Mehrheit der Menschen schon seit vielen Jahren stagnieren und im Vergleich zum Bruttosozialprodukt seit den siebziger Jahren kontinuierlich abnehmen (St. Luis Fed 2020a). Da die Kaufkraft nicht wächst, sondern sogar abnimmt, führt dies zu einer zunehmenden Verschuldung der Haushalte und vieler Unternehmen, bei gleichzeitigem Rückgang der effektiven Nachfrage (Kader/Schwarzer 2015; St. Luis Fed 2020b).

Noch im Februar 2020 verzeichnete der US-amerikanische Börsenbetreiber Intercontinental Exchange, dem unter anderem die New York Stock Exchange und andere Handelsplattformen gehören, ein monatliches Rekordvolumen von durchschnittlich 7,6 Millionen Futures- und Optionskontrakten. Die ebenfalls US-amerikanische CME Group, die größte Terminbörse der Welt, erlebte ihren zweitgeschäftigsten Tag in ihrer 104-jährigen Geschichte. Am Freitag, dem 28. Februar 2020, wurden fast eine Billion Aktien gehandelt (Stafford/Henderson 2020). Während auf der einen Seite leere Supermarktregale deutliche Hinweise auf eine sich nahende Krise gaben – aus Furcht vor möglichen Ausgangssperren und Quarantänemaßnahmen legten sich die Menschen Vorräte an –, sorgten sehr intensive Handelsaktivitäten auf den Finanzmärkten weiterhin für Rekorde bei den Börsenumsätzen. Als die Unsicherheit über die wirtschaftlichen Auswirkungen von Covid-19 jedoch weiter zunahm, stoppte die lange Phase des Booms abrupt und schlug praktisch im selben Moment in einen rasanten Abwärtstrend um. Der S&P-500-Aktienindex fiel in der letzten Februarwoche 2020 um mehr als zehn Prozent, der schnellste Verlust aller Zeiten, sogar noch rasanter als während des Zusammenbruchs des Finanzmarktes 1929 (Stafford/Henderson 2020). Auch europäische Aktien folgten dem Abwärtstrend. Während die Supermärkte mit der steigenden Nachfrage nach Grundnahrungsmitteln und Haushaltsbedarf wie Toilettenpapier, Desinfektionsmitteln und Handseife nicht Schritt halten konnten, hatte die Angst vor einer neuen Krise die Finanzmärkte nun fest im Griff.

Zunächst begannen die Investoren, sichere Anlagen, insbesondere Staatsanleihen, aufzukaufen. Anfang März fielen die Renditen zehnjähriger US-Staatsanleihen – eine wichtige Referenz für Finanzakteure auf der ganzen Welt – auf einen historischen Tiefstand von 0,7 Prozent, und die Renditen kurzfristigerer US-Schatzanweisungen (Treasury Bills) sogar auf unter null Prozent. Deutschlands zehnjährige Anleihen wurden auf einem Rekordtief von minus 0,74 Prozent gehandelt. Staatsanleihen, insbesondere US-amerikanische, gelten als sehr sichere Anlagen. Wenn sie stark nachgefragt werden, steigen ihre Preise und die Renditen sinken. Befürchten Finanzakteure, dass ihre risikoreichen Investitionen hohe Verluste erleiden oder es sogar zu Ausfällen kommt, versuchen sie häufig panisch, diese durch sicherere Anlagen zu ersetzen. Die Preise auf den risikoreicheren Märkten brechen entsprechend ein (Cipriani et al. 2020; Smith et al. 2020). Der Financial Times Stock Exchange Index 100 (FTSE), der wichtigste britische Aktienindex, erlitt die schlimmsten Verluste seit der Finanzkrise 2008. Der deutsche Dax fiel zunächst um rund 6 Prozent, später sogar um mehr als 12 Prozent, der zweitgrößte Rückgang in seiner Geschichte. US-Aktien verzeichneten die schlimmsten Verluste seit 1987, und der S&P-500 erlitt den schnellsten jemals gemessenen Umschwung von einem Bullenmarkt hin zu einem Bärenmarkt (Wells 2020). Gleichzeitig registrierten die staatlichen Geldmarktfonds (Money Market Funds) in den USA, die in sichere, kurzfristige Staatsschulden investieren, mit 286 Milliarden US-Dollar den höchsten jemals verzeichneten wöchentlichen Kapitalzufluss, während Primefonds, die in kurzfristige Unternehmensschulden investieren, und kommunale Geldmarktfonds einen starken Mittelabfluss erlitten (Smith/Henderson 2020).

Die Schwellenländer wurden von der Covid-19-Krise besonders hart getroffen. Auf der Suche nach Sicherheit, Liquidität und vor allem nach US-Dollar zogen Investoren ihre Investitionen in großem Umfang aus den Schwellenländern ab. Selbst im Vergleich zur globalen Finanzkrise sind die Zahlen dramatisch (Wheatley 2020).

In einer Situation, in der zunehmend mehr Unternehmen finanziell gestresst sind und gleichzeitig sowohl einen nachfrage- als auch einen angebotsseitigen Schock erleiden, entwickeln fast alle wirtschaftlichen Akteure eine starke Präferenz für Liquidität. Sowohl Finanz- als auch Nicht-Finanzunternehmen horten Geldmittel, um ihren Verpflichtungen nachkommen zu können, aber auch, um Liquidität für mögliche zukünftige Investitionsmöglichkeiten bereitzuhalten. Zugleich versuchen die Akteure, ihre vorhandenen Vermögenswerte zu liquidieren, also Geldmittel für diese zu erhalten. Wenn außerdem Bankkunden und Unternehmen einen Großteil ihrer Einlagen abheben, kann das zu ernsthaften Problemen bei den Banken führen. Durch die bereits bestehende Überschuldung vieler Unternehmen und den hohen Fremdkapitaleinsatz wurde die Situation zusätzlich verschärft. In einer solchen Situation kann jede weitere schlechte Nachricht einen regelrechten Ansturm auf Liquidität auslösen und zu einem Zusammenbruch der Finanzmärkte führen. Genau das passierte am 9. März 2020, als sich die Mitglieder der Organisation erdölexportierender Länder nicht auf eine Fördermenge einigen konnten und, anstatt die Produktion zu reduzieren, sie sogar noch erhöhten. Der Rohölpreis fiel daraufhin drastisch und verzeichnete den stärksten Preisrückgang seit fast drei Jahrzehnten (Wigglesworth 2020b). In dieser Paniksituation gaben fast alle Vermögenspreise auf praktisch allen Finanzmärkten stark nach – Marktliquidität war nicht mehr gegeben. Der FTSE in London erlitt das schlimmste Quartal seit den achtziger Jahren (Georgiadis et al. 2020).

Da sich immer mehr Finanzakteure mit Liquiditätsproblemen konfrontiert sahen, wuchs die Unsicherheit hinsichtlich der Zahlungsfähigkeit der Geschäftspartner. Hinzu kam, dass es einen globalen Run auf den US-Dollar gab, schließlich wird der Großteil des weltweiten Handels in US-Dollar abgewickelt. Das wiederum verstärkte die Aktivitäten auf den Devisenmärkten immens. Unter solchen Umständen neigen Finanzmärkte dazu, dysfunktional zu werden. In mehreren Fällen wurde der börsliche Aktienhandel ausgesetzt. Auf diese Weise sollten Panikverkäufe unterbunden werden, insbesondere mittels Unterbrechung der algorithmisierten und automatisierten Handelsprogramme (Wigglesworth 2020a). Market-Maker, die normalerweise die Marktliquidität aufrechterhalten, weiteten entweder ihre Geld-Brief-Spannen, d. h. die Differenz zwischen dem niedrigsten und dem höchsten Geldkurs für ein Wertpapier, drastisch aus oder stellten ihren Handel komplett ein. Dies betraf insbesondere den Markt für Unternehmensanleihen und die Märkte für Anleihe-ETFs. Auch Investmentfonds erlitten Mitte März 2020 enorme Verluste (Henderson/Wigglesworth 2020). Der Ansturm auf die Wertpapiermärkte hatte ebenfalls negative Folgen für die Kreditversorgung der Produktivökonomie. Das führte zu Beeinträchtigungen der Kreditflüsse, wodurch es zu unnötigen, durch Liquiditätsengpässe ausgelösten Ausfällen kam.

Die nächste Phase der Covid-19-Krise begann mit dem Zusammenbruch des passiven und algorithmisierten Investments, der Auflösung vieler börsengehandelter Fonds und dem Verkauf selbst der sichersten Vermögenswerte durch Marktteilnehmer, die verzweifelt Geldmittel benötigten. Die Akteure brauchten dermaßen dringend Geldmittel, dass klassische Korrelationen zwischen Vermögenswerten nicht mehr galten: Wenn Aktienkurse fallen, steigen normalerweise die Kurse von US-Staatsanleihen. Das hat damit zu tun, dass Anleger in einer solchen Situation risikoreiche Anlagen verkaufen und sichere Anlagen, also Staatsanleihen, kaufen. In den Wochen nach dem 9. März 2020 galt diese »Regel« jedoch nicht mehr. Der Bedarf an Liquidität war Mitte März so hoch, dass selbst US-Staatsanleihen (jeder Laufzeit) massiv verkauft wurden, so dass auch deren Kurse sanken, weil alle

Akteure versuchten, durch Verkauf von Wertpapieren an Geldmittel zu kommen (Schrimpf/Shin/Sushko 2020). Da aber fast niemand in diesem Moment Wertpapiere bzw. Vermögenswerte kaufen wollte, folgte notgedrungen ein einschneidender Preisverfall auf den Finanzmärkten – eine Liquiditätsabwärtsspirale begann. Der Verkaufsdruck an den Aktienmärkten breitete sich auch auf die Rentenmärkte und völlig unverbundene Vermögenswerte wie Kryptowährungen aus. Mitte März fiel das Volumen der in Europa, dem Nahen Osten, Afrika und Amerika ausgegebenen Staats-, Unternehmens- und Finanzanleihen schließlich auf null. Es gab schlicht und ergreifend keine Nachfrage (Gross 2020). Nur massive und koordinierte fiskal- und geldpolitische Interventionen konnten diesen Teufelskreis unterbrechen (Smith/Ablan/Stubbington/Georgiadis/Lockett 2020).

Finanzmärkte werden von Angst und Emotionen getrieben. In unsicheren Zeiten erzeugen diese Emotionen eine hohe Volatilität, also starke Kursbewegungen, die unter anderem durch den Volatility Index abgebildet werden.[2] Mitte März 2020 schwankten die Finanzmärkte fast täglich zwischen Euphorie und Panik: Zunächst fiel der S&P 500 um 9,5 Prozent, kurz darauf gewann er als Reaktion auf starke Zentralbankinterventionen wieder 9,3 Prozent zurück und verlor anschließend wiederum im Verlauf von drei aufeinanderfolgenden Tagen 12 Prozent. Schließlich erholte sich der S&P 500 wieder und erlebte die stärkste Woche seit über einem Jahrzehnt (Fletscher 2020). In diesem Zeitraum wur-

2 Indizes sind jedoch kein passives und neutrales Abbild der Finanzmarktentwicklungen. Sie werden von Indexanbietern geschaffen, die ihre eigenen Interessen haben. Darüber hinaus können sie performative Effekte ausüben und Liquiditätsspiralen verstärken (Wullweber 2016a; Petry/Fichtner/Heemskerk 2019).

den aufgrund der extremen Volatilität mehrmals Circuit-Breaker aktiviert (siehe Abbildung 17).

Abbildung 17: Volatilität am Aktienmarkt zwischen 1990 und 2020 (in Prozent)

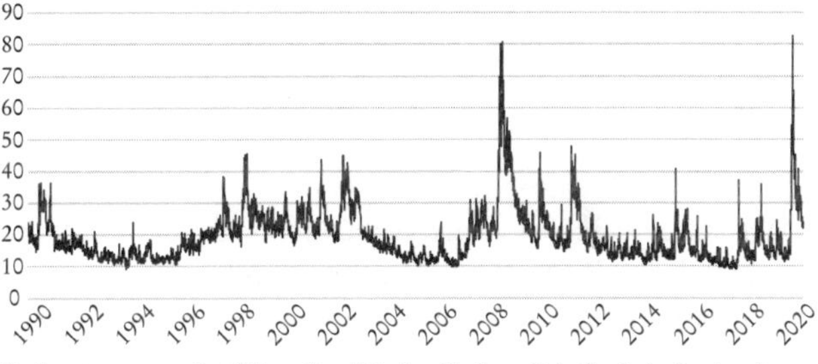

Quelle: FSB 2020c: 3. Der Chicago Board Options Exchange Volatility Index ist einer der wichtigsten Indizes für Preisvolatilitäten.

Da die Finanzmärkte weitgehend zusammengebrochen waren, entschieden sich die Zentralbanken weltweit dafür, die »Schleusen« zu öffnen und dem Finanzsystem über verschiedene zum Teil neu geschaffene Fazilitäten umfangreich Geldmittel zur Verfügung zu stellen. Ende März, nach zwei Wochen schwerer Marktturbulenzen, standen zwar reichlich von den Notenbanken bereitgestellte Geldmittel, aber vergleichsweise wenige sichere Anlagen zur Verfügung. Mit Geld überhäuft, erholten sich die Anleihenmärkte rasant. In der letzten Märzwoche, völlig losgelöst von den Entwicklungen im Unternehmenssektor und der Produktivökonomie, die durch Lockdown-Maßnahmen am Boden lag, boten Aktien gegenüber Anleihen eine Zusatzrendite in einer solchen Höhe, wie es sie seit der Schuldenkrise der Eurozone nicht mehr gegeben hatte (Fletscher 2020). In einer Situation, in der die Aussichten für die Weltwirtschaft dramatisch schlecht waren und die IWF-Chefin Kristalina Georgiewa die Covid-19-

Krise als die schlimmste Wirtschaftskrise in der Geschichte ihrer Organisation bezeichnete, schlug das Risikoempfinden auf den Finanzmärkten bereits wieder in Euphorie und Investitionslust in Finanzprodukte um.

7.3 Das Schattenbankensystem: Permanente Instabilität

Die Finanzkrise kann wie die Covid-19-Krise auch als Krise des Schattenbankensystems verstanden werden (Mehrling 2011; Ricks 2011; Mehrling et al. 2013; Wullweber 2020a). Das Schattenbankensystem beruht, wie beschrieben, auf einer privaten Absicherungsstruktur, in deren Zentrum die Repos, die Rückkaufvereinbarungen, stehen. Die Sicherheit der verwendeten Wertpapiere ist abhängig von deren Marktbewertung. Das gesamte System basiert auf der Annahme, dass zwar einzelne als Sicherheiten fungierende Wertpapiere an Wert verlieren können, nicht aber alle Wertpapiere zur selben Zeit. Der Wertverlust einzelner Wertpapiere kann und wird wiederum über Kreditausfallversicherungen und andere Kontrakte abgesichert. In Nichtkrisenzeiten gelten Repo-Transaktionen, die den Kern des Schattenbankensystems darstellen, daher als sehr sicher. Es zeigt sich allerdings, dass dieser Glaube an die Effizienz deregulierter Finanzmärkte fehlgeleitet ist. In einer Krise funktioniert die private Sicherheitsstruktur des Finanzsystems nicht mehr. Während der Finanzkrise und auch zu Beginn der Covid-19-Krise nahm der Marktwert nicht nur einzelner, sondern praktisch aller Wertpapiere rapide ab. In der Finanzkrise zum Beispiel fiel deren Wert innerhalb kurzer Zeit um etwa 1,5 Billionen US-Dollar (Adrian et al. 2017: 5).

Während Repos also in guten Zeiten die Liquidität des Finanzsystems erhöhen, verändert sich die Situation in der Krise schlagartig: »Nicht einmal alle Swaps dieser Welt machen aus einem riskanten Vermögenswert eine US-Staatsanleihe« (Mehrling et al. 2013: 8). Da die den Repos zugrunde liegenden Wertpapiersicherheiten Mark-to-Market bewertet werden, tritt dieser Abwärtstrend sehr schnell ein (MacKenzie 2012).

Wenn es aufgrund geringerer oder abnehmender Profiterwartungen zu größeren Verkäufen von Wertpapieren kommt, fällt der Preis für Wertpapiere. Es werden höhere Sicherheitsabschläge für Repo-Transaktionen verlangt und als Folge der Unsicherheit hinsichtlich der Zahlungsfähigkeit der Vertragspartner erhöhte Haircuts veranschlagt. Stark gehebelte Finanzakteure kommen in Zahlungsschwierigkeiten, da sie Liquidität und Sicherheiten nachliefern müssen, die sie nicht besitzen. Sie sind nun gezwungen, einen Teil ihrer Wertpapiere zu verkaufen, und können relativ zu den als Sicherheiten fungierenden Wertpapieren weniger Repo-Transaktionen durchführen. Andere Finanzakteure vergeben zögerlicher Kredite und versuchen, möglichst liquide Reserven zu halten. Der vermehrte Verkauf von Wertpapieren führt zu deren Wertminderung, was wiederum erhöhte Margin Calls, also das Nachfordern von Wertpapiersicherheiten, und Haircuts und infolgedessen Liquiditätsengpässe nach sich zieht. Eine Liquiditätsabwärtsspirale tritt ein (vgl. Adrian et al. 2017; BIS 2017; Wullweber 2020a; siehe Abbildung 18). Der Geldkurs verschlechtert sich und Kredite werden teurer. Für Finanzmarktakteure wird es nun zunehmend problematischer, Transaktionen durchzuführen, da es schwieriger wird, Wertpapiere wieder zu verkaufen und auf diese Weise Wertpapierkäufe zu finanzieren. Wenn die Liquidität von Wertpapieren, die zur Absicherung der Repo-Transaktionen dienen, fällt, verteuern sich diese wiederum, aufgrund der erhöhten Haircuts. Dadurch nimmt die Finanzliquidität insgesamt ab. Es werden weniger Repo-Transaktionen durchgeführt, und Finanzakteure sind gezwungen, Wertpapiere auch unter Preis zu verkaufen, um überhaupt noch an Geldmittel zu kommen – die Liquiditätsabwärtsspirale verstärkt sich und ist durch marktinterne Kräfte kaum mehr zu stoppen.

Abbildung 18: Liquiditätsabwärtsspirale

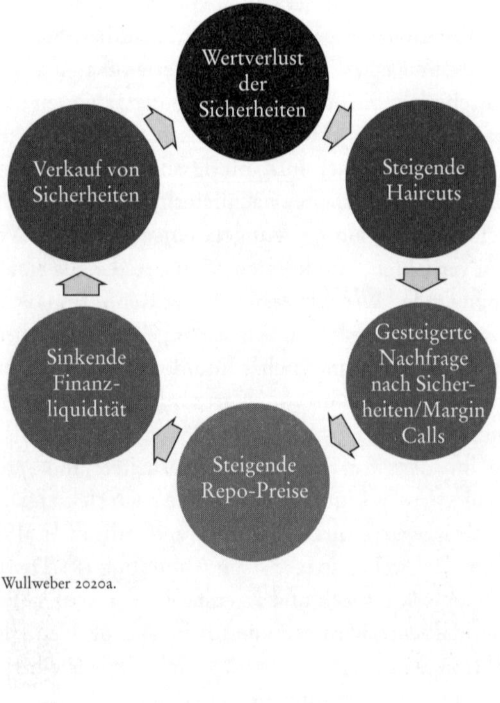

Quelle: Wullweber 2020a.

Der Repo-Markt kann also zu Liquiditätsabwärtsspiralen führen. Mehr noch: Da der Wert der Wertpapiere permanent dem Marktpreis angepasst wird, kann es rasant mit den Preisen abwärtsgehen. Während einer Liquiditätskrise werden Geldmittel und letztendlich Zentralbankgeld benötigt, um bestehende Verbindlichkeiten zu bedienen. Wenn Finanzakteure diese nicht in ausreichendem Maße besitzen, sind sie gezwungen, ihre Vermögenswerte zu fast jedem Preis zu veräußern (Mehrling 2011: 96ff.).

Genau auf diese Weise entwickelte sich die Situation während der globalen Finanzkrise und der Covid-19-Krise: Die Preise für Vermögenswerte fielen und die Margenforderungen für alle Repo-Geschäfte stiegen, was eine verstärkte Nachfrage nach Geldmitteln auslöste. Dies wiederum bewirkte, dass der Verkauf von Vermögenswerten noch weiter beschleunigt wurde, was wiederum zu niedrigeren Preisen führte. Die Anforderungen an die Händler, ihre Positionen mit weiteren Sicherheiten zu unterlegen, nahmen zu und zwangen sie zum Verkauf von Vermögenswerten, die sich zuvor eigentlich gut entwickelt hatten. Ein Teufelskreis kam in Gang, infolgedessen Wertpapiere starke Wertverluste erlitten. Wenn selbst die sichersten Anlagen illiquide werden, wird das Market-Making hochriskant. In einem solchen Moment kommen Market-Maker ihrer »Verpflichtung« nicht länger nach und stellen die Preisnotierungen und damit die marktmachende Funktion ein. Es entsteht ein Vakuum. Genau das geschah im September 2008 und im März 2020, woraufhin sich die Krise auf fast alle Segmente der Kapitalmärkte, auf das gesamte Schattenbankensystem und schließlich auf einen Großteil des Finanzsystems ausweitete. Die Zentralbanken waren die einzigen Institutionen, die diese Lücke füllen konnten und als Dealer of Last Resort die marktmachende Funktion übernahmen (Wullweber 2018). Um es einmal mit einfachen und drastischen Worten zu formulieren: Die letzten beiden großen Krisen und das Handeln der Regulierungsbehörden, aber auch der wichtigsten Zentralbanken vor, während und nach diesen Krisen hat maßgeblich dazu geführt, dass es im Finanzsystem in Krisenzeiten zu enormen Liquiditätsengpässen kommt, aus denen wiederum nur das Eingreifen der Zentralbanken hinausführen kann.

8. Meisterinnen der Stabilität: Die unkonventionelle Geldpolitik der Zentralbanken

Roses are red
Violets are blue
We'll keep financing conditions favourable
'Til the crisis is through
Tweet der Europäischen Zentralbank vom 14. Februar 2021

Ausgelöst durch die Finanz- und die Covid-19-Krise, aber vor allem aufgrund der vielen Jahre der Deregulierung und des marktliberalen Glaubens an effiziente, sich selbst stabilisierende Finanzmärkte, ist es zu starken Verschiebungen hinsichtlich des Verhältnisses von Staat und Finanzsystem gekommen. Während vor der Finanzkrise davon ausgegangen wurde, dass die Hauptakteure bei der internationalen Sicherung von Finanzstabilität vor allem internationale Aufsichts- und Regulierungsbehörden seien, zeigte sich spätestens im Jahr 2008, dass die Governance-Strukturen völlig unzureichend auf Krisen vorbereitet waren und mit keinerlei hinreichenden Maßnahmen zur Stabilisierung des Finanzsystems beitragen konnten. Die Regierungen hatten davon abgesehen, starke rechtliche Regulierungen der Finanzmärkte zu verankern. Mehr noch: Statt Wirtschaft und Gesellschaft nach der globalen Finanzkrise durch effektive fiskalpolitische Maßnahmen, insbesondere Konjunktur- und Strukturpolitik, zu stärken und finanzstarke Investitionsprogramme aufzulegen, hatten sie die Situation noch verschärft, indem sie statt zu investieren mit breit angelegten Sparmaßnahmen – Austeritätspolitik – die Erholung der Wirtschaft extrem erschwerten.

Es blieben allein die Zentralbanken, um effektiv auf die Krisen zu reagieren. Allerdings waren auch sie auf solche Situationen nicht vorbereitet. Während der globalen Finanzkrise zeigten sich die Grenzen der vorherrschenden Geldpolitik. Es wurde deutlich, dass neue Wege eingeschlagen werden mussten. Für diese neue Form der Zentralbankpolitik gab es kaum Erfahrungswerte: »Die Zentralbanken handelten, ohne über eine Theorie zu verfügen, warum es funktionieren würde, und mit kaum einem Gedanken darüber, welche Folgen ihr Vorgehen für gewöhnlichere Zeiten haben würde« (Mehrling et al. 2013: 1). Auch erwiesen sich die meisten der vorherrschenden Geldtheorien als nutzlos, wie die Bank of England anmerkte: »Die Beziehung zwischen Geldpolitik und Geld unterscheidet sich von den Beschreibungen in vielen einführenden Lehrbüchern« (McLeay/Radia/Ryland 2014a: 21). Führende Zentralbanker entdeckten Walter Bagehots Studie *Lombard Street: A Description of the Money Market* (Bagehot 2006 [1873]) wieder, in der er Prinzipien für den Umgang mit Finanzkrisen darlegt.[1] Bestimmte Entscheidungen der heutigen Zentralbanken gehen direkt auf Bagehots Empfehlungen zurück (Bernanke 2008). So empfahl er, in Krisenzeiten so viel Liquidität bereitzustellen, wie benötigt wird, allerdings zu hohen Zinsraten und nur an illiquide, aber solvente Institute gegen sichere Wertpapiere. Die hohen Zinsen empfahl Bagehot, um zu verhindern, dass Akteure, die die Mittel gar nicht benötigten, von der Maßnahme profitieren würden. Als Sicherheit für die Verga-

1 Bagehots Handlungsempfehlungen richteten sich an die Bank of England, die damals zwar noch keine echte Zentralbank war, sondern eine von privaten Aktionären gehaltene Bank, jedoch bereits die Rolle einer Zentralbank übernahm, indem bei ihr die Stabilisierung des Finanzsystems über der Profitmaximierung stand.

be eines Kredits riet er, nur solche Wertpapiere zu akzeptieren, die in Nichtkrisenzeiten als gute Sicherheiten angesehen werden, anstatt auf die aktuelle Marktbewertung der Vermögenswerte zu achten.

Es handelte sich bei den Interventionen der Zentralbanken also nicht um das Ausführen bereits bestehender, im Detail ausgearbeiteter Notfallpläne, sondern vielmehr um pragmatische Ad-hoc-Entscheidungen, die sich stetig von der vormals vorherrschenden und bekannten Geldpolitik wegbewegten (Golub/Kaya/Reay 2015; Kovner/Martin 2020). Art und Umfang der Maßnahmen der Notenbanken waren nicht nur unkonventionell, sondern ein historisches Novum. Infolge der dramatischen Situationen während der globalen Finanzkrise und der Covid-19-Krise, in der jeweils das Finanzsystem zusammenzubrechen drohte, wurde das Interventionsinventar der Zentralbanken wesentlich verändert und erweitert. Wie gezeigt, war die Finanzkrise maßgeblich durch das Schattenbankensystem verursacht und die Covid-19-Krise durch dieses immens verstärkt worden. Die bisherigen Formen der klassische Zentralbankpolitik konnten das Schattenbankensystem jedoch nicht stabilisieren. In Anbetracht des Ausmaßes der Krisen revolutionierten die Notenbanken ihr Instrumentarium und läuteten eine neue Ära der Zentralbankpolitik ein (Bernanke 2017; Logan 2017a). Neben dem Repertoire unkonventioneller Maßnahmen, wie dem Absenken des Leitzinses auf 0 Prozent bis 0,25 Prozent und der quantitativen Lockerung, agierten sie nun erstmals selbst als Finanzhändler und marktmachende Akteure im Schattenbankensystem, also nicht mehr nur als Lender of Last Resort, sondern auch als Dealer und Market-Maker of Last Resort. Zugleich schufen sie für Akteure des Schattenbankensystems die Möglichkeit, direkt auf Zentralbankgeld zuzugreifen.

Wenn Finanzmärkte in Panik geraten, sind die Marktakteure selbst nicht mehr in der Lage, die Krise in den Griff zu bekommen. Denn die Finanzakteure sind tief miteinander verstrickt, agieren kurzsichtig und werden von Angstgefühlen, Panik und irrationalem Verhalten angetrieben. Da viele Finanzanlagen zudem an Indizes gebunden sind oder bestimmte Vermögenswerte oder Portfolios nachbilden, ist die Investitionsfreiheit der Anleger nur bedingt gegeben (Petry/Fichtner/Heemskerk 2019). Häufig sind sie gezwungen, Operationen so auszuführen, wie es ihre Algorithmen vorschreiben, nicht zuletzt auch, weil sie verpflichtet sind, den Fondsrichtlinien zu folgen. In Paniksituationen erfasst die Abwärtsspirale für Vermögenspreise, wie beschrieben, praktisch alle Anlageprodukte. Da ein Großteil der Finanzprodukte heutzutage Mark-to-Market bewertet wird, sich also Veränderungen der Vermögenspreise direkt auch auf bestehende Kontrakte auswirken, führt das dazu, dass ein allgemeiner Preisverfall der Vermögenspreise fast in Echtzeit praktisch alle Finanzprodukte tangiert. Der von Minsky beschriebene Kreditzyklus setzt sich unweigerlich in Gang: Hedge-Finanzierung verschiebt sich hin zur Spekulationsfinanzierung, während Letztere sich hin zur Ponzi-Finanzierung entwickelt. Alle Finanzakteure mit Ponzi-Finanzierungsmodellen gehen insolvent. Je weiter sich die Krise vertieft, umso mehr Kurse brechen ein, und Finanzierungsmodelle und Investitionen verlieren an Tragfähigkeit. Die Geld-Brief-Spannen weiten sich aus, Gebote und/oder Angebote werden deutlich weniger oder verschwinden ganz, und die Möglichkeiten für Investoren, aus diesem Teufelskreis auszusteigen, ist kaum mehr gegeben. Vermögenswerte werden unverkäuflich, und das ganze System kommt zum Erliegen.

Da Vermögenswerte – in Form von Sicherheiten – das

Schmiermittel der Repo-Märkte und damit der Eckpfeiler des Schattenbankensystems sind, führt dies zu einer massiven Verknappung der Liquidität der Banken und Schattenbanken. Kreditlinien werden gezogen, Sicherheiten verpfändet, neue Finanzierungen stehen nicht mehr zur Verfügung, und die Finanzmärkte werden dysfunktional. Market-Maker auf dem Repo-Markt sind besonders anfällig für Illiquiditätsspiralen, weil sie regulär keinen Zugang zu Zentralbankgeld oder anderen kurzfristigen Notfallkrediten der Zentralbank haben. Wenn diese Institutionen den Handel reduzieren oder sogar einstellen, ist das gesamte Schattenbankensystem betroffen. Da dieses zusammen mit dem Repo-Markt jedoch inzwischen das Herzstück des Finanzsystems darstellen, kann eine Krise in diesen Bereichen das gesamte globale Finanzsystem zum Einsturz bringen.

Wie in Kapitel 4 gezeigt wurde, sind Zentralbanken die einzigen Institutionen, die kein Liquiditätsproblem (in ihrer eigenen Währung) haben, wodurch sie in Krisenzeiten ein vielfältiges Instrumentarium zur Stabilisierung des Systems entwickeln können. Zugleich sind Notenbanken aber auch seit Anfang des 21. Jahrhunderts mit Krisen bis dato unbekannten Ausmaßes und Ursprungs (dem Schattenbankensystem) konfrontiert, so dass ihre klassischen Notfallinstrumentarien nicht mehr greifen. Daher mussten die führenden Zentralbanken ihr gewohntes geldpolitisches Terrain verlassen und sich neuen, bislang unbewährten und unkonventionellen Mitteln zuwenden.

Mit der Covid-19-Krise überschritten sie sogar die rote Linie, die seit den achtziger Jahren eine strikte Trennung von Finanz- und Geldpolitik vorschrieb. Denn die vorherrschende Ideologie der letzten drei Jahrzehnte erlaubte es den Zentralbanken nicht, Staatsausgaben direkt zu finanzieren, also den Regierungen Staatsanleihen abzukaufen. Sie durften diese nur über den Sekundärmarkt erwerben. Dem lag die Befürchtung zugrunde, dass Regierungen ein solches Privileg als Gelegenheit ausnutzen könnten, die Staatsverschuldung auf unhaltbare Weise zu erhöhen. Es wurde argumentiert, dass die Notenbanken stattdessen unabhängig von den Regierungen als neutrale Hüterinnen ihrer jeweiligen Währungen und Hüterinnen der Preisstabilität handeln sollten. Die Neutralität der Zentralbanken war jedoch stets ein politischer Mythos, der es ermöglichte, komplizierte und unpopuläre politische Richtungsentscheidungen bezüglich der Geldpolitik an scheinbar unpolitische Zentralbanktechnokraten zu delegieren (McNamara 1998: 2002; Krippner 2007; van 't Klooster/Fontan 2020). Angesichts der historischen Bemühungen, die globale Pandemie einzudämmen, ohne ganze Industriezweige zu zerstören, war dieser Ansatz allerdings nicht mehr haltbar. Die Befürchtungen vor einem Zugriff der Regierung auf die Zentralbankbilanzen wurde – zu Recht – überlagert durch die viel größere und unmittelbarere Bedrohung eines vollständigen Zusammenbruchs des Welthandels und einer nachfolgenden gravierenden Verschlechterung aller wirtschaftlichen Aktivitäten und Lebensverhältnisse.

8.1 Unter Normalnull: Leitzinspolitik in Krisenzeiten

Die traditionelle Krisenreaktion der Zentralbanken besteht darin, den Leitzins zu senken. Diese Form der Geldpolitik beruht auf der Hoffnung, dass niedrigere Zinssätze die Kreditvergabe für die Produktivwirtschaft stimulieren. Denn in der Regel beeinflusst der Zinssatz einer Notenbank den Zinssatz, zu dem Geschäftsbanken sich gegenseitig und an

Privatpersonen Geld leihen. Unter ansonsten gleichen Bedingungen wird angenommen, dass die Nachfrage nach Krediten ansteigen wird, je niedriger der Zinssatz liegt. Zentralbanken versuchen demnach, einen makroökonomischen Effekt auf die Kreditvergabepraxis zu bewirken, indem sie ihre Zinssätze und damit den Preis für Zentralbankgeld anpassen (McLeay/Radia/Ryland 2014a; Bank of England 2015).

In und nach der Finanzkrise wurden die Leitzinsen (Satz der Hauptrefinanzierungsgeschäfte) der führenden Notenbanken schrittweise gesenkt, bis hin zu historischen Tiefstständen zwischen null und einem halben Prozent. Manche Zentralbanken, wie die EZB, verlangen seit 2016 für die Einlagefazilität sogar Zinsen. Banken müssen also für ihre Zentralbankguthaben zahlen. Wenn der Leitzins gegen null tendiert, kann zwar weiterhin eine Steuerungswirkung über Leitzinsabsenkungen erfolgen, ein Leitzins unter null Prozent bedeutet allerdings, den Banken für ihre von der Zentralbank geliehene Liquidität Geld zu zahlen. Ein Leitzins von null Prozent oder knapp darüber ist Ausdruck einer Krise. In diesem Moment müssen andere Formen geldpolitischer Steuerung gefunden werden (Borio 2012).

Als die Covid-19-Krise ausbrach, sahen sich die führenden Notenbanken mit dem Problem konfrontiert, dass die Leitzinsen bereits sehr niedrig waren und praktisch keine Lenkungswirkung durch die klassische Leitzinsabsenkung erzielt werden konnte. Denn das globale Finanzsystem war nie wirklich aus dem Krisenmodus herausgekommen, weswegen sich die Sätze weiterhin um die Nulllinie bewegten. Die Bank of England hatte ihren Leitzinssatz auf 0,75 Prozent leicht erhöht. Auch die Fed hatte ihre Zinsen nur geringfügig auf 2,5 Prozent angehoben (siehe Abbildung 2 in Kapitel 2.2). Anfang März 2020 reagierte die US-Notenbank zunächst auf sehr traditionelle Weise und senkte die Zinsen um einen bescheidenen halben Prozentpunkt. Diese Änderung zeitigte keinerlei Wirkung. Kurz darauf senkten die Fed und auch die Bank of England ihre Zinsen auf 0,25 Prozent. Allerdings hatte auch diese stärkere Absenkung keinen positiven Effekt auf die Finanzmärkte (Wolf 2020). Klassische Leitzinspolitik, jahrzehntelang das gängigste geldpolitische Instrumentarium der Zentralbanken, ist in heutigen Zeiten weitgehend wirkungslos geworden.

8.2 Lender of Last Resort

In beiden Krisen erkannten die Zentralbanken relativ schnell, dass sie viel stärkere geldpolitische Maßnahmen als die Zinspolitik ergreifen mussten. Eine der wichtigsten Entscheidungen gleich zu Beginn der Finanzkrise war die Gewährung von Notkrediten (Emergency Liquidity Assistance), um kurzfristig Liquidität bereitzustellen und eine Liquiditätsklemme auf den Finanzmärkten zu verhindern: Kurz nach Ausbruch der Krise im August 2007 vergaben die EZB, die US-Notenbank und die Zentralbanken in Japan, Kanada und Australien kurzfristige Notkredite mit niedrigen Zinsraten in einer Gesamthöhe von 320 Milliarden Dollar an den Bankensektor. Zusätzlich etablierte die Fed zwischen Ende 2007 und Ende 2009 neue Währungstauschvereinbarungen (Swap-Linien) mit anderen Zentralbanken, um deren Zugriff auf den US-Dollar jenseits von Zahlungsbilanzdifferenzen zu erleichtern und damit Liquidität in US-Dollar zu gewährleisten. Die Swap-Geschäfte erreichten ihren Höchstwert mit über 580 Milliarden US-Dollar im Dezember 2008 (Domanski/Moessner/Nelson 2014: 54ff.; Tooze 2018: 248ff.): »In der Krise agierte die Fed de facto als Weltzentralbank« (Panitch/Gindin 2014: 385). Die Zentralbankliquidität-Swaps wurden 2013 als dauerhafte Einrichtung etabliert (Fed 2013).

Obwohl die Fed bis Oktober 2008 bereits 2,3 Billionen Dollar für finanzielle Hilfsmaßnahmen und Bankenliquidität zur Verfügung gestellt hatte, geriet ein großer US-Geldmarktfonds ins Straucheln, woraufhin die Panik auf den US-Aktienmarkt übergriff. Zu diesem Zeitpunkt schätzte der IWF die durch die Krise entstandene Gesamtmenge an Abschreibungen von besicherten US-Hypotheken auf 1400 Milliarden Dollar (IMF 2008: 14). Spätestens jetzt wurde offensichtlich, dass sich die Krise, die Alan Greenspan als einen »Kredit-Tsunami, den es nur einmal in hundert Jahren gibt«, bezeichnete, weltweit ausbreitete (Greenspan 2008). Nach der Insolvenz von Lehman Brothers waren praktisch alle Wall-Street-Banken zahlungsunfähig: »Bei 12 der [...] 13 wichtigsten Institutionen des Finanzmarktes in den Vereinigten Staaten bestand die Gefahr, dass sie innerhalb einer oder zwei Wochen Konkurs anmelden mussten« (Bernanke, zit. n. Financial Crisis Inquiry Commission 2011: 354).

Viele Finanzakteure und praktisch alle großen Finanzinstitute, wie Bear Stearns, AIG, Morgan Stanley, Merrill Lynch, Citigroup, Barclays und auch die Deutsche Bank, hatten in großem Umfang mit Finanzprodukten spekuliert, die sich letztlich als toxische Wertpapiere erwiesen.

Ein Großteil der Derivate verlor während der Finanzkrise massiv an Wert, und der Wertpapiermarkt kam fast vollständig zum Stillstand. Die Banken konnten diese Wertpapiere nicht auf den Finanzmärkten emittieren, da es zu diesem Zeitpunkt nicht möglich war, einen Preis für diese Wertpapiere zu bestimmen. Es handelte sich um sogenannte *nonperforming assets*: Sie waren unverkäuflich. Die politische Lösung für dieses Problem lag einerseits in der Schaffung von Bad Banks (Abwicklungsbanken) und andererseits in

Anleihekaufprogrammen. Bad Banks sind vom Staat gegründete Finanzinstitutionen, die den Banken ihre toxischen Wertpapiere und Kredite abkaufen.[2] Indem ihre Bilanzen von diesen faulen Papieren befreit werden, verbessert sich die Kapitalausstattung der Banken wieder. Dieses unkonventionelle, stark von der Norm abweichende Policy-Instrument geht zurück auf das Kriseninstrumentarium von Bagehot.

Bear Stearns und AIG sind prominente Beispiele für Finanzinstitutionen, zu deren Stabilisierung in den USA Bad Banks gegründet wurden. Für sie wurden die Bad Banks Maiden Lane LLC I, II und III geschaffen, die toxische Wertpapiere im Gesamtwert von sechzig Milliarden US-Dollar aufkauften (Kaminska 2008).[3] Es wurde aber auch von Bagehots Handlungsempfehlungen abgewichen. Hatte dieser noch geraten, nur an solvente, aber illiquide Akteure gegen gute Wertpapiersicherheiten zu hohen Zinsraten Geldmittel zu verleihen, wurde der Korb an Wertpapiersicherheiten nun sehr stark ausgeweitet, die Zinsraten deutlich gesenkt und auch an Institute verliehen, die offensichtlich insolvent waren (Tucker 2014: 19f.). Allerdings hatte Bagehot solche Sicherheiten als gute Wertpapiere bezeichnet, die in Nichtkrisenzeiten als gute Sicherheiten gelten, was Spielraum für Interpretationen offenlässt (Bagehot 2006 [1873]: 57). Auch die Rettung einzelner Nichtgeschäftsbanken wie Bear Stearns und AIG widerspricht den Prinzipien von Bagehot. Ihre Rettung wurde damit gerechtfertigt, dass diese Institute von der

2 Genau genommen handelt es sich bei einer Bad Bank um ein vom Staat bzw. der Zentralbank geschaffenes Special Purpose Vehicel.

3 Mitte 2012 verkündete die US-Notenbank, dass alle Kredite, die sie an Maiden Lane LLC vergeben hatte, inklusive der Zinsen zurückgezahlt worden waren (Federal Reserve Bank of New York 2012).

US-Regierung als systemrelevant eingestuft worden waren. Und in der Tat war Bear Stearns ein zentraler Market-Maker im Schattenbankensystem. Da Bear Stearns aber keine Geschäftsbank, sondern eine Investmentbank war, musste für ihre Rettung eigens eine Sonderregelung des US-Notenbankgesetzes angewendet werden. Es war das erste Mal seit den dreißiger Jahren, dass die Fed einem Finanzinstitut, das keine Geschäftsbank war, Notkredite bereitstellte (Domanski/Moessner/Nelson 2014). Trotz dieser Maßnahmen bestand während der Finanzkrise weiterhin das Problem, dass die Banken nur sehr zögerlich von den zusätzlichen Fazilitäten und insbesondere vom Discount Window, also der Spitzenrefinanzierungsfazilität der Fed für kurzfristige Kredite, Gebrauch machten, da ihre Kreditwürdigkeit auf den Finanzmärkten gelitten hätte (Tucker 2014: 11). Das Agieren als Lender of Last Resort stieß also – trotz massiver Bereitstellung von Geldmitteln – an seine Grenzen.

Zu Beginn der Covid-19-Krise realisierten die führenden Zentralbanken schnell, dass sie ihre bereits sehr unkonventionelle Politik als Lender of Last Resort noch ausweiten mussten. Eine der wichtigsten geldpolitischen Entscheidungen gleich zu Beginn war die Bereitstellung von Liquiditätsnotfallhilfe als Sofortmaßnahme, um Institutionen bei der Bewältigung von Geldknappheit zu unterstützen und eine Kreditklemme auf den Finanzmärkten zu verhindern. Anfang April 2020 richtete die Fed eine neue Fazilität zur befristeten Finanzierung ein, um von Banken gewährte Darlehen zur Unterstützung kleiner Unternehmen aufzukaufen. Hierdurch sollten die Banken entlastet und der Kreditfluss zu Unternehmen und Gemeinden gesichert werden (Fed 2020b). Dieses Programm umfasste Kreditbürgschaften durch Kreditfazilitäten der US-Notenbank und sollte das Konjunkturpaket unterstützen, das der Kongress zuvor verabschiedet hatte. Die Fed kaufte im Rahmen verschiedener Fazilitäten – wie der Primary Market Corporate Credit Facility, der Secondary Market Corporate Credit Facility, der Main Street New Loan Facility, der Main Street Expanded Loan Facility und der Municipal Liquidity Facility – Kredite von Unternehmen und Gemeinden auf (Kovner/Martin 2020).

Diese Policy-Instrumente waren in höchstem Maße unkonventionell und stellten Kredite im Umfang von 2,3 Billionen US-Dollar zur Unterstützung der Wirtschaft und der Gemeinden bereit (Boyarchenko et al. 2020). Während einige dieser Maßnahmen der Geldpolitik in der Finanzkrise ähnelten, überschritten die Zentralbanken in der Covid-19-Krise durch die Vergabe von Krediten an die Produktivwirtschaft und Gemeinden eine weitere rote Linie. Tatsächlich stellen Notenbanken auf der ganzen Welt Finanzakteuren wie auch Nichtfinanzakteuren eine große Menge an Geld zur Verfügung, um sowohl die Finanz- als auch die Wirtschaftssysteme zu stabilisieren (Tett 2020). Zusätzlich zu diesen Maßnahmen ging die Fed sogar noch einen Schritt weiter und legte zum ersten Mal in ihrer Geschichte ein Vehikel zum Kauf von Investment-Grade-ETFs auf, um Überreaktionen im Aktienhandel entgegenzuwirken (Ablan/Greeley/Henderson 2020). ETFs sind riskante Anlageinstrumente, die einen Index oder einen Korb von Vermögenswerten abbilden. Dieser Markt ist in den letzten Jahren stark angewachsen, zugleich aber sehr anfällig für starke Preisbewegungen (ESRB 2019).

8.3 Goethes Zauberlehrling: Quantitative Lockerung

An die Stelle der Leitzinspolitik und zusätzlich zum Agieren als Lender of Last Resort trat bereits in der Finanzkrise die quantitative Lockerung (*quantitative easing*, QE). Die quantitative Lockerung ist Teil des Offenmarktgeschäfts der Zentralbanken und gehört zu der sogenannten Bilanz-Politik (*balance-sheet policies*) (EZB 2015b: 4, 36ff.; Borio/Disyatat 2009). Beim Offenmarktgeschäft werden, ebenso wie beim Verleihen von Geld gegen Wertpapiersicherheiten über die Spitzenrefinanzierungsfazilität, über den An- und Verkauf von Wertpapieren, meistens Staatsanleihen, und häufig mittels Repo-Transaktionen Finanzakteuren Geldmittel zur Verfügung gestellt.[4] Diese finanzieren die Zentralbanken über ihre Geldschöpfungstätigkeit.[5] Wenn eine Notenbank Staatsanleihen der eigenen Regierung von privaten Investoren aufkauft, hat das im Gegensatz zur Leitzinspolitik einen *direkten* Einfluss auf die Geldmenge, die sich im Umlauf befindet (siehe Abbildung 19). In derselben Weise wie bei der Geldschöpfung von Geschäftsbanken schafft nun die Zentralbank eine Sichteinlage auf dem Zentralbankkonto der entsprechenden Bank, nur dass sich auf der Aktivseite der Zentralbankbilanz statt einer Forderung an eine Bank (Kredit) nun die Staatsanleihen finden (Stigum/Crescenzi 2007:

4 Der endgültige Aufkauf privater Wertpapiere ist einigen Zentralbanken, wie der US-Notenbank, untersagt. Die Fed darf nur Staatsanleihen, Agency-Securities, also Wertpapiere beispielsweise von Ginnie Mae, Fannie Mae oder Freddie Mac, und Devisen aufkaufen. Die Wertpapiere der Repo-Transaktionen fallen nicht unter diese Regelung, da es sich um Rückkaufvereinbarungen handelt.

5 Offenmarktpolitische Geschäfte können bilateral oder als Versteigerungen (Tender) mit mehreren involvierten Akteuren erfolgen.

347).[6] Um den Aufkauf der Vermögenswerte, in Abbildung 19 Staatsanleihen, zu finanzieren, schöpft die Zentralbank Geld, indem sie ihre Reserven vermehrt – daher die Zunahme der Zentralbankguthaben der Banken auf der rechten Seite in Abbildung 19.

Abbildung 19: Auswirkungen von QE auf die Zentralbankbilanz

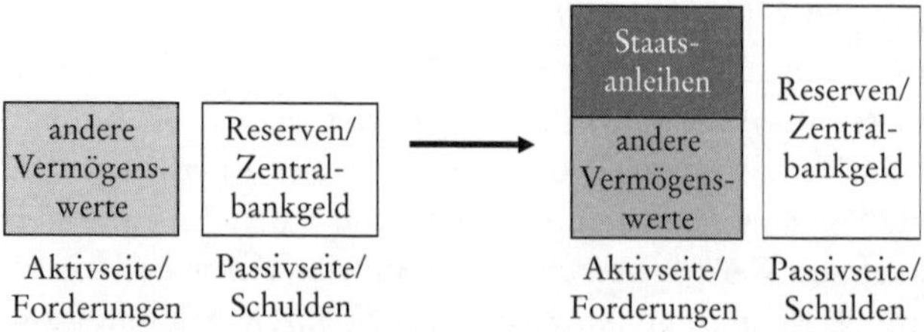

Quelle: McLeay/Radia/Ryland 2014a: 24.

Auf der Passivseite der Bilanzen (*liabilities*, Schulden) nehmen die Verbindlichkeiten der Zentralbank gegenüber Dritten zu (das Geld der Banken auf ihrem Zentralbankkonto). Demgegenüber stehen auf der Aktivseite (*assets*, Forderungen) die Vermögenswerte, die die Zentralbank erwirbt (vor allem Staatsanleihen). Die Vermögenswerte kauft die Zentralbank über regelmäßige Auktionen (Tenderverfahren) bevorzugt bei Investoren, die keine Banken sind, wie beispielsweise Pensionsfonds oder Versicherungen (Bank of England 2015: 10). In deren Bilanz werden diese Vermögenswerte liquidiert, also in Depositen umgewandelt (siehe Abbildung 20).

6 Auf der Aktivseite (Sollseite) der Zentralbankbilanz finden sich z. B. auch die Goldreserven und die ausländischen Währungsreserven.

Abbildung 20: Auswirkungen von QE auf die Bilanz eines Pensionsfonds

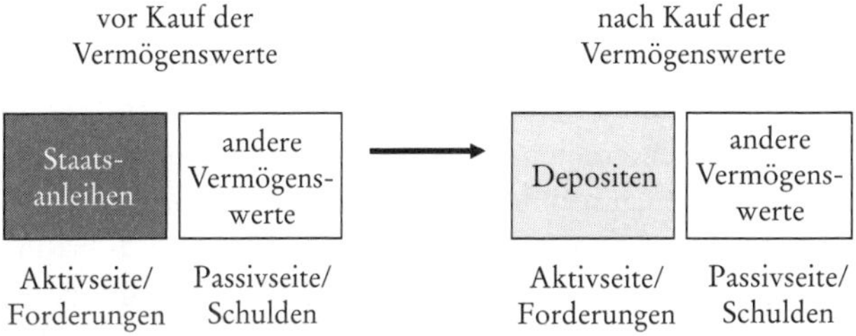

Quelle: McLeay/Radia/Ryland 2014a: 24.

Nichtbanken besitzen in der Regel keine Zentralbankkonten, deswegen erhalten sie das Geld der Zentralbank unter Einschaltung ihrer Geschäftsbank auf ihre Bankeinlagen. Die Bilanz der involvierten Geschäftsbank sieht dann wie in Abbildung 21 dargestellt aus.

Abbildung 21: Auswirkungen von QE auf die Bilanz einer Geschäftsbank

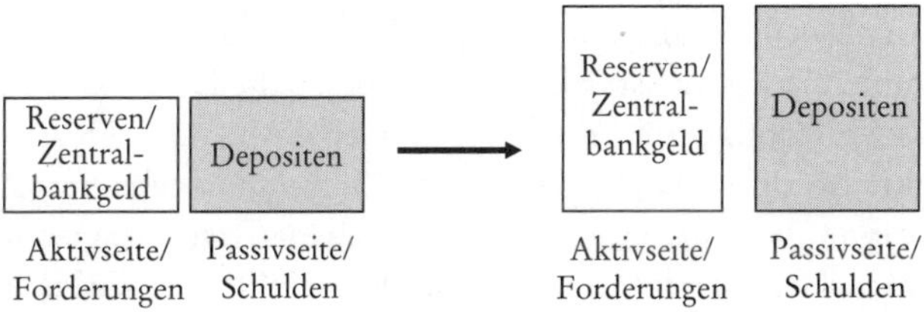

Quelle: McLeay/Radia/Ryland 2014a: 24.

Neben dem Aufkauf »toxischer« Wertpapiere, also Wertpapiere, die zu diesem Zeitpunkt auf dem Kapitalmarkt unverkäuflich sind, ist die Idee hinter der quantitativen Lockerung vor allem, dass die Verkäufer der Wertpapiere nun ihr durch den Verkauf erworbenes Geld wieder anlegen müssen und das Geld zum Beispiel in Aktien oder Unternehmensanleihen investieren. Dadurch, so die plausible Annahme, die sich in beiden Krisen bestätigt hat, erhöht sich der Wert der Aktien und die Unternehmen können sich leichter an den Märkten finanzieren, um zum Beispiel in die Produktion zu investieren (Bank of England 2015: 10). Das wiederum führt im besten Fall zur Ankurbelung der Wirtschaft, wie im idealisierten Schaubild der Bundesbank dargestellt ist (siehe Abbildung 22). Es kann aber auch zu weiteren Vermögensblasenbildungen kommen, wie das sowohl nach der globalen Finanzkrise als auch nach der Covid-19-Finanzkrise im März 2020 der Fall war.

Wenn andersherum die Inflation zu stark zunimmt, kann die Zentralbank die Vermögenswerte auch wieder auf dem Markt veräußern. Hierdurch werden die Zentralbankguthaben der Banken wieder reduziert und auf diese Weise dem Markt Geld entzogen. Das führt in der Regel zu einer Erhöhung der Zinsen für Kredite, da die Geldmenge sinkt. Die Entscheidung, die Kosten für Kredite über den Ankauf von Anleihen und Wertpapieren zu senken oder durch deren Verkauf zu erhöhen, ist daher ein Kernbestandteil der heutigen Zentralbankpolitik. Allerdings können die privaten Finanzakteure auf zu hoch empfundene Zinsen durch die Vergabe von Privatkrediten bzw. mit Finanzderivaten reagieren (Mehrling 2011; insgesamt kritisch hinsichtlich der Wirkung der quantitativen Lockerung Bowman et al. 2013).

Abbildung 22: Idealisierter Transmissionsprozess der quantitativen Lockerung

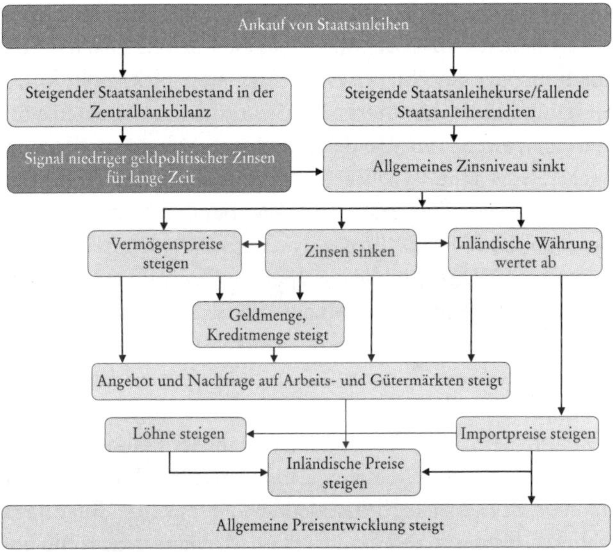

Quelle: Bundesbank 2017c: 35.

Die Fed begann im Jahr 2008 mit der quantitativen Lockerung, eine ähnliche Politik verfolgten auch die Zentralbanken in Großbritannien, Japan und China (Fed 2015a).[7] Die EZB startete erst Anfang 2015 mit einem vollwertigen QE-Programm. Grund für diesen späten Start waren große Widerstände einzelner Mitgliedsländer der Europäischen Union, insbesondere Deutschlands (vgl. Weidmann 2013b). Politisch hatte die EZB mit ihrem eingeschränkten Mandat zu kämp-

7 Die Bank of Japan war die erste Zentralbank, die im Jahr 2001 aufgrund einer starken Rezession und einer anhaltenden Deflation eine Geldpolitik der quantitativen Lockerung begann.

fen. Auch durfte sie anfangs nur in sehr beschränktem Maße Staatsanleihen aufkaufen (schließlich wurde sie auf dem Sekundärmarkt aktiv, vgl. Featherstone 2011). Weiterhin sah die Bank den Grund der Staatsschulden der Euroländer vor allem in einer verfehlten Wirtschafts- und Fiskalpolitik. Interventionen in den Markt für Staatsanleihen wurden von der EZB bzw. später von der Troika stets mit der Forderung nach Umsetzung von Wirtschafts- und Strukturreformen und fiskalischer Austeritätspolitik verbunden. Statt der quantitativen Lockerung, für die damalige EZB deutlich zu unkonventionell, begann die Europäische Zentralbank 2007 bestimmte geldpolitische Mechanismen auszuweiten, um die Finanzierungsbedingungen der Banken zu verbessern (Domanski/Moessner/Nelson 2014: 52ff.). Diese beinhalteten unter anderem, die Laufzeit von Refinanzierungsoperationen auszudehnen (auf 6 Monate), die Anzahl der Handelspartner auszuweiten (von 140 auf ca. 2200) sowie die Ansprüche an die hinterlegten Sicherheiten deutlich zu lockern.[8] Allerdings stellte sich schnell heraus, dass diese Mechanismen völlig unzureichend waren. Auch die konservative EZB war gezwungen, sich Schritt für Schritt in neue geldpolitische Gewässer zu begeben. Während die Fed und die EZB beide im Grunde marktliberal sind, also daran glauben, dass der Markt sich selbst stabilisieren kann, hat die Fed in der Krise kein Problem, diese Ideologie – für eine gewisse Zeit – über Bord zu werfen, um effektiv agieren zu können. Die EZB hingegen hält auch in der Krise so lange an dem Glauben fest, bis es fast schon zu spät zum Eingreifen ist. Etwas zugespitzt formu-

8 In Artikel 18.1 der institutionellen Vorschriften für das Europäische System der Zentralbanken und die EZB heißt es schlicht, dass Kredite nur gegen »ausreichende« Sicherheiten vergeben werden dürfen (vgl. EZB 2004: 14).

liert: Die Entscheidungen, die bei der Fed an einem Wochenende gefällt wurden, zogen sich bei der EZB über Jahre. So wurden 2009 die längerfristigen Refinanzierungsgeschäfte von einem auf drei Jahre und 2014 nochmals auf vier Jahre verlängert (Bundesbank 2017c: 30f.). Im Mai 2010 startete die EZB schließlich ein Wertpapierkaufprogramm (Securities Market Programme, SMP) im Umfang von etwa 200 Milliarden Euro. Allerdings wurden diese Aufkäufe zum großen Teil sterilisiert, also dem Markt das Geld durch anderweitige Geldgeschäfte wieder entzogen. Im September 2012 wurde das SMP durch die Outright Monetary Transactions (OMT) ersetzt. Das OMT-Programm erlaubt der EZB, Staatsanleihen bestimmter Euroländer in theoretisch unbegrenzter Menge auf dem Sekundärmarkt aufzukaufen, ist also dem QE-Programm schon recht ähnlich. Allerdings müssen sich diese Länder den Auflagen des Europäischen Stabilisierungsmechanismus unterwerfen. Auch beim OMT-Programm soll das zusätzlich geschöpfte Geld sterilisiert werden. Allerdings hat es bisher kein Staat in Anspruch genommen. Das liegt in erster Linie daran, dass die Zinsen auf Staatsanleihen nach Mario Draghis Ausspruch, die EZB werde alles tun (»whatever it takes«), um den Euro zu retten, drastisch fielen (Wilson/Wigglesworth/Groom 2012). Vor allem der Wechsel an der Spitze der Bank zu Draghi, aber auch Rechtsgutachten, die der EZB mehr Freiheiten einräumten, ermöglichten schließlich die Öffnung zur unkonventionellen Geldpolitik (vgl. McLeay/Radia/Ryland 2014a; Jones 2015). Anfang 2015 begann die Europäische Zentralbank mit einem vollwertigen QE-Programm von monatlich sechzig Milliarden Euro, das Anfang 2016 auf monatlich achtzig Milliarden Euro ausgeweitet wurde (Bundesbank 2017c). Um weitere Rechtsstreitigkeiten zu vermeiden, kündigte die EZB an, die Staatsanleihen nur auf dem Sekundärmarkt zu kaufen.

Vor Ausbruch der Covid-19-Krise hatten viele Zentralbanken (nicht aber die EZB, da die Eurokrise weiterhin nicht überwunden war) ihre QE-Programme wieder stark reduziert oder ganz auslaufen lassen. Als die Krise dann ausbrach, bestand allerdings sowohl bei Finanzakteuren als auch bei Unternehmen in der produktiven Wirtschaft ein dermaßen großer Bedarf an Geldmitteln, dass diese sogar, wie oben beschrieben, ihre sichersten Vermögenswerte verkauften – Vermögenswerte wie Treasury Bonds und andere Staatsanleihen, die sonst zu den begehrtesten Wertpapieren zählen: »der größte Run auf Geldmittel, den die Welt je gesehen hat« (*Financial Times* 2020d). Als Reaktion auf diese Situation erneuerten und intensivierten die Zentralbanken weltweit ihre Programme zur quantitativen Lockerung binnen kurzer Zeit. Die Fed schuf ein unbefristetes Programm zum Ankauf von Vermögenswerten, vor allem Staatsanleihen und staatliche hypothekenbesicherte Wertpapiere, das in den ersten Wochen einen Spitzenwert von 75 Milliarden Dollar pro Tag und über 300 Milliarden Dollar pro Woche erreichte (zum Vergleich: Während der globalen Finanzkrise kaufte die Fed Vermögenswerte in der Höhe von 30 Milliarden pro Tag) (FSB 2020c). Die EZB hatte aus der globalen Finanzkrise gelernt und reagierte dieses Mal prompt und unkonventionell: Sie legte ein 750 Milliarden Euro schweres Pandemie-Notkaufprogramm (Pandemic Emergency Purchase Programme) auf, das im Laufe des Jahres auf 1,85 Billionen Euro erweitert wurde, während zugleich das Programm zum Ankauf von Vermögenswerten (Asset Purchase Programme) mit zwanzig Milliarden Euro monatlich fortgesetzt wurde (EZB 2020b; EZB 2021). In ähnlicher Weise richtete die Bank of England ein befristetes Finanzierungsprogramm für kleine und mittlere Unternehmen und eine Covid-Fazilität zur Unterstützung größerer Unternehmen ein. Darüber hinaus stellte sie dem Finanzsektor Liquidität zur Verfügung (Bailey et al. 2020).

8.4 Dealer of Last Resort

Während der beiden größten Krisen der jüngeren Vergangenheit zeigte sich, dass sich Finanzliquidität, also die Versorgung mit Geldmitteln, nicht in eine Marktliquidität der Wertpapiere übersetzte. Die Wertpapiere wurden also trotz vorhandener Geldmittel der Geschäftsbanken nicht gehandelt. Die Zentralbanken mussten feststellen, dass ein ganz wesentlicher Grund hierfür Dynamiken innerhalb des Schattenbankensystems waren. Diesem fehlte eine staatliche Sicherheitsstruktur, um die in der Krise auftretenden Abwärtsspiralen zu stoppen. Die Zentralbanken vollzogen daher einen vormals undenkbaren Schritt: Sie wurden selbst zu Marktmachern, zu Dealer of Last Resort, und agierten nicht nur im regulierten Finanzsystem, sondern auch in das Schattenbankensystem hinein. Warum wurde dieser radikale Schritt unternommen? Auf welche Weise können Zentralbanken als Dealer of Last Resort wirken? Und welche Folgen hat diese Politik für die Stabilität des Gesamtsystems? Zur Beantwortung dieser Fragen zeichne ich im Folgenden das Handeln der Notenbanken während der globalen Finanz- sowie der Covid-19-Krise im Banken- und Schattenbankensystem nach.

Ad-hoc-Dealer of Last Resort: Die globale Finanzkrise 2007-09

Vor der globalen Finanzkrise, und später dann auch wieder vor der Covid-19-Krise, war es zu einem erheblichen Anstieg von Repo-Transaktionen gekommen, wodurch Finanzakteure in die Lage versetzt wurden, ihren Verschuldungsgrad durch erhöhte Hebelwirkung, basierend auf kurzfristigen Refinanzierungsmitteln, stark zu steigern. In beiden Finanzkrisen kollabierten diese Hebel (Bank of England 2020). Zuerst brach im Herbst 2007 der Markt für verbriefte Kredite zusammen. Dieser konnte anfangs trotz sinkender Preise durch zusätzliche Kredite aus dem Bankensektor und verstärkte Repo-Transaktionen aufgefangen werden. Die US-Notenbank erweiterte daraufhin die Palette an Wertpapieren, die sie als Sicherheiten akzeptierte, und stellte auf diese Weise dem System mehr Liquidität und Safe-Assets zur Verfügung.

Anfang 2008 nahmen dennoch die Risikoaufschläge für die riskanteren Wertpapiere deutlich zu. Mit der Quasiinsolvenz von Bear Stearns kam der US-Repo-Markt unter Druck, da nun die Haircuts insgesamt immens anstiegen. Ab diesem Moment wurde das Notfallprogramm der Fed intensiviert. Sie agierte nun als Lender of Last Resort und stellte dem Bankensystem umfangreich Liquidität zur Verfügung. Zusätzlich schuf sie die Term Securities Lending Facility und erlaubte Investoren so, Treasury Bonds gegen andere Wertpapiere über Repos zu leihen (Gorton/Laarits/Metrick 2018). Auf diese Weise sollte der Repo-Markt gestärkt werden. Primärhändler, die über keine Zentralbankkonten verfügten, konnten über die neu eingerichtete Primary Dealer Credit Facility auf Zentralbankgelder zugreifen.[9] Dennoch meldete im September 2008 Lehman Brothers Insolvenz an, zu diesem Zeitpunkt einer der wichtigsten Market-Maker für hypotheken-

9 Finanzakteure, die keine Banken sind, verfügen weiterhin nicht über Zentralbankkonten, können aber über Clearingstellen mehr oder weniger direkt mit der Fed handeln (Pozsar 2019).

besicherte Wertpapiere weltweit und einer der wichtigsten Shadow-Dealer im Schattenbankensystem. Die Insolvenz führte zu einer Panik auf den Repo-Märkten, woraufhin sich der Abwärtstrend von fallenden Vermögenswerten, steigenden Haircuts und Margin Calls, die wiederum zum Wertverlust der Wertpapiere führten, noch weiter verstärkte. Schließlich kollabierte der Geldmarkt, und niemand wollte mehr Repo-Transaktionen durchführen, selbst wenn diese über Staatsanleihen abgesichert waren. Die Zwischenhändler konnten nicht mehr agieren, da sie Probleme hatten, sowohl die Wertpapiere weiterzuverkaufen als auch ihre eigenen Wertpapierkäufe zu finanzieren (Mehrling 2011: 119ff.; FSB 2017b: 11f.). In diesem Moment hörte das System der Zwischenhändler auf zu funktionieren, es kamen keine Preise mehr zustande und der Handel brach zusammen: »[K]eine Preise bedeutet, dass kein abgesichertes Leihen möglich ist, weil sich die angebotenen Sicherheiten nicht bewerten lassen« (Mehrling et al. 2013: 13).

Die Liquiditätsbereitstellung der US-Notenbank als Lender of Last Resort reichte nicht mehr aus. Da kein Vertrauen mehr zwischen den Finanzakteuren existierte, wollten alle Akteure Geldmittel erhalten und Wertpapiere bzw. Risikoexposition verkaufen. Die zusätzliche Liquidität für den Bankensektor wurde nicht investiert, sondern nur genutzt, um die eigenen Reserven zu erhöhen. Während in Nichtkrisenzeiten Banken versuchen, ihre Reserven bei der Zentralbank möglichst gering zu halten, nahmen diese in und nach der Finanzkrise immens zu. Das Problem war allerdings, dass diese Liquidität nicht das Schattenbankensystem erreichte. *Finanzliquidität* übersetzte sich nicht in *Marktliquidität* (Brunnermeier/Pedersen 2009).

Als deutlich wurde, dass der US-Wertpapiermarkt nicht mehr funktionierte, revolutionierte die US-Notenbank ihr geldpolitisches Interventionsinventar: Sie agierte nun selbst als Broker-Dealer und Market-Maker, um die Marktliquidität wiederherzustellen: »Im September 2008 wurde die Fed vom Lender of Last Resort zum Dealer of Last Resort« (Mehrling 2011: 122f.). Nach dem Konkurs von Lehman Brothers vergab die Fed Primary-Dealer-Credit-Facility-Kredite für *alle verfügbaren Wertpapiere*, egal welcher Bonität. Wertpapiere mit geringer Bonität konnten auf diese Weise temporär gegen Treasury Bills getauscht werden. Mit der Commercial Paper Facility intervenierte die US-Notenbank in den Commercial-Paper-Markt, indem sie direkt mit Investoren handelte und ihnen den Zugang zum Diskontfenster der Fed ermöglichte. Geldmarktfonds und andere Primärhändler ohne Zentralbankkonto konnten über die bereits bestehende Term Securities Lending Facility, die Term Auction Facility und die Primary Dealer Credit Facility kurzfristige US-amerikanische Staatsanleihen erwerben. Die Term-Securities-Lending-Facility-Kredite waren im Austausch mit Investment-Grade-Wertpapieren erhältlich.[10] Ähnliche Programme, wenn auch nicht ganz so umfangreich, wurden auch von der EZB und der Bank of England durchgeführt, zentralbankspezifische Fazilitäten waren hier beispielsweise der Indexed Long-Term Repo, die bilaterale On Demand Discount Window Facility und die Contingent Term Repo Facility (Bank of England 2015; Hauser 2014).

Aber auch diese Fazilitäten waren nicht ausreichend. Kurz nach der Lehman-Insolvenz geriet der erste Geldmarktfonds in Schwierigkeiten. Investoren zogen 450 Milliarden US-Dol-

10 Insgesamt wurden Term-Securities-Lending-Facility-Kredite im Wert von 230 Milliarden US-Dollar und Primary-Dealer-Credit-Facility-Kredite im Wert von 150 Milliarden US-Dollar ausgegeben (Domanski/Moessner/Nelson 2014: 55ff.).

lar von verschiedenen Geldmarktfonds ab, woraufhin diese ihre Geldmarkttätigkeit stark reduzieren mussten. Nun richtete die Fed weitere Fazilitäten speziell für die Akteure im Schattenbankensystem ein, so die Asset-Backed Commercial Paper Money Market Mutual Fund Liquidity Facility und die Money Market Investor Funding Facility, und schuf auf diese Weise eine neue Sicherheitsstruktur für das Schattenbankensystem. Die Commercial Paper Funding Facility, die im Oktober 2008 eingerichtet wurde, ermöglichte der Fed den direkten Handel mit Investoren auf dem Commercial-Paper-Markt, indem sie ihnen den Zugang zum Diskontfenster der Fed gewährte. Die Money Market Investor Funding Facility ermöglichte auch Geldmarktfonds den Zugriff auf die Bilanzen der Federal Reserve. Im März 2009 richtete die Fed die Term Asset-Backed Securities Loan Facility ein, um direkt in den Kapitalmarkt eingreifen zu können und dort den privaten Handel wiederzubeleben (Adrian/Burke/McAndrews 2009; Adrian/Kimbrough/Marchioni 2011; Domanski/Moessner/Nelson 2014: 55-58; Gorton/Laarits/Metrick 2018). Auf diese Weise war es der US-Notenbank möglich, als Dealer of Last Resort zu agieren (siehe Abbildung 23). Sie fungierte als Gegenpart sowohl für Kreditnehmer als auch für Kreditgeber zunächst auf dem Geld- und später auch auf dem Kapitalmarkt. Zwischenzeitlich kaufte sie neunzig Prozent aller neu emittierten Wertpapiere, insbesondere Mortgage-Backed Securities (Mehrling 2017).

Diese geldpolitischen Instrumente wurden geschaffen, um dem Schattenbankensystem Liquidität und Wertpapiersicherheiten zur Verfügung zu stellen. Hierdurch sollte insbesondere der Markt für Verbriefungen wieder angekurbelt und die für den US-Markt wichtigen Geldmarktfonds gestützt werden. Die Notenbank garantierte so einen bestimmten Preiskorridor für die Wertpapiere und stabilisierte die Re-

Abbildung 23: Die Federal Reserve als Marktmacher der letzten Instanz

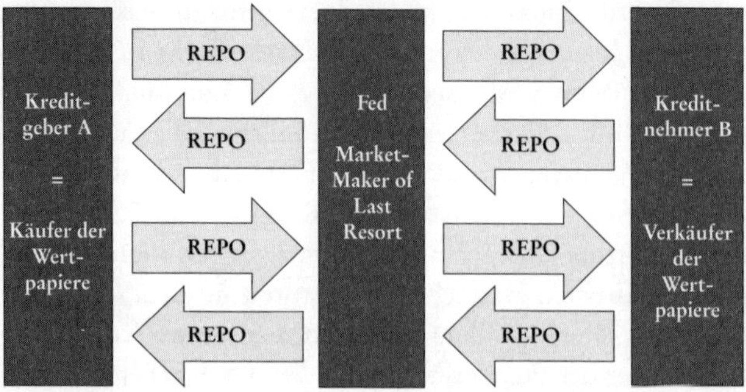

Quelle: Wullweber 2020a.

po-Transaktionen, indem sie selbst extensiv Repos durchführte. Vor allem wurden diese Fazilitäten erstmals in der Zentralbankgeschichte auf das Schattenbankensystem ausgeweitet: »Die Fed integrierte den Geldmarkt gewissermaßen in ihre eigenen Bilanzen« (Mehrling 2011: 125). In der Finanzkrise war die Marktliquidität weniger von der Finanzliquidität als vielmehr von der Verschiebbarkeit der Wertpapiere hin zur Zentralbank abhängig: »Indem die Federal Reserve die Rolle des Risikomanagements von Kreditderivat-Emittenten wie AIG übernahm, machte sie sich selbst zum Market-Maker der letzten Instanz für das Schattenbankensystem und verwandelte privates, unbesichertes Geld in staatliches Geld und private Kreditausfallversicherungen in staatliche Ausfallversicherungen« (Cooper 2015: 398). Auch die Bank of England agiert seitdem als Market-Maker of Last Resort, wobei sie als erste Zentralbank dieses Vorgehen in ihrem *Red Book* von 2015 formalisiert hat (Bank of England 2015).

Dealer of Last Resort 2.0: Die Covid-19-Krise

Waren die Reaktionen der Zentralbanken auf die Finanzkrise schon beispiellos, übertrafen die Maßnahmen gegen die Covid-19-Krise diese sogar noch im Umfang und in ihrer Radikalität. Nach dem Ende der Finanzkrise war ein Teil der Notmaßnahmen zunächst wieder eingestellt worden. Insbesondere die Lender-of-Last-Resort-Fazilitäten waren nach und nach geschlossen worden. Zugleich blieb das globale Finanzsystem instabil. Als kurz nach Ausbruch der Pandemie das globale Finanzsystem zu kollabieren drohte und selbst der Handel auf dem Markt für US-Staatsanleihen – der größte, wichtigste und liquideste Markt für Wertpapiere der Welt – drastisch zurückging, schritt die Fed ein und agierte abermals als Dealer of Last Resort – nachdem sie vorher im Eiltempo sämtliche andere Notfallinstrumente reaktiviert hatte (Kaminska 2020). Die US-Notenbank wurde wieder sowohl auf der Angebots- wie auf der Nachfrageseite im Repo-Markt aktiv, indem sie die Menge an Repo-Transaktionen dramatisch erhöhte und die Bedingungen für Repo-Transaktionen und die Offenmarktgeschäfte insgesamt deutlich erweiterte. Finanzakteure, die Geldmittel besaßen, bekamen von der Federal Reserve US-Staatsanleihen, während Finanzakteure mit Bedarf an Geldmitteln, wie Wertpapierhändler oder Hedgefonds, Geldmittel erhielten. Die Ausweitung von Offenmarktgeschäften zusammen mit Liquiditätshilfen beispielsweise über Auktionen stellt eine Alternative zur bilateralen Bereitstellung von Liquidität dar und sollte das Risiko einer Stigmatisierung von Finanzakteuren verringern.

Mitte März 2020 wurde die Commercial Paper Funding Facility eingerichtet, um die Liquidität des Commercial-Paper-Marktes zu erhöhen und für diesen Markt als Liquiditätsbackstop zu fungieren, indem Finanzakteure dabei unterstützt werden, ausstehende Commercial Papers umzuschichten (Boyarchenko/Crump/Kovner 2020). Die meisten Primärhändler verfügen nicht über ein Reservekonto und kommen daher nicht für das Discountfenster der Fed infrage. Um auch diesen Akteuren Geldmittel zur Verfügung zu stellen, wurde die Primary Dealer Credit Facility – eine Kredit-Fazilität speziell für Primärhändler – wiederbelebt, die bereits während der Finanzkrise zum Tragen gekommen war (Martin/McLaughlin 2020). Speziell für das Schattenbankensystem reaktivierte die Fed außerdem ihre Overnight-Reverse-Repo-Fazilität und ihre Overnight-Repo-Fazilität (Bernanke/Yellen 2020). Darüber hinaus wurden zwei weitere Fazilitäten geschaffen: die Money Market Mutual Fund Liquidity Facility, die der während der Finanzkrise eingeführten Asset-Backed Commercial Paper Money Market Mutual Fund Liquidity Facility sehr ähnlich ist, jedoch das Spektrum an notenbankfähigen Vermögenswerten nochmals erweiterte (Cipriani et al. 2020; Politi 2020a), und die Term Asset-Backed Securities Loan Facility, die ebenfalls schon während der Finanzkrise eingesetzt worden war und den Kapitalmarkt stützen soll, indem sie die Ausgabe von Asset-Backed Securities ermöglicht, die unter anderem durch Studien-, Auto- oder Kreditkartenkredite besichert sind (Fleming/Sarkar/Van Tassel 2020). Beide Fazilitäten sind speziell auf Schattenbankakteure zugeschnitten und ermöglichen es der Fed, sowohl für Kreditnehmer als auch für Kreditgeber am Geld- und Kapitalmarkt als Counterpart zu agieren (Wullweber 2020b). Die US-Notenbank kündigte weiterhin an, dass sie Treasuries, Agency Mortgage-Backed Securities und Agency Commercial Mortgage-Backed Securities im erforderlichen Umfang kaufen werde (Fed 2020c). Allein zwischen dem 15. und 31. März 2020 erwarb sie für 775 Milliarden Dollar Treasury Bonds und für 291 Milliarden Dollar Agency Mortgage-Backed Securities (Fleming/Ruela 2020a). Diese Politik trug maßgeblich zur Beruhigung der Finanzmärkte bei (Cipriani et al. 2020; Boyarchenko/Crump/Kovner 2020; Fleming/Ruela 2020b).

Die Fazilitäten, die die Zentralbanken für andere Finanzakteure einrichteten, hatten allerdings ihren Preis, so dass nur diejenigen Finanzinstitute auf sie zurückgriffen, die keine andere Möglichkeit hatten. Die Grundidee hierbei ist, dass diese Finanzakteure im Prinzip solvent sind, sich aber temporär aufgrund negativer Marktentwicklungen keine kurzfristigen Geldmittel beschaffen können. Die Zentralbank übernimmt auf diese Weise idealerweise nur das Liquiditätsrisiko, nicht das Solvenzrisiko (Acharya et al. 2014). Hier zeigt sich wieder die grundlegende Differenz zum klassischen darlehensbasierten Bankwesen. Das Insolvenzrisiko im darlehensbasierten Bankwesen wird durch die Sicherstellung von Finanzliquidität über *Zahlungsversprechen* (*promises to pay*) abgefedert. Die Zentralbank agiert dabei als Lender of Last Resort. In der marktbasierten Geldmarktfinanzierung durch Kapitalmarktkredite des Schattenbankensystems ist ein Lender of Last Resort in der Krise nicht ausreichend. Hier muss die Zentralbank Marktliquidität durch *Kaufversprechen* (*promises to buy*) wiederherstellen, indem sie selbst als Zwischenhändler, als Dealer of Last Resort, agiert, um Abwärtsspiralen einzudämmen (vgl. Mehrling et al. 2013).

Der entscheidende Vorteil der Zentralbank gegenüber den privaten Zwischenhändlern ist, dass die Finanzierung des Handels nicht über Privatkapital läuft, sondern über die eigene Geldschöpfung. In Abwandlung von Bagehots Lender-of-Last-Resort-Prinzipien (Bagehot 2006 [1873]), so viel Geld bereitzustellen, wie benötigt wird, allerdings zu hohen Zinsen und nur an solvente Institute gegen sichere Wertpapiere, beinhaltet eine Geldpolitik des Dealers of Last Resort, so viel Handel zu betreiben, wie notwendig ist, allerdings mit einer weiten Geld-Brief-Spanne gegen in Nichtkrisenzeiten als sicher eingeschätzte Wertpapiere (Mehrling 2017: 110). Die weite Geld-Brief-Spanne wird gewählt, da es den Handel auf den Finanzmärkten nur unterstützen und nicht ersetzen soll. Die Hoffnung ist, dass die Finanzakteure mittelfristig wieder versuchen werden, ihre Positionen bei der Zentralbank zu liquidieren, da sich auf den Finanzmärkten bessere Preise und damit höhere Gewinne erzielen lassen.

Neben all diesen Maßnahmen gab es noch ein weiteres Problem zu lösen: Der globale Handel wird zu großen Teilen mit US-Dollar abgewickelt. Da nun aufgrund der fehlenden Nachfrage während der Pandemie weltweit die Einnahmen wegbrachen, die Verbindlichkeiten im internationalem Handel aber in Dollar bezahlt werden mussten, hatten viele Firmen (und auch Länder) damit zu kämpfen, ihre auf Dollar lautenden Verbindlichkeiten zu erfüllen. Aus diesem Grund weitete die Fed ihre Währungstauschvereinbarungen mit anderen Zentralbanken immens aus, um den Zugang zu US-Dollar zu erleichtern und die Liquidität in US-Dollar sicherzustellen. Währungs-Swap-Linien waren bereits 2008 mit mehreren Zentralbanken eingerichtet und im Jahr 2013 schließlich auf Dauer gestellt worden, allerdings nur zwischen den C6 – der Fed, der EZB, der Bank of England, der Bank of Japan, der Schweizerischen Nationalbank und der Bank of Canada. In der Covid-19-Krise wurden die Swap-Linien auf eine Vielzahl weiterer Zentralbanken erweitert. Zugleich ging die Federal Reserve noch einen Schritt weiter: Da weltweit sehr viele Unternehmen dringend auf Dollar angewiesen waren und Banken außerhalb der Vereinigten Staaten Vermögenswerte im Wert von fast 13 Billionen Dollar halten (Aldasoro/Ehlers/Egemen 2019), eröffnete die

Fed eine neue befristete Fazilität für ausländische Zentralbanken. Diese können nun auf Dollar zugreifen, indem sie ihre vorhandenen Bestände an Staatsanleihen verwenden, um Repos mit der Fed abzuschließen (Fed 2020d). Dementsprechend hat die US-Notenbank die Swap-Linien mit anderen Zentralbanken nicht nur wiederbelebt, sondern erheblich verstärkt und deutlich erweitert. Die Zentralbankliquidität-Swaps können als internationales Dealer-of-Last-Resort-System für den globalen Geldmarkt interpretiert werden (Mehrling 2017: 113). Die Swap-Linien mit der Fed ermöglichen es den Zentralbanken, wenn nötig auch als Lender of Last Resort für US-Dollar zu fungieren. Die US-Notenbank wird dadurch de facto zum »souveränen Last Resort Lender auf internationaler Ebene« (McDowell 2012).

8.5 Staatliche Sicherheitsstrukturen für das Schattenbankensystem

Die verschiedenen neu geschaffenen Fazilitäten für Akteure aus dem Schattenbankensystem und vor allem das Handeln als Dealer of Last Resort bilden als Gesamtheit ein komplexes Absicherungssystem. Das ist insofern bedeutend, weil für das Schattenbankensystem bis zur Finanzkrise keinerlei historisch gewachsene und zwischen Staat und gesellschaftlichen Akteuren ausgehandelte, staatliche Sicherheitsstrukturen existierten, wie die Einlagensicherung, Notfallliquidität (Emergency Liquidity Assistance), staatliche Rekapitalisierung (*bailout*) oder den seit der Finanzkrise eingeführten Abwicklungsfonds (Single Resolution Funds) für das reguläre Geschäftsbankensystem (siehe Kapitel 4). Wie unterscheiden sich die Sicherheitsstrukturen des Bankensystems und des Schattenbankensystems nun voneinander?

Die Sicherheitsstruktur des Schattenbankensystems basierte rein auf privaten Absicherungsmechanismen, insbesondere den Repos.[11] Übereinstimmend mit der zu Anfang des 21. Jahrhunderts vorherrschenden Laisser-faire-Mentalität wurde dieses System gutgeheißen und galt als sehr sicher: »Nicht-Banken-Finanzierung ist eine wertvolle Alternative zur Bankfinanzierung« (FSB 2019: 4). Ganz im Sinne der marktliberalen Rationalität, nicht direkt in den Markt einzugreifen, sondern im Hintergrund zu wirken und die als leistungsfähig angesehene privat organisierte Finanzzirkulation zu unterstützten, stärkten die Zentralbanken den Kapitalmarkt.

Mit der Insolvenz von einem der wichtigsten Broker-Dealer im Schattenbankensystem – Lehman Brothers – und dem anschließenden Zusammenbruch erst des Schattenbankensystems und dann beinahe des gesamten Finanzsystems zeigte sich, dass dieses private Absicherungssystem nicht funktioniert. In der Krise ist es nicht in der Lage, sich selbstständig zu stabilisieren. In diesem Moment schuf die US-Notenbank neue Sicherheitsstrukturen speziell für das Schattenbankensystem. Über eigens etablierte Fazilitäten konnten diese nun über Repo-Transaktionen Geldmittel und Staatsanleihen von der Zentralbank erhalten (Mehrling 2011: 122ff.; Domanski/Moessner/Nelson 2014: 55ff.). Während anfangs für die Transaktionen als Sicherheiten nur Investment-Grade-Wertpapiere akzeptiert wurden, schloss die Federal Reserve bald Repos sogar für unbewertete Wertpapiere ab (Pozsar 2014: 22).

11 Allein die den Repos zugrunde liegenden Wertpapiere waren (und sind weiterhin) meistens Staatsanleihen, so dass der Staat zumindest indirekt in die Absicherung involviert war.

Die meisten dieser Fazilitäten wurden nach einigen Jahren wieder geschlossen. Nur die Overnight-Reverse-Repo-Fazilität für das Banken- und Schattenbankensystem blieb erhalten und wurde 2013 zu einer permanenten Einrichtung umgewandelt (Fed 2015b). Die Overnight-Reverse-Repo-Fazilität gestattet es Schattenbanken und Geschäftsbanken, US-Staatsanleihen von der Fed über Repos zu erwerben. Die zunächst bestehende Obergrenze von 300 Milliarden Dollar wurde 2015 aufgehoben (Frost et al. 2015). Auf diese Weise schuf die US-Notenbank ein Sicherheitsnetz, das speziell auf das Schattenbankensystem zugeschnitten war.

Bis Ende 2019 gingen die meisten Zentralbanker davon aus, dass nun eine ausreichende Sicherheitsstruktur für das Schattenbankensystem geschaffen worden war (Logan 2019). Diese Einschätzung erwies sich allerdings als falsch. Die Zentralbanker übersahen den neuen Nexus zwischen Notenbank und dem Schattenbankensystem und die Notwendigkeiten, die sich aus dieser neuen Hybridität ergeben. Das Problem bestand darin, dass dieses Sicherheitsnetz nur eine Seite der Bilanz abdeckte: den Bedarf nach sicheren Wertpapieren, also Staatsanleihen. Die andere Seite, der Zugang zu Zentralbankgeld, fehlte in der Sicherheitsstruktur. Der Overnight-Reverse-Repo-Fazilität, die den Zugang zu Staatsanleihen ermöglichte, fehlte also das notwendige Gegenstück, nämlich eine Overnight-Repo-Fazilität, die Zentralbankgeld bereitstellt. Diese war nach 2009 wieder geschlossen worden. Ansonsten wäre den Schattenbanken das Privileg zugestanden worden, permanent Zugang zu Zentralbankgeld zu erhalten. Allerdings zeigte sich bereits in der Interimsphase zwischen den beiden großen Krisen, dass dieser Ansatz nicht haltbar war. Denn sobald auch nur leichte Unsicherheiten hinsichtlich der Vermögenspreisentwicklung bzw. der Liquidität und Solvenz der Handelspartner bestehen, gerät das System ins Wanken. Es ist also auch auf einen sicheren Zugang zu Geldmitteln angewiesen. Anders ausgedrückt, mit der Overnight-Reverse-Repo-Fazilität besaß der Sicherheitsrahmen zwar eine Obergrenze, indem so viele Wertpapiere wie nötig dem System zugeführt wurden und auf diese Weise die Preise für Absicherungen in Form von Wertpapieren nicht über eine bestimmte Grenze hinausgehen konnten. Der Sicherheitsrahmen besaß allerdings keine Untergrenze. Wenn also der Wert der Sicherheiten stark absank, verfügten die Schattenbankakteure nicht in ausreichendem Maße über Geldmittel, um bestehende Verbindlichkeiten zu begleichen. Die Fed hatte dieses Problem nicht adressiert, da sie davon ausging, dass die Banken in einer solchen Situation die notwendigen Geldmittel bereitstellen würden und der Wettbewerb zwischen den Banken den Repo-Satz automatisch niedrig halten würde. Nach dieser Logik musste also nur den Banken genügend Zentralbankgeld zur Verfügung gestellt werden. Mit rund zwei Billionen Dollar im Jahr 2019, verglichen mit gerade einmal zehn Milliarden Dollar im Jahr 2007, also zweihundertmal mehr, schien in der Tat genügend Zentralbankgeld vorhanden zu sein: »Zentralbankgeld ist nicht länger ein knappes Gut« (Logan 2017a).

Allerdings war das, so unglaublich es klingen mag, eine Fehleinschätzung. Das zeigte sich im September 2019, als der Repo-Markt einen kritischen Liquiditätsengpass erlebte. Diese »Repo-Krise« wurde durch den Versuch der Fed ausgelöst, ihre Bilanz zumindest moderat zu schrumpfen, indem sie einen kleinen Teil der in ihrem Besitz befindlichen Wertpapiere verkaufte bzw. einen Teil der Repo-Transaktionen nicht erneuerte und Anleihen auslaufen ließ (im Fachjargon »hold to maturity« genannt, also bis zur Fälligkeit zu halten), ohne die frei werdenden Gelder wieder anzulegen. Auch wenn es relativ offensichtlich war, dass der geldpolitische Ansatz aus der Vorkrisenzeit – das Angebot an Zentralbankgeld auf eine bestimmte Grenze zu reduzieren, bis der Zielzinssatz erreicht ist – nicht mehr funktionieren würde, so überwog doch die Vorstellung, dass sich eine Reduzierung der Geldmenge im schlimmsten Fall auf den Zinssatz der Spitzenrefinanzierungsfazilität auswirken würde und dass Arbitrageaktivitäten – das Ausnutzen von Preisunterschieden zwischen Finanzprodukten – einen reibungslosen Transfer des von dieser Fazilität bereitgestellten Zentralbankgeldes auf andere Märkte, einschließlich des Repo-Marktes, ermöglichen würden; es hielt sich also weiterhin der marktliberale Glaube an die Selbststabilisierungsfähigkeit der Märkte.

Entgegen diesen Vermutungen schoss der Repo-Satz im September 2019 allerdings völlig unerwartet auf einen Höchststand, den er zuvor nur während der globalen Finanzkrise erreicht hatte. Das Schattenbankensystem wurde von einer jähen Schockwelle an Liquiditätsbedarf getroffen. Denn der rasante Anstieg des Repo-Satzes spiegelte eine sehr hohe kurzfristige Nachfrage von Finanzakteuren nach Liquidität wider, die der Markt selbst nicht bereitstellen konnte bzw. wollte. Obwohl die Vermögenswerte in der Bilanz der Fed trotz leichtem Rückgang immer noch 3,8 Billionen Dollar betrugen und rund zwei Billionen Dollar an verfügbaren Zentralbankeinlagen der Banken vorhanden waren, existierten im Schattenbankensystem nicht genügend Geldmittel, um die Nachfrage des Systems zu decken (Tran 2019; Pozsar 2019). Ironischerweise gab es zwar genügend Reserven in den Bilanzen großer US-Finanzinstitute wie JPMorgan, Citigroup, Bank of America und Wells Fargo, aber diese privaten Geldmarktakteure waren nicht bereit, den Geldmittelabfluss aufzufangen und ihr Geld zu verleihen (Greeley/Smith/Rennison 2019). In dieser Hinsicht ähnelte die Situation der Zeit kurz vor der Finanzkrise. Um dem Stigma der

Liquiditätsknappheit zu entgehen, verzichteten kleinere Banken wiederum darauf, Kredite am Diskontfenster aufzunehmen (Kaminska 2019). Letzten Endes gab es keine Möglichkeit für Schattenbankenakteure, an die benötigte Liquidität heranzukommen, da weder Notenbank noch Geschäftsbanken diese bereitstellten.

Am 15. September 2019 begannen die Tagesgeldsätze für Repo-Geschäfte plötzlich zu steigen. Selbst als der Repo-Satz zehn Prozent erreichte – den höchsten Stand seit der Finanzkrise –, ergriff die Fed keine Sofortmaßnahmen. Ihr Zögern, sich an die neue Verflechtung zwischen Zentralbank und dem Schattenbankensystem anzupassen, ist auch darauf zurückzuführen, dass sie vor der Krise nicht den Repo-Satz, sondern den Leitzins kontrollierte. In Anbetracht der Tatsache, dass der Repo-Markt inzwischen allerdings zur treibenden Kraft des Geldmarktes geworden ist, ist es vor dem Hintergrund dieser neuen Hybridität notwendig, auch für den Repo-Satz eine Obergrenze zu setzen (Rennison 2019; Wullweber 2020b). Um unter diesen Umständen einen Zusammenbruch des Repo-Marktes zu verhindern, reaktivierte die US-Notenbank schließlich doch ihre Repo-Fazilität. Zusätzlich injizierte sie 75 Milliarden Dollar pro Tag in den Geldmarkt, der sich daraufhin relativ schnell wieder beruhigte (Fed 2019b). Willkommen in der neuen Normalität!

Es zeigte sich daher, dass beide Fazilitäten – Overnight Reverse Repo und Overnight Repo – notwendig sind, um einen abgesicherten Korridor für den Handel im Schattenbankensystem zu garantieren und auf diese Weise gewissermaßen eine »Geld-Brief-Spanne der letzten Instanz« ins Leben zu rufen (Mehrling 2017). Die Bank of England ist bislang allerdings die einzige Zentralbank, die diese Form der Geldpolitik formalisiert und öffentlich als Leitlinie ausgerufen hat: »Die marktweite Contingent-Term-Repo-Fazilität

Abbildung 24: Die neue Sicherheitsstruktur für das Schattenbankensystem

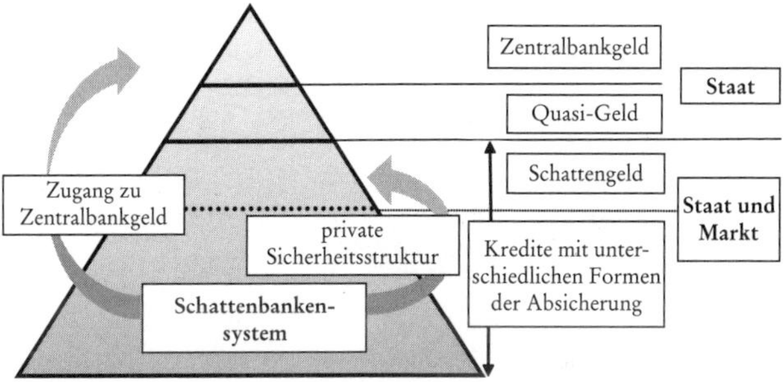

Quelle: eigene Darstellung.

ermöglicht es der Bank of England, Liquidität gegen das gesamte Spektrum der zugelassenen Sicherheiten zu jedem Zeitpunkt, zu jeder Laufzeit und zu jedem Preis ihrer Wahl bereitzustellen« (Bank of England 2015: 6).

Wenn die Maßnahmen während der letzten beiden großen Krisen im Zusammenhang betrachtet werden, ergibt sich ein Bild der neuen Rolle von Zentralbanken im Kapitalismus: Sie haben eine durch sie selbst abgesicherte Sicherheitsstruktur für das Schattenbankensystem geschaffen (siehe Abbildung 24). Und da das Schattenbankensystem inzwischen eine zentrale Rolle für das Funktionieren der kapitalistischen Wirtschaft spielt, ist der Schluss gerechtfertigt, dass die Zentralbanken durch ihr Handeln zu Garanten für das Überleben des modernen Kapitalismus geworden sind. Wir leben im Zeitalter des Zentralbankkapitalismus.

Können Schattenbanken nun ebenfalls Geld schöpfen? Zur Beantwortung der Fragen gehen wir nochmals zu den Grundlagen zurück: Das Geld der Bank ist ein Schuldschein gegenüber der kreditnehmenden Person. Bankgeld ist »einfach das Anerkenntnis einer privaten, auf die Rechnungseinheit lau-

Abbildung 25: Stilisierter Vergleich zwischen dem darlehensbasierten Kreditsystem und dem Schattenbankensystem

(a)

Bank

Vermögenswerte	*Verbindlichkeiten*
+ Kredit	+ Depositen

Haushalt

Vermögenswerte	*Verbindlichkeiten*
+ Depositen	+ Kredit

(b)

Investmentfonds

Vermögenswerte	*Verbindlichkeiten*
- Wertpapiere	
+ Geld	

Schattenhändler

Vermögenswerte	*Verbindlichkeiten*
+ Wertpapiere	
- Geld	
- Wertpapiere	
+ Geld	

Geldmarktfonds

Vermögenswerte	*Verbindlichkeiten*
+ Wertpapiere	
- Geld	

t_1 *Reverse-Repo* → *Wertpapiere*

← *Repo* *Geld*

Quelle: eigene Darstellung.

tenden Schuld, welches [...] zur Begleichung einer Transaktion dient« (Keynes 1955 [1930]: 5). Das Besondere am Bankkredit gegenüber einem Schuldschein zwischen zwei Personen ist, dass der von der Bank ausgegebene Schuldschein nach Bedarf zum Nennwert mit Zentralbankgeld gehandelt werden kann. Aus dem spezifischen Kredit wird über diese institutionalisierte Sicherheitsstruktur Quasigeld, welches auf diese Weise zum allgemeinen Äquivalent für sämtliche Waren und also zum gesetzlichen Zahlungsmittel wird. Es repräsentiert also »eine Schuld des Staates selber« (Keynes 1955 [1930]: 5; siehe Abbildung 25a).

Was passiert nun während der Kreditvergabe im Schattenbankensystem? Diese läuft in den meisten Fällen über Repo-Transaktionen. Repos funktionieren jedoch anders als Darlehen im Bankensystem. Der Handel zum Nennwert bei Bedarf hängt stark von der Qualität der zugrunde liegenden Sicherheiten ab. Schattenhändler benötigen daher Wertpapiere als Sicherheit. Diese Sicherheiten können sie nicht selbst schaffen. Die Händler kaufen die Wertpapiere über Repos von Finanzakteuren, wie zum Beispiel Investmentbanken, mit Geldmitteln, die sie über Reverse-Repos von einer dritten Partei, zum Beispiel einem Geldmarktfonds, leihen. Bei diesem Vorgang wird kein Geld geschaffen (Abbildung 25b). Die Händler transferieren – bzw. handeln – schlicht Geld vom Geldmarktfonds an die Investmentbank und das Wertpapier von der Investmentbank an den Geldmarktfonds (siehe t_1 in Abbildung 25b). Zum Zeitpunkt t_2 (in Abbildung 25 nicht dargestellt) kauft der Händler das Wertpapier von dem Geldmarktfonds zurück und zahlt das Geld (plus Zinsen) an den Geldmarktfonds zurück. Als Händler erzielen die Schattenhändler Gewinne, indem sie (abgesehen von eigenen Finanzgeschäften) beim Kauf der Wertpapiere einen niedrigeren Preis bieten als den Preis, den sie beim Verkauf verlangen.

Beide Operationen (die Schaffung eines Bankkredits und eine Repo-Transaktion) können mit einer Bilanzausweitung verbunden sein. Seit der Schaffung sowohl der Overnight Reverse-Repo-Fazilität (ON RRP) als auch der Overnight-Repo-Fazilität (ON RP) bei der Fed können Schattenbankenakteure sowohl auf Staatsanleihen als auch auf Zentralbankgeld zugreifen (siehe Abbildung 26).

Abbildung 26: Zentralbank als Dealer of Last Resort

Investmentfonds		Zentralbank		Geldmarktfonds	
Vermögenswerte	*Verbindlichkeiten*	*Vermögenswerte*	*Verbindlichkeiten*	*Vermögenswerte*	*Verbindlichkeiten*
- Wertpapiere + Geld		+ Wertpapiere	- Geld		
		- Staatsanleihen	+ Geld	+ Staatsanleihen - Geld	

t_1 — *Repo (ON RP)* → *Geld* ← *Reverse-Repo (ON RPP)* *Staatsanleihen*

Quelle: eigene Darstellung.

In einer Krise können nun Schattenbankakteure theoretisch sowohl unbegrenzt Safe-Assets (Staatsanleihen) zur Absicherung der Repo-Transaktionen auf der einen Seite als auch Zentralbankgeld zur Bedienung von Zahlungsforderungen auf der anderen Seite erhalten. Schattenbanken bewegen das im System vorhandene Geld zwischen verschiedenen Akteuren. Im Gegensatz zum Bankensystem können sie allerdings weiterhin kein Quasigeld (Depositen, Giralgeld) schaffen. Sie können nicht, wie in Abbildung 25a, Geld aus dem Nichts schaffen, da die von den Schattenbankenakteuren ausgegebenen Kredite weiterhin nicht als staatliches Geld anerkannt werden. Repo-Geschäfte zwischen privaten Akteuren schaffen ebenfalls kein Quasigeld. Auch wenn die verschiedenen privat geschaffenen Sicherheitsstrukturen die Liquidität der Vermögenswerte erhöhen, bleiben sie in der Hierarchie auf derselben Stufe. Der Schattenhändler erhält Geld von dem Geldmarktfonds (oder der Zentralbank), aber nicht aus seinen eigenen Bilanzgeschäften (Abbildung 25b und Abbildung 26). Privatkredite werden nur dann zu Quasigeld, wenn sie durch eine staatlich institutionalisierte Sicherheitsstruktur nach Bedarf und zum Nennwert garantiert in Zentralbankgeld konvertierbar sind. Das ist selbst durch die Overnight-Repo-Fazilität nicht gegeben. Dies veranschaulicht, dass das Besondere an einem von einer Geschäftsbank ausgegebenen Kredit die Tatsache ist, dass durch eine institutionalisierte Sicherheitsstruktur dieser spezifische Kredit von der Zentralbank als allgemeine Schuldforderung und damit als gesetzliches Zahlungsmittel anerkannt wird. Auch wenn es sich bei Repos daher nicht um Geld handelt, ist durch die neue Geldpolitik eine staatliche Sicherheitsstruktur für das Schattenbankensystem entstanden, die Repos außerordentlich sicher macht (Pozsar 2014, 2015; Gabor/Vestergaard 2016).

Im Gegensatz zu den von den Banken geschaffenen Depositen können Repos jedoch nicht zur finalen Begleichung von Geldforderungen verwendet werden, sie können Geldforderungen nur temporär aufschieben.[12] Repos sind *ein Versprechen* auf einen Handel zum Nennwert nach Bedarf. Je nach Ausmaß einer Krise kann dieses Versprechen viel Geld kosten (Margin Calls, Erhöhung der Haircuts und der Repo-Rate), und es ist anfällig für die bereits ausgeführte Abwärtspreisspirale, die wiederum zu Liquiditätsengpässen im gesamten Finanzsystem führen kann. Das wiederum kann zu Liquiditätsengpässen im gesamten Finanzsystem führen und letztlich dessen Zusammenbruch zur Folge haben. Um diesen Zusammenbruch zu verhindern, agiert die Zentralbank als Dealer of Last Resort und sichert auf diese Weise einen Mindestpreis für die als Sicherheiten fungierenden Wertpapiere auf der einen und garantiert einen Höchstpreis für die Bereitstellung von Liquidität auf der anderen Seite.

Auf dem europäischen Repo-Markt kommt es aufgrund der Konzentration der Universalbanken zu einer weiteren Verwischung der Grenze zwischen Depositen und Repos. Im Gegensatz zu den USA, wo die Überschneidung von Wertpapierhandel und Bereitstellung von Depositen weiterhin gesetzlich beschränkt wird, ist eine solche Trennung auf dem europäischen Markt nicht vorhanden (Gabor/Vestergaard 2016: 15). Das führt dazu, dass die Universalbanken via Zentralbankkonten sowohl Zugriff auf Zentralbankgeld haben und sich zugleich auf dem Repo-Markt im Schattenbankensystem engagieren können. Sie können sich also entscheiden, ob sie beim Kauf von Wertpapieren mit Quasigeld (Giralgeld) zahlen oder, wenn das auch von der Gegenseite

12 Die Verzögerung und Verschiebung von Geldzahlungen durch Kredite oder andere Finanztitel ist allerdings ein wichtiges Merkmal des Finanzsystems und der profitorientierten Marktwirtschaft insgesamt (Ingham 2004: 139ff.).

gewollt ist, stattdessen eine Repo-Transaktion durchführen. Die letztendliche Zahlung mit Geldmitteln ist dadurch zwar nicht aufgehoben, aber doch aufgeschoben: »Schattengeld verzögert die Begleichung von Bankeinlagen« (Gabor/Vestergaard 2016: 15). Repos können aber nicht nur Depositen (temporär) ersetzen, sondern auch Zentralbankguthaben: Wenn Bank A bei der Übertragung von Depositen an Bank B kein entsprechendes Zentralbankgeld zur Verfügung hat, können beide Banken übereinkommen, stattdessen eine Repo-Transaktion einzugehen, wodurch sich Bank A das Zentralbankgeld von Bank B leiht, ohne dass es zu einer Übertragung von Zentralbankgeld kommen würde: »Schattengeld verzögert die Begleichung von Zentralbankgeld« (Gabor/Vestergaard 2016: 16).

9. Zentralbankkapitalismus

Wie lässt sich die neue Bedeutung der Zentralbanken, die historische Ära, die ich mit dem Begriff des Zentralbankkapitalismus fasse, interpretieren und bewerten? Welche Probleme beinhaltet diese neue Staat-Markt-Konfiguration und welche Herausforderungen und vielleicht sogar Gefahren ergeben sich durch diese neuartige Verflechtung? Markiert der Zentralbankkapitalismus das Ende der neoliberalen Zeitrechnung, die mit der Auflösung des Bretton-Woods-Systems und vor allem durch Thatchers Big Bang und Reagans Deregulierungspolitik in den siebziger Jahren eingeläutet wurde? Handelt es sich um eine Rückkehr starker staatlicher Lenkung des Finanzsystems? Angesichts der massiven und umfangreichen Maßnahmen der Notenbanken seit den beiden großen Krisen zu Beginn des 21. Jahrhunderts scheint das auf den ersten Blick der Fall zu sein. Die Institutionen, die das Finanzsystem durch ihre täglichen Interventionen aufrechterhalten, sind in der Tat die Zentralbanken. Der Souverän greift heute durch die Politik der Zentralbanken viel massiver und direkter in den Finanzhandel ein als in den vergangenen vierzig Jahren. Zugleich nimmt aber auch die Bedeutung des Schattenbankensystems zu, und Schattenbankakteure sind aus beiden Krisen gestärkt und nicht geschwächt hervorgegangen (Gabor 2020b).

9.1 *Laisser-faire im Sicherheitsnetz*

Zu Beginn der globalen Finanzkrise wurde zunächst versucht, im Sinne der marktliberalen Rationalität zu reagieren. Das entsprechende Instrumentarium war die Leitzinspolitik, das Agieren als Lender of Last Resort und, nachdem beide Interventionen nicht zur Stabilisierung des Systems führten, eine Geldpolitik der quantitativen Lockerung. Unterstützt von den Zentralbanken, sollte sich das Finanzsystem selbstständig stabilisieren. Leitzinspolitik kann diesbezüglich als ein Mechanismus der Sicherheitsmacht par excellence verstanden werden. Ziel dieser Art von Geldpolitik ist die Regulierung von Zirkulation, nicht von Akteuren: »Es muss bloß die Inflation innerhalb eines engen Korridors gehalten werden, indem man die kurzfristige Zinsrate kontrolliert, und alles andere wird sich von selbst ergeben« (Borio 2015: 191). Durch ein Absenken der Leitzinsen kann die Zirkulation von Liquidität gefördert oder durch ein Anheben entschleunigt werden. Anstatt einer Regierungsweise, die auf Souveränitäts- und Disziplinarmacht setzt und »eine binäre Aufteilung zwischen dem Erlaubten und dem Verbotenen« vollzieht, wird bei der Sicherheitsmacht »einerseits ein als optimal angesehener Mittelwert festgelegt, und andererseits werden Grenzen des Akzeptablen festgelegt« (Foucault 2004a: 19f.). Die Steuerung des Leitzinses erfolgt bei der Fed über Offenmarktgeschäfte und wirkt folglich indirekt: Über An- und Verkauf von Staatsanleihen wird die Menge an Zentralbankgeld gesteuert und damit der Preis beeinflusst, zu dem sich die Banken Zentralbankgeld zum Saldenausgleich leihen. Auch das Agieren als Lender of Last Resort und die quantitative Lockerung basieren auf der marktliberalen Sicherheitsmacht. Es werden keine neuen Finanzregulierungen geschaffen, sondern es wird Liquidität bereitgestellt. Die Annahme lautet weiterhin, dass der Markt in der Lage sei, sich selbst zu regulieren. Es handele sich lediglich um kurzfristige abnormale Zahlungsschwierigkeiten, die nicht die Funktionsfähigkeit des Finanzmarktes insgesamt infrage stellten.

Als Ende 2008 nach der Insolvenz von Lehman Brothers Panik auf den Finanzmärkten ausbrach, wurde deutlich, dass die Akteure trotz massiver Bereitstellung von Liquidität nicht in der Lage waren, die Krise selbstständig zu stoppen. Die marktliberale Sicherheitsmacht funktionierte als Regierungsweise des Finanzmarktes nicht mehr. Nach einer kurzen Zeit der Ratlosigkeit, in der Zentralbanker – zuerst bei der Fed und der Bank of England – begriffen, dass ihre bisherige Geldpolitik gescheitert war, wechselten die Notenbanken erstaunlich schnell ihre Interventionsstrategie und griffen direkt ins Marktgeschehen ein. Als Market-Maker of Last Resort waren nun sie es, die sowohl den Geldmarkt stabilisierten als auch auf dem Kapitalmarkt Angebot und Nachfrage insbesondere für die hypothekenbesicherten Wertpapiere, letztlich aber für praktisch alle Wertpapiere garantierten.

Haben wir es daher mit einer Rückkehr des »starken Staates« zu tun, der wieder vermehrt kontrollierend in den Markt eingreift? Für eine solche Regierungsweise spricht, dass die Zentralbanken seit der Finanzkrise zunehmend als »zentrale Zirkulationsstelle« agieren (Foucault 2004a: 32). Sie treten als Souveränitätsmacht auf, die den Finanzakteuren einen *bid-ask spread*, also einen Käufer- und einen Verkäuferpreis für bestimmte Finanzprodukte, anbietet und auf diese Weise einen Korridor absichert, in dem diese Akteure Handel betreiben können (siehe Abbildung 27). Auf den ersten Blick tritt daher der Souverän in Form der Zentralbank so massiv auf, dass es naheliegend wäre, eine Rückbewegung hin zur Rationalität der Souveränitätsmacht zu konstatieren. Auch soll unberechenbare Ungewissheit stärker in berechenbares

Risiko überführt werden. Risiko soll reguliert, nicht Ungewissheit organisiert werden (Foucault 2004a: 38 ff.).

Abbildung 27: Abgesicherter Handelskorridor für das Schattenbankensystem

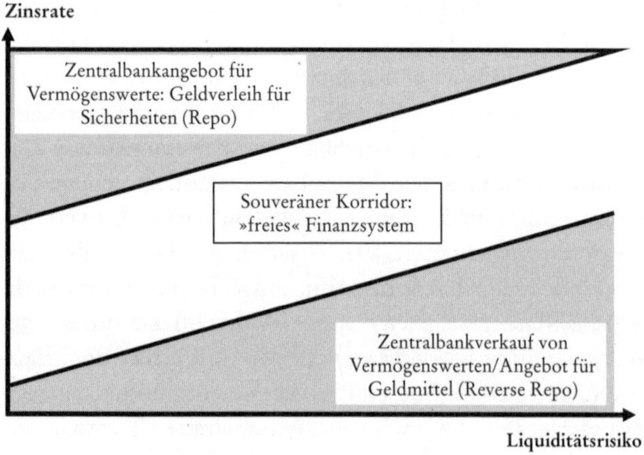

Quelle: eigene Darstellung.

Es sind in der Tat die Zentralbanken, die seit der globalen Finanzkrise durch ihr tägliches Eingreifen in das Finanzsystem ebenjenes System stabilisieren und aufrechterhalten. Der Staat interveniert deutlich intensiver und direkter als vormals in den Finanzhandel. Die Frage ist allerdings, ob es sich dabei um eine Abkehr von der Logik der marktliberalen Sicherheitsmacht handelt. Denn die neuartigen unkonventionellen Interventionen geschehen nur bedingt im Sinne der klassischen Souveränitätsmacht über den Erlass von gesetzlichen Regulierungen, über das Aussetzen des Finanzhandels, durch die Bestrafung bestimmter Akteure oder gar durch das Ausrufen eines Ausnahmezustandes, der zur Neuorganisation des Finanzmarktes führen würde (Agamben 2004). Es ist eher eine stille, wenn auch radikale Veränderung. Denn es geht weiterhin darum, »Zirkulation zuzulassen, zu gewährleisten, sicherzustellen« (Foucault 2004a: 52). Es ist jedoch eine andere Form der Laisser-faire-Zirkulation als vor der globalen Finanzkrise.

Die Kriseninterventionen der Zentralbanken sind daher keine Rückbewegung hin zur Rationalität der Souveränitätsmacht, sondern vielmehr eine – wenn auch bedeutende – Modifikation der Sicherheitsmacht als Regierungsweise. Die marktliberale Sicherheitslogik wird nicht durch eine nun erstarkte Souveränitätsmacht ersetzt. Die Zentralbanken wirken eher im Hintergrund, die Souveränitätsmacht rahmt die marktliberale Logik nur ein. Innerhalb dieses vom Souverän gesetzten Rahmens sollen sich die Marktkräfte jedoch weiterhin »frei« entfalten können. Es wird kein Preis für Finanzprodukte festgesetzt, sondern lediglich der Rahmen vorgegeben. Der Preis soll sich weiterhin selbstständig entwickeln, allerdings »in akzeptablen Schranken« (Foucault 2004a: 102). Es handelt sich folglich auch nicht um eine Rückkehr zur Disziplinarmacht. Diese würde bedeuten, dass robuste gesetzliche Vorgaben vorschreiben würden, wie der Finanzhandel vonstattengehen soll: »Die Disziplin regelt definitionsgemäß alles. [...] Sie lässt nicht nur nicht gewähren, sondern ihr Prinzip ist, daß selbst die kleinsten Dinge nicht sich selbst überlassen werden dürfen« (Foucault 2004a: 74).[1] Die marktliberale Sicherheitslogik ist jedoch weiterhin präsent und do-

1 Allerdings wirken bestimmte gesetzliche Regulierungen wie der Dodd-Frank Act in den USA oder der Financial Services (Banking Reform) Act in Großbritannien durchaus im Sinne der Souveränitätsmacht, ebenso wie die Bankenunion in Europa (der Einheitliche Bankenaufsichtsmechanismus).

minierend. Was wir beobachten, ist die *Anpassung der marktliberalen Logik an den Krisenmodus*. Der Glaube an Selbstregulierung wurde nicht verworfen, die »These des gerechten Preises« (Foucault 2004a: 493) gilt weiterhin, sie wurde nur *an den Rändern* des Preiskorridors bis zum vermeintlichen Ende der Krise suspendiert. Die marktliberale Rationalität wird in heutigen Zeiten folglich viel stärker als vor der Finanzkrise vom Souverän flankiert und Zirkulation wieder verstärkt abgesichert. Innerhalb der »Gesamtökonomie der Macht« (Foucault 2004a: 52) hat sich die Rationalität des Regierens daher zwar deutlich verschoben, aber nur, um die marktliberale Logik weiterhin absichern zu können.

Selbst durch die starken staatlichen Subventionsmaßnahmen seit der Covid-19-Pandemie wurde die marktliberale Logik nicht geschwächt oder gar außer Kraft gesetzt, sondern vielmehr gestärkt. Es handelt sich um eine erstaunliche Elastizität zwischen Staat und Markt, die kennzeichnend für den Kapitalismus ist und eine Vielzahl von Krisenreaktionsmöglichkeiten eröffnet (Mirowski 2014; Scherrer 2014b; Konings 2018). Nicht um die marktliberale Logik auszusetzen, sondern um diese aufrechterhalten zu können, wird die Wirtschaft und das Finanzsystem in Krisenzeiten massiv unterstützt – ein eingerahmtes neoliberales Laisser-faire. Mehr noch, es ist ein Laisser-faire, das künstlich am Laufen gehalten wird, da das Finanzsystem ohne die Interventionen der Zentralbanken zusammenbrechen würde – Neoliberalismus im Sicherheitsnetz, gewissermaßen ein Laisser-faire *on life support*.

9.2 *Markt-Staat-Verschiebungen*

Seit der globalen Finanzkrise hat sich die Governance des Finanzsystems grundlegend transformiert. Die Stabilisierung des Finanzsystems basiert heute maßgeblich auf der Stabilisierung des Schattenbankensystems und folglich auf der Gewährleistung eines liquiden Marktes für Wertpapiersicherheiten, der wiederum einen funktionierenden Repo-Markt voraussetzt. Während ein bankbasiertes Kreditsystem in der Krise einen Lender of Last Resort benötigt, um die Finanzierungsliquidität aufrechtzuerhalten, ist das kapitalmarktbasierte Kreditsystem auf einen Dealer of Last Resort angewiesen, der die Marktliquidität garantiert.

Der Repo-Markt bedarf des täglichen Eingreifens der Notenbanken, denn es besteht nach wie vor kein Vertrauen zwischen den Akteuren: Der Markt für ungesicherte Interbankenkredite ist praktisch nicht mehr existent, während die Nachfrage nach besicherten Repo-Transaktionen zunimmt (EZB 2017, 2019). Das globale Finanzsystem ist inhärent instabil. Es muss also konstatiert werden, dass das derzeitige Finanzsystem ein ständiger Krisenherd, gewissermaßen ein »Notfallpatient« ist. Dieses System stellt nur unzureichend Liquidität als öffentliches Gut bereit, da es stets verstärkend – prozyklisch – wirkt: Entweder es existiert zu viel Liquidität, dann wird diese Liquidität noch vervielfacht. Oder es ist nicht genügend vorhanden, dann wird die vorhandene Liquidität, im Sinne von vorhandenen Geldmitteln, gehamstert und noch weiter verringert. Der seit der Finanzkrise andauernde Krisenmodus ist nur deswegen nicht für alle offensichtlich, da die wichtigsten Zentralbanken, allen voran die US-Notenbank, durch eine Vielzahl von Maßnahmen beständig das System stabilisieren.

Finanzmärkte scheitern nicht nur regelmäßig an dem Anspruch, Liquidität zu garantieren. In den vorangegangenen Kapiteln habe ich zu zeigen versucht, dass sie aufgrund struktureller Probleme und Widersprüchlichkeiten ohne Unterstützung der Zentralbanken und letztlich des Staates dazu gar nicht in der Lage sein können. Der Staat hat stets den politischen und rechtlichen Rahmen gesetzt, in dem sich der »freie Markt« entfalten konnte, auch häufig gegen den Willen der eigenen Bevölkerung (Scherrer 1999). Liquidität zu gewährleisten ist daher keine Problemstellung, die sich jenseits des Staates abspielen würde.

Es wurde dargestellt, dass es in bestimmten Bereichen zu deutlichen Verschiebungen gekommen ist, da die Liquiditätsgenerierung heutzutage mehr denn je im Schattenbankensystem stattfindet. Wir haben es mit einer scheinbar paradoxen Entwicklung zu tun: Dem Schattenbankensystem, das sich weitgehend außerhalb des regulierten Finanzsystems befindet, kommt eine immer bedeutendere Rolle für die Generierung von Liquidität zu, *und* Zentralbanken erfüllen immer wichtigere und offensivere Aufgaben bei der Absicherung dieser Liquiditätsgenerierung. Das Paradox löst sich allerdings auf, wenn Staat und Finanzsystem nicht getrennt voneinander gedacht werden. Die Staat-Markt-Dichotomie führt in eine analytische Sackgasse. Denn die Konstellation im Zentralbankkapitalismus ist durch mehr Staat *und* mehr Markt gekennzeichnet. Die Governance von Liquidität beruht auf einem tief verwurzelten Zusammenwirken staatlicher und privater Akteure: »Markt und Staat, Wirtschaft und Politik sind nicht nur wechselseitig aufeinander angewiesen, sie konstituieren sich gegenseitig« (Mayntz 2014: 295). Es ist diese enge Verwobenheit, die sich seit den Finanzkrisen noch verstärkt hat und die die häufig proklamierte Dichotomie von Markt und Staat ad absurdum führt (Wullweber 2017).

Agierten Zentralbanken vor der Finanzkrise eher im Stillen, so ist heutzutage beispielsweise die Frage, ob die Leitzinsen angehoben, die quantitative Lockerung weitergeführt oder Maßnahmen zum Klimaschutz durchgeführt werden, ein Politikum: Es sind die Zentralbanken, vor allem die C6 (bald auch die People's Bank of China), und insbesondere die US-Notenbank, die aufgrund ihrer besonderen Stellung in der Sicherheitsstruktur mit ihrer Geldpolitik in letzter Instanz die Liquidität des Finanzsystems bestimmen. Die massiven Eingriffe der Zentralbanken während der Finanz- und der Covid-19-Krise waren keine Ausnahmen, mit deren Hilfe die Finanzmärkte und die Wirtschaften der Welt nur zurück in ihren *natürlichen* Gleichgewichtszustand geführt werden würden und die sich anschließend wieder zurücknehmen ließen. Ein Zurück ist nicht mehr möglich, dafür sind die globale Ökonomie und das Weltfinanzsystem zu instabil geworden.

Wie sich diese neue Form der Geldpolitik auf das Schattenbankensystem und auf das Finanzsystem insgesamt längerfristig auswirkt, ist bislang noch unklar. Es gibt Stimmen, die diese Entwicklung positiv sehen (Pozsar 2014, 2015). Auf diese Weise, so das Argument, sei es möglich, auch Broker-Dealern Mindestkapitalanforderungen aufzuerlegen, es könnten sich also neue staatliche Steuerungsmöglichkeiten ergeben. Auch eröffnen sich neue Optionen für die Geldpolitik der Zentralbanken, da diese bestimmen können, welche Wertpapiere von welchen Akteuren als Sicherheiten in Repo-Transaktionen akzeptiert werden. Das Financial Stability Board hofft dementsprechend, dass das Schattenbankensystem in ein resilientes System transformiert wird (FSB 2017b).

Andererseits ist der Zugang zu den Bilanzen der Notenbanken (Staatsanleihen und Zentralbankgeld) aufgrund der neuen Sicherheitsstruktur einfacher geworden. Auch haben nun mehr Akteure Zugriff auf Zentralbankkonten. Es ist nicht unwahrscheinlich, dass es daher zu neuen Kredit- und Liquiditätszyklen und Instabilitäten kommt: »Alle Formen von Kapitalismus sind instabil, aber einige sind instabiler als andere« (Minsky 1982b: 36).

9.3 Superheldinnen und die Transformation des Finanzsystems

Aufgrund der massiven Interventionen der Zentralbanken ist es zu einer starken Verlängerung ihrer Bilanzen gekommen (siehe Abbildung 28). Zusammengenommen haben die EZB, die Fed, die Bank of England und die Bank of Japan im März 2021 Bilanzen in der Höhe von über 23 Billionen Dollar. Bislang ist noch ungeklärt, auf welche Weise und ob überhaupt die Bilanzen wieder schrumpfen können, ohne Markturbulenzen zu verursachen (Tett 2017; Leonard/Martin/Potter 2017).

Abbildung 28: Relativer Anstieg der Bilanzen führender Notenbanken zwischen 2007 und 2021 (in Prozent)

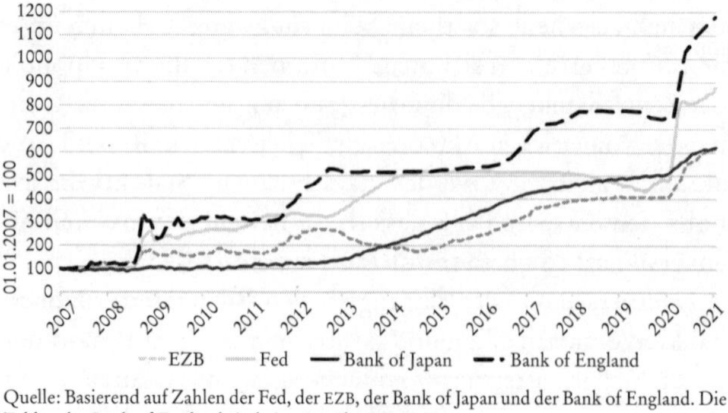

Quelle: Basierend auf Zahlen der Fed, der EZB, der Bank of Japan und der Bank of England. Die Zahlen der Bank of England sind eine Annäherung.

Wird die immense Ausweitung der Zentralbankbilanzen zu einem Problem für die Finanzstabilität werden? Die Geldpolitik einer Notenbank, ihre Offenmarktgeschäfte, Anleiheprogramme etc., wird über die eigene Geldschöpfung vollzogen und finanziert. Wenn Zentralbanken Staatsanleihen von Banken kaufen, wird das Geld dafür neu geschaffen und den Banken gutgeschrieben. Es fehlt daher nicht an anderer Stelle. Wenn die Investoren die Anleihen wieder an die Zentralbank verkaufen, wird das Geld vernichtet. Die Geldmenge sollte daher nicht im Sinne einer Menge von fixierten Vermögenswerten, wie Gold, verstanden werden, sondern vielmehr als eine Kreditmenge, die je nach Bedarf zu- oder abnimmt, sich also elastisch und dynamisch verändert.

Die vormals vorherrschende »Vernunft der minimalen Regierung als Organisationsprinzip der Staatsräson« (Foucault 2004b: 50) ist aufgrund fehlender rechtlicher Regulierungen notgedrungen der Einsicht gewichen, dass die Zentralbanken das Finanzsystem massiv stützen müssen. Dabei interessiert weniger die konkrete Menge an Zentralbankgeld, sondern die *theoretisch* unbegrenzte Menge an Zahlungs- und Kaufversprechen, an Kreditvergabe gegen Sicherheiten, die durchgeführt werden *könnten*, um das Finanzsystem zu stabilisieren. Denn das Wissen, dass die Notenbanken im Zweifelsfall auch im marktbasierten Kreditsystem einschreiten, war ausreichend, um den Wertpapierhandel zu stabilisieren und wieder in Schwung zu bringen: »Allein das Wissen, dass die Fed als Absicherung da war, führte dazu, dass die anderen Finanzakteure bereit waren, innerhalb der Geld-Brief-Spanne der Fed zu handeln« (Mehrling 2011: 125).

Die Interventionen der Zentralbanken verändern zugleich die Modalitäten des Finanzsystems: Wenn die Notenbanken an den Finanzmärkten zum Beispiel über den Aufkauf von Wertpapieren intervenieren, verändert sich der Wert der Sicherheiten aufgrund der Mark-to-Market-Praxis: »Die Geldpolitik bestimmt den allgemeinen Preis der Hebelwirkung« (Borio 2015: 195). Durch vermehrte Repo-Transaktionen stellen die Zentralbanken mehr Liquidität zur Verfügung. Diese Ausweitung ermöglicht es auch den Zwischenhändlern, teurere Kredite abzulösen und insgesamt mehr Repo-Transaktionen durchzuführen. Dadurch erhöht sich zugleich der Bedarf an Sicherheiten, was wiederum zu einem Anstieg der Preise für Sicherheiten führt. Zentralbankpolitik stimuliert auf diese Weise maßgeblich das Banken- *und* Schattenbankensystem und folglich das gesamte Finanzsystem, inklusive neuer Liquiditätsspiralen und Vermögenspreisblasen. Die *stabilisierende* Geldpolitik der Zentralbank entfaltet auf diese Weise zugleich eine *destabilisierende* Wirkung.

Durch die zentrale Stellung des Repo-Marktes und des Schattenbankensystems für das gesamte Finanzsystem wird die Verbindung von staatlichen Institutionen und Finanzmarkt auf eine neue Stufe gestellt und radikal neu definiert. Es ist der Staat selbst, der als Emittent der meistgefragten Wertpapiersicherheit das Schattenbankensystem maßgeblich stützt, protegiert und aufwertet. Etwas provokant sprechen Gabor und Vestergaard (2016: 29) vom Staat als einer de facto »Schattenzentralbank« und Gabor (2016a: 969) konstatiert: »Der Staat ist zu einer Sicherheitenfabrik für das Schattenbankwesen geworden.« Der Vergleich hat insofern seine Berechtigung, als die Staatsanleihen das grundlegende Wertpapier darstellen, ohne das das Schattenbankensystem nicht funktionieren könnte, und daher eine Parallele zur Rolle des Zentralbankgelds für das Bankensystem besteht. Allerdings – und hier endet die Parallele – druckt das Finanzministerium nicht je nach Marktlage entsprechend mehr Staatsanleihen oder kauft diese auf, wenn zu viele Anleihen im

Umlauf sein sollten. Finanzministerien können nicht flexibel Staatsanleihen emittieren oder aufkaufen, sondern agieren vor allem nach haushaltspolitischen Kriterien, auf die gesamtwirtschaftliche Situation des jeweiligen Landes bezogen und aufgrund innenpolitischer Erwägungen. Die Unterscheidung zwischen Geld- und Fiskalpolitik verwischt indes zunehmend.

Die Absicherung des Repo-Marktes hat deshalb eine doppelte Bedeutung: Sie sichert das marktbasierte Finanzsystem ab, das auf Safe-Assets und also Sicherheiten angewiesen ist, die nicht übermäßig an Wert verlieren, und stabilisiert zugleich den geldpolitischen Transmissionskanal selbst: »[R]epo-Märkte haben im geldpolitischen Transmissionsprozess immer mehr an Bedeutung gewonnen« (Bundesbank 2013: 57). Aus diesem Grund ist die klassische Leitzinspolitik dysfunktional geworden. Es sind inzwischen nicht mehr die Leitzinsveränderungen, die den Preis für Geldmittel ausmachen, sondern die marktbasierte Bewertung der Wertpapiersicherheiten. Zentralbanken sind daher auf dem Repo-Markt aktiv, um ihre Geldpolitik umzusetzen (FSB 2017b: 5; Logan 2017b). Um es mit anderen Worten zu sagen: Zentralbanken *agieren im Schattenbankensystem*, um die *Leitzinsen für das Bankensystem* zu stabilisieren (Fed 2015b; Frost et al. 2015). Um in diesem Bereich steuernd einzugreifen, müssen sie auch in Nichtkrisenzeiten als Dealer und Market-Maker auftreten. Die erwähnte Einrichtung einer ständigen Fazilität für Overnight-Repos durch die US-Notenbank und andere Zentralbanken gewährt erstmals auch Nichtbanken indirekt Zugriff auf Zentralbankgeld. Das zeigt auch die Bedeutung, die Market-Makern in heutiger Zeit zugeschrieben wird. Hierbei übernehmen die westlichen Zentralbanken die gängigen Marktpraktiken, wie Mark-to-Market, Haircuts/Margin Calls. Eine Reevaluation der Wertpapiersicherheiten der Repo-Transaktionen mit den Zentralbanken, zum Beispiel der Fed, der EZB und der Bank of England, findet täglich statt (vgl. Bank of England 2015).[2] Diese marktbasierten Praktiken sind in ihrer Wirkweise aber nicht neutral. So verschärfte die Orientierung der EZB an privatem Kreditrating in den ersten Jahren die Eurokrise und war zumindest mitverantwortlich für das Auseinanderdriften der Spreads für Staatsanleihen innerhalb der Eurozone (Orphanides 2017). 2010 wurden die Staatsanleihen von Portugal, Griechenland und Irland schließlich von Finanzhändlern nicht länger als Sicherheiten akzeptiert. Erst als Anfang 2012 nicht mehr nur die peripheren Länder betroffen waren, sondern auch die Zinsaufschläge für italienische Staatsanleihen zunahmen, dem zweitgrößten Markt für Sicherheiten in der Eurozone, und damit der gesamte europäische Repo-Markt ins Wanken geriet, schritt die EZB ein: »Mit ihrem ›Whatever it takes‹ wollte die EZB eine Untergrenze für die Preise für Staatsanleihen setzen und verhindern, dass das Universum der sicheren Anlagen in der Eurozone auf deutsche Bundesanleihen schrumpft. ›Whatever it takes‹ rettete das Schatten-Euro-Geld« (Gabor/Vestergaard 2016: 29). Paradox an dieser Situation ist, dass die Zentralbanken nun steuernd in die Liquiditätsspiralen intervenieren müssen, die die Staaten durch ihre Austeritätspolitik, aber auch die Notenbanken selbst

2 Die Bank of England argumentiert: »Die Bank bewertet ihre Sicherheiten täglich neu, um sicherzustellen, dass sie ausreichend sind, um den ausgeliehenen Betrag zu decken« (Bank of England 2015: 8). Diese marktbasierte Vorgehensweise ist insofern verwunderlich, da die Bank of England selbst schreibt, dass sie nach Bedarf jederzeit Liquidität schaffen kann. Zentralbanken sind keinem formalen Liquiditätsrisiko (in ihrer eigenen Währung) ausgesetzt und folglich auch keinem Insolvenzrisiko.

durch ihre marktbasierten Finanzpraktiken mit hervorgerufen oder zumindest verstärkt haben.

Tabelle 4: Die Geldpolitik der Zentralbanken

Geldpolitik	Geldpolitischer Ansatz
Leitzinsänderung	Veränderung des Preises für Zentralbankgeld
Lender of Last Resort	Bereitstellung von Zentralbankgeld für systemrelevante Finanzakteure
Quantitative Lockerung	Ausweitung der Geldmenge. Massive Bereitstellung von Finanzliquidität für einen großen Kreis an Finanzakteuren
Etablierung einer neuen Sicherheitsstruktur für das Schattenbankensystem	Schattenbanken erhalten (indirekt) Zugang zu den Zentralbankbilanzen (Staatsanleihen und Zentralbankgeld)
Dealer of Last Resort	Die Zentralbank agiert selbst als Market-Maker im Schattenbankensystem und garantiert auf diese Weise Marktliquidität

Quelle: eigene Darstellung.

9.4 Mind the Gap!

Seit der neoliberalen Wende in den siebziger Jahren ist es zu einer zunehmenden Konzentration von Vermögen und Reichtum bei wenigen Menschen gekommen (Piketty 2014; Konings 2018; Pistor 2020). In den USA beispielsweise ist der Anteil am Bruttoinlandseinkommen der Arbeitnehmerentgelte seit der neoliberalen Wende stetig gesunken (siehe Abbildung 29).

Abbildung 29: Anteil der Arbeitnehmerentgelte am Bruttoinlandseinkommen zwischen 1948 und 2019 (in Prozent)

Quelle: St. Louis Fed 2020a.

Parallel dazu sind die Ausgaben der Haushalte stetig gestiegen (siehe Abbildung 30). Die Verschuldung privater Haushalte nimmt also insgesamt und auch im Verhältnis zum Gehalt kontinuierlich zu.

Abbildung 30: Persönliche Konsumausgaben im Verhältnis zum Bruttoinlandsprodukt zwischen 1950 und 2020 (in Prozent)

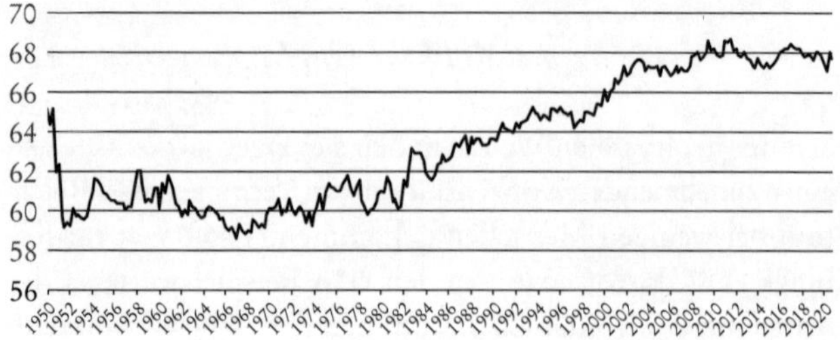

Quelle: St. Louis Fed 2020b.

Ganz anders das Bild bei den Finanzakteuren: Trotz des Ausmaßes der beiden Krisen und der umfangreichen staatlichen Interventionen und Absicherungen geht ein Großteil der privaten Finanzakteure gestärkt aus den Krisen hervor (Krugman 2013; Scherrer 2014b; Leatherby 2017): Die Marktkonzentration im Bankensektor – zum Beispiel Konzerne wie Wells Fargo, JPMorgan, Bank of America und der Citigroup – nimmt weiterhin stark zu. Vor allem Großbanken, Vermögensverwalter und Hedgefonds profitieren von der derzeitigen Politik: »Quantitative Lockerung [...] hat Banken gerettet, die gerne und viel Boni ausschütten, und die Reichen noch reicher gemacht« (Marshall 2015). Die finanziellen Vermögenswerte der Finanzfirmen aus den 21 wichtigsten Jurisdiktionen und der Eurozone befanden sich Ende 2019 auf einer Rekordhöhe von mehr als 400 Billionen Dollar, Tendenz stark steigend (FSB 2020b: 8). Das Finanzvermögen von Schattenbanken hat inzwischen deutlich das Finanzvermögen der Geschäftsbanken überschritten. In diesem Bereich findet auch weiterhin der stärkste Zuwachs statt (siehe Tabelle 5).

Diese Zunahme des Finanzvermögens kommt allerdings bei etwa 95 Prozent der Menschen nicht an. Im Gegenteil wird auch durch die neue und unkonventionelle Art der Geldpolitik die Umverteilung von unten nach oben und damit die gesellschaftliche Ungleichheit noch verstärkt. Auch wenn sich noch kein abschließendes Ergebnis ob der genauen Effekte auf die Vermögensungleich ausmachen lässt, ist relativ unumstritten, *dass* Geldpolitik einen Verteilungseffekt hat (Carney 2016).

Es ist fast absurd, aber das Erstarken des Schattenbankensystems ist auch Resultat der zunehmenden Kluft zwischen Arm und Reich: auf der einen Seite eine wachsende Zahl von Menschen, die dringend Kredite benötigen, um ihr tägliches

Tabelle 5: Das Finanzvermögen der wichtigsten Finanzakteure Ende 2019

	Globales Finanzvermögen gesamt	Zentralbanken	Banken	Öffentliche Finanzinstitute	Schattenbanken
Wert am Ende 2019 (USD Billionen)	404,1	30,5	155,4	18,1	200,2
Anteil am gesamten globalen Finanzvermögen (%)	100	7,5	38,5	4,5	49,5
Wachstum im Jahr 2019 (im Vergleich zum Vorjahr, %)	6,6	2,3	5,1	2,9	8,9
Wachstum 2013-2018 (jährliches Wachstum, %)	5,2	8,4	3,8	4,7	5,9

Quelle: FSB (2020b: 8).

Leben oder einen gewissen Lebensstil aufrechtzuerhalten, und auf der anderen Seite ein kleiner Teil der Gesellschaft, der im Besitz eines wachsenden Anteils des Weltvermögens ist, das profitabel investiert werden soll (Boyer 2000; Helgadóttir 2016; Gabor 2016a; siehe auch Pozsar 2011; Piketty 2014). Das Schattenbankensystem, so könnte zugespitzt formuliert werden, ist die logische marktliberale Antwort auf die Problematik der wachsenden Schere zwischen Arm und Reich (Mehrling et al. 2013; FSB 2015, 2017b). Viel weniger reguliert, fungiert das Schattenbanksystem rund um den Globus als Intermediär der Geld- und Kreditversorgung und erzeugt Kreditliquidität, die diese leichter zugänglich macht als das traditionelle Bankensystem (Wullweber 2021).

Die Unabhängigkeit der Zentralbanken, die, wie dargestellt, sich in den neunziger Jahren global durchgesetzt hat, wurde auch damit legitimiert, dass gesellschaftliche Verteilungsfragen weiterhin von demokratisch gewählten Regierungen entschieden werden. Die Wirkung der Geldpolitik sollte hingegen weitestgehend neutral sein und letztendlich eine unpolitische Angelegenheit darstellen. Dieser Mythos konnte sich erstaunlich lange halten (van 't Klooster/Fontan 2020). Nun, nach den Erfahrungen mit den beiden großen Krisen zu Beginn des 21. Jahrhunderts und den wuchtigen Maßnahmen der Zentralbanken zur Restabilisierung des Wirtschafts- und Finanzsystems, ist deutlicher als je zuvor, dass Geldpolitik alles andere als unpolitisch ist. Geldpolitik – die Politik der Zentralbanken – sollte daher wieder stärker demokratisiert werden.

Ausblick: Revolution ohne Revolutionärinnen

Die Eurozone, als ein Raum souveräner Nationalstaaten, die jeweils eine eigene Fiskalpolitik verfolgen und eigene Staatsanleihen auflegen, aber eine gemeinsame Währung besitzen, steht vor sehr spezifischen Herausforderungen. Um zu verhindern, dass sie zu einer »Bundesanleihenzone« (Gabor/Vestergaard 2016: 25) wird, wäre es eigentlich notwendig, Eurobonds mit gemeinschaftlicher Haftung aller Mitgliedsstaaten einzuführen. Da diese vor allem von den nordeuropäischen Ländern abgelehnt werden, setzen die Europäische Kommission und die EZB auf den Repo-Markt. Indem die Zentralbank fast alle Staatsanleihen der EU-Länder zu gleichen Konditionen als Wertpapiersicherheiten für Repo-Transaktionen akzeptiert, werden die Zinsunterschiede zwischen den Staatsanleihen der EU-Länder stark reduziert. Die seit den achtziger Jahren existierende Grenze zwischen Fiskal- und Geldpolitik, die verhindern sollte, dass Notenbanken Staatsschulden monetarisieren, wird auf diese Weise überschritten, aber nicht zum Zweck der Staatsfinanzierung, sondern zur Sicherung des Euroraums bzw. zur Minderung der Zinsunterschiede zwischen den Euroländern. Die häufig geäußerte Kritik, dass durch die Anleihenaufkaufprogramme die Unabhängigkeit der Zentralbank infrage gestellt wird und es zu einer Verwischung von Geld- und Fiskalpolitik kommt, übersieht folglich die Kernproblematik der neuartigen Staat-Markt-Konstellation und der neuen Normalität des globalen Finanzsystems, in dessen Zentrum sich nun das Schattenbankensystem befindet.

Die vormals vorherrschende marktliberale Logik, die auf

die freien Marktkräfte setzte und die Steuerungsfunktion der Zentralbanken weg von der Staatsfinanzierung hin zu einer Leitzinspolitik verschob (McNamara 2002; Krippner 2007), funktioniert nicht: Nach der marktliberalen Logik müsste die freie Entfaltung der Finanzmarktakteure bzw. der Marktkräfte auch die Möglichkeit des Scheiterns ebendieser beinhalten. Da das Schattenbankensystem allerdings eine zentrale Bedeutung erhalten hat, hätte dieses Scheitern derzeit den Zusammenbruch des Gesamtsystems zur Folge, mit unabsehbaren Folgen für die Produktivwirtschaft und die Gesellschaft. Anstatt allerdings konsequenterweise mit der marktliberalen Logik zu brechen und mit effektiven Maßnahmen das Finanzsystem und auch das Schattenbankensystem zu regulieren, wird weiterhin an der Idee festgehalten, dass sich die Finanzmarktakteure bzw. die Marktkräfte *frei* entfalten können sollen. Das hat zur Konsequenz, dass diese in der Krise vom Staat durch die Zentralbank gerettet werden müssen.

Mehr noch, ein weiteres Paradox der marktliberalen Politik besteht darin, dass eine solche Politik Strukturreformen beinhaltet, die darauf abzielen, Staatsausgaben und die Staatsschulden zu reduzieren, diese Minderung der Staatsschulden allerdings dem Bedarf der Finanzmarktakteure im Schattenbankensystem an Wertpapiersicherheiten in Form von Staatsanleihen diametral entgegensteht. Mit anderen Worten: Während marktliberale *Fiskal*politik auf der Schuldenbremse, also der Reduktion von Staatsausgaben und damit Staatsanleihen, basiert, beinhaltet die marktliberale *Finanz*politik die Stärkung des »freien« Schattenbankensystems, welches jedoch ohne die permanente Produktion neuer Staatsanleihen und also Staatsschulden nicht funktionieren kann. Das *marktliberale Programm* wendet sich gewissermaßen gegen sich selbst, und es bedarf des starken Eingreifens des

Staates durch die Zentralbank, um zu garantieren und auch zu suggerieren, dass beide Logiken nebeneinander bestehen bleiben können, ohne dass das Finanzsystem oder die Wirtschaft zusammenbricht: »Die politische Ökonomie des Schattengeldes ist nichts Geringeres als radikal« (Gabor/Vestergaard 2016: 32). Bereits vor der Covid-19-Krise kam es zu einer neuartigen Verquickung von Staat und Markt: »Wir steuern auf eine politische Koordinierung von Fiskal- und Geldpolitik zu, die es so noch nie gegeben hat« (Tett 2019). Letztlich resultiert die bedeutende Stellung der Zentralbanken in der Governance des Finanzsystems jedoch aus der fehlenden politischen Bereitschaft, eine robuste rechtlichsanktionierte stark regulierte Finanzarchitektur aufzubauen und eine aktive, Wirtschaft und Gesellschaft stärkende Fiskalpolitik durchzuführen (Arnold 2021). Geldpolitik allein kann die Wirtschaft nicht beleben. Sie muss mit der Finanzpolitik Hand in Hand gehen. Die Bank of England hat einen wichtigen Schritt in diese Richtung unternommen: Zum ersten Mal in ihrer Geschichte hat sie staatliche Ausgaben zur Bekämpfung der Corona-Pandemie direkt finanziert (Giles/Georgiadis 2020).

Trotz dieser sehr grundlegenden Probleme, mit denen Wirtschaft und Gesellschaft zu kämpfen haben, bleibt die marktliberale Logik also dominant, ja, sie wird sogar mit aller Kraft aufrechterhalten. Es ist heute allerdings (noch) offensichtlicher als vor der globalen Finanzkrise, dass der Staat notwendig ist, um das Finanzsystem und die Wirtschaft insgesamt zu stabilisieren. Die neue Normalität zeichnet sich durch eine politische Governance der permanenten Krise aus. Diese Krise macht ein tägliches Einschreiten der Zentralbanken unumgänglich: »Für die Notenbanken werden die nächsten Jahre eine Phase des Experimentierens« (Borio 2015: 191).

Obwohl sie derzeit die einzigen Akteure sind, die das Finanzsystem stabilisieren können, stehen sie unter immensem politischen Druck. Dabei sind es genau jene unkonventionellen Maßnahmen, die notwendig sind, um das Finanzsystem zu stabilisieren, die viele marktliberale Akteure als Staatsfinanzierung kritisieren. Der Unmut richtet sich insbesondere – aber nicht nur – gegen die EZB. Wir befinden uns in der paradoxen Situation, dass die einzige Institution, die effektiv die Eurozone stabilisiert und die zugleich die einzige europäische Institution war, die sofort auf die Covid-19-Krise reagierte, von den Regierungen vieler Länder, allen voran von der deutschen, für genau dieses Handeln angegriffen wird. Die EZB sah sich im Sommer 2020 sogar mit einem Entscheid des Bundesverfassungsgerichts konfrontiert, der Teile früherer Maßnahmen, die die Eurozone stützen sollten, als *ultra vires*, also als außerhalb ihrer Kompetenzen liegend, einstufte (Sandbu 2020; Politi/Smith/Arnold 2020).

Der Zentralbankkapitalismus wirft drängende Fragen hinsichtlich der Rechenschaftspflicht und der politischen Legitimität von Notenbanken auf (Best 2016, 2019). Die Neutralität der Zentralbanken war ein politisches Konstrukt, das seit den neunziger Jahren weltweit vorherrschte und es ermöglichte, unliebsame politische Entscheidungen der Geldpolitik auf scheinbar unpolitische Technokraten zu verlagern. Auch wenn Zentralbanken Teil des Staates sind, ermöglichte es diese politische Strategie, politische Verantwortung auszulagern. Statt aktiver Fiskalpolitik wurde bis zur Covid-19-Krise eine strikte Austeritätspolitik verfolgt – Stichwort schwarze Null. Obwohl seit einigen Jahren ein Drittel aller Staatsanleihen weltweit negative Zinsen trägt, die Staaten also daran verdienen können, wenn sie Schulden machen (EZB 2020a), sollte der Gürtel noch enger geschnallt werden. Das hatte allerdings zur Folge, dass sich die Wirtschaft seit der globalen Finanzkrise nicht wieder richtig erholt hat.

Die unkonventionelle Geldpolitik wird zunehmend kritisiert, selbst innerhalb der Zentralbanken (McPhilemy/Moschella 2019; Tett 2019; Volcker et al. 2019; Hannoun et al. 2019; BIS 2019b). Dabei wird allerdings häufig übersehen, dass der Spielraum der Notenbanken begrenzt ist. Denn solange die Regierungen nicht investieren und die Wirtschaft instabil bleibt, sind Zentralbanken gezwungen, Stabilisierungsarbeit zu leisten, um den Zusammenbruch des Gesamtsystems zu verhindern. Und auch wenn sich immer deutlicher gezeigt hat, dass die quantitative Lockerung nicht, wie gewünscht, zu mehr Investitionen in der Produktivwirtschaft führt, sondern stattdessen die Wertpapierpreise in immer weitere Höhen treibt, sind Zentralbanken in der Finanzmarktlogik gefangen. Sehr wahrscheinlich wird es auch aufgrund dieser Geldpolitik zu weiteren Boom-und-Bust-Zyklen kommen. Mehr und mehr zeigt sich, dass die Finanzmärkte von der Entwicklung der Produktivwirtschaft entkoppelt sind. Während die Wirtschaft nach dem fast globalen Lockdown im März und April 2020 am Boden lag – die schwerste globale Rezession seit der Weltwirtschaftskrise in den dreißiger Jahren –, begannen die Kurse auf den Aktienmärkten im April wieder rasant anzusteigen. Selbst die zweite und dritte Covid-19-Welle im Herbst/Winter und Frühjahr 2020/21 tangierte diese Höhenflüge nicht, im Gegenteil. Die Alternative, dem Finanzsystem keine Geldmittel bereitzustellen, führt so lange in eine Sackgasse, wie von echter, also nicht nur stabilisierender, sondern stark die Wirtschaft ankurbelnder Fiskalpolitik einerseits und effektiven gesetzlichen Regulierungen der Finanzmärkte andererseits abgesehen wird. Die nächste Finanzkrise wäre die Folge, die die ohnehin sehr geschwächte Wirtschaft noch härter treffen würde.

Das ist ein weiteres Kennzeichen der heutigen marktliberalen Rationalität: Regierungen neigen dazu, ihre eigene Verantwortung bei der Gestaltung der Wirtschaft zu ignorieren oder zu leugnen. Nicht zuletzt aus diesem Grund fordern immer mehr Zentralbanken ein stärkeres fiskalpolitisches Engagement der Regierungen (Politi 2020b; Arnold/Khan 2019; Furman/Summers 2020). Stattdessen wird Notenbanken die Schuld für nicht getroffene politische Entscheidungen gegeben. Fast notgedrungen führt der Zentralbankkapitalismus zu einem permanenten technokratischen Exzeptionalismus (Best 2018). Dieser könnte sich noch weiter verstärken, wenn die Regierungen nach Überwindung der Covid-19-Krise zurück zur Schuldenbremse, also zur Reduzierung der Staatsausgaben gehen sollten. Innerhalb der EU wird kaum ein Staat in der Lage sein, die Maastricht-Kriterien einzuhalten. Eine wiedererstarkende Sparpolitik hätte allerdings dramatische Folgen für Wirtschaft, Gesellschaft und auch den europäischen Zusammenhalt. Mit gutem Grund wird daher von vielen Ökonominnen und Ökonomen eine Abkehr von der Austeritätspolitik gefordert (Blanchard/Leandro/Zettelmeyer 2020a; Gabor 2021). Joseph Stiglitz, Robert Rubin, Olivier Blanchard und andere fordern die Abkehr von fixierten fiskalischen Defizitgrenzen, da diese zum einen stets willkürlich gewählt (wie der Maastricht-Vertrag mit seinen aus der Luft gegriffenen Verschuldungsgrenzen) und zu unflexibel sind, um den Herausforderungen unserer Zeit zu begegnen (Blanchard/Leandro/Zettelmeyer 2020b; Orszag/Rubin/Stiglitz 2021). Selbst Institutionen wie die Organisation für wirtschaftliche Zusammenarbeit und Entwicklung oder der IWF fordern inzwischen die Regierungen auf, zu einer aktiven, investierenden und den Weg in Richtung Nachhaltigkeit aufzeigenden Fiskal- und Wirtschaftspolitik überzugehen.

Das derzeitige starke Eingreifen der Zentralbanken in das Finanzsystem ist, wie gezeigt, nicht als ein Zurück zum starken Staat oder als neuer Keynesianismus zu verstehen. Trotz der Ausmaße der Krisen ist es zu keinen weitreichenden wirtschafts- und finanzpolitischen Kursänderungen gekommen. Es ist, wie ich argumentiert habe, eine Regierungsweise, die sich *innerhalb* der weiterhin vorherrschenden marktliberalen Wirtschaftsordnung vollzieht. Problematisiert wird ein »gewisses *laisser faire*, ein gewisses *laisser passer*, ein gewisses *aller*, im Sinne von ›die Dinge laufen lassen‹« (Foucault 2004a: 69). Zugleich wird nicht die Funktionsweise des Finanzsystems und nicht einmal die des Schattenbankensystems infrage gestellt. Im Gegenteil, anstatt grundlegend auf die Funktionslogik des Finanzsystems einzuwirken, indem zum Beispiel eine Art Finanztransaktionssteuer eingeführt oder der Finanzhandel entschleunigt wird, bleibt diese unangetastet. Das radikale Eingreifen der Zentralbanken beinhaltet den Versuch, die Paradoxien des veränderten marktliberalen Finanzsystems mit dem Schattenbankensystem als Kernbestandteil nicht zu stark hervortreten zu lassen. Zugleich werden hierdurch neue Widersprüche erzeugt. Es findet eine Revolution im Finanzsystem statt, für die niemand Verantwortung übernimmt. Es ist eine »Revolution ohne Revolutionärinnen« (Gabor 2021). Es erfolgt eine diskursive Trennung zwischen der Notwendigkeit der geldpolitischen Intervention in das Finanzsystem, die durch die globale Finanz- und die Covid-19-Krise radikal neue Instrumentarien entwickeln musste, und der den Märkten zugeschriebenen »natürlichen« Gesetzmäßigkeiten (Laisser-faire, freier Wettbewerb, Profitorientierung und -generierung etc.), die nicht hinterfragt werden und als Allgemeingut unangetastet bleiben. Das ist genau die Logik, die Foucault als Kern, als politische Rationalität des (neo-)liberalen Projekts beschrieben hat (Foucault 2004b).

Die Transformationen des Finanzwesens und des globalen Finanzsystems in den letzten vierzig Jahren sind gewaltig. Das Zeitalter des »boring central banking« (Krugman 2009) ist vorbei. Die Verzahnung von Finanzsystem und globaler Weltwirtschaft ist so weit fortgeschritten, dass sich sektorale Dislokationen leicht zu systemischen Krisen ausweiten können. Es kann derzeit nur erahnt werden, welche Herausforderungen diese Entwicklungen für Politik, Gesellschaft, Wirtschaft und Wissenschaft beinhalten. Angesichts dessen, dass die Unzulänglichkeiten insbesondere neoklassischer Gleichgewichtsannahmen noch deutlicher als zuvor hervortreten, ist es erstaunlich, dass sich auch wissenschaftstheoretisch bislang recht wenig getan hat.

Dennoch: Die großen Krisen zu Beginn des 21. Jahrhunderts haben mit aller Wucht die Notwendigkeit verdeutlicht, ungeduldig zu werden und die Borniertheit politisch-ökonomischer und wissenschaftsdisziplinärer Grenzen zu überwinden (Boy/Burgess/Leander 2011: 119). Sie haben gezeigt, wie problematisch es ist, wenn ein breites politisch-ökonomisches Wissen verloren geht und nur noch an den disziplinären Rändern existiert. Ein analytischer *Multilinguismus* erhöht hingegen die Chance, wichtige und problematische politisch-ökonomische Entwicklungen (rechtzeitig) zu erkennen und verschiedene Lösungsstrategien zu entwickeln (Wullweber 2019d, e). Es ist letztlich auch eine demokratische Frage: geistige Monokultur versus intellektuelle Diversität. Nur eine pluralistische Wissenschaft ist eine *demokratische Entscheidungen ermöglichende und bestärkende* Wissenschaft (Wullweber 2014).

Statt die Zentralbanken mit einem deregulierten marktliberalen Finanzsystem zu konfrontieren und ihre Rolle zu überlasten, ist es notwendig, das Finanzsystem wieder zurückzuführen zu seiner eigentlichen Funktion: der Bereitstellung von Kredit und Liquidität für die produktive Ökonomie. Die Finanzakteure selbst folgen schlicht der Logik der Profitmaximierung. Etwas anderes sollte von ihnen in einer profitorientierten Marktwirtschaft auch nicht erwartet werden. Es sind die Staaten und die internationalen Regulierungsbehörden, die handeln müssen. Diese staatlichen Institutionen müssen klare, starke und sanktionsbewehrte Regeln und Schranken setzen, innerhalb derer sich die Finanzakteure bewegen dürfen, und zugleich den Finanzhandel entschleunigen (Systemic Risk Council 2020).

Auf diese Weise können sowohl die irrationalen, von der produktiven Ökonomie vollständig entkoppelten Höhenflüge der Wertpapierkurse als auch die hysterischen Panikverkäufe vermieden oder zumindest abgeschwächt werden. Die Finanzwirtschaft sollte wieder langweilig werden (es wäre allerdings naiv zu glauben, dass sie dann risikofrei wäre). Zugleich ist es notwendig, das Mandat der Zentralbanken, das stark auf Preisstabilität und ein enges Inflationsziel von zwei Prozent setzt, zu überdenken. Die Geldpolitik sollte stärker demokratisiert werden (van 't Klooster 2021). Denn selbst wenn einige Entscheidungen der Zentralbanken, wie beispielsweise die stärkere Einbeziehung nachhaltiger Faktoren in die Gestaltung der Geldpolitik, sicherlich in die richtige Richtung gehen, so haben diese Entscheidungen weitreichende Auswirkungen auf Wirtschaft und Gesellschaft, die innerhalb der Gesellschaft und demokratisch gewählter Parlamente diskutiert werden sollten. Geldpolitik sollte inklusiver werden. Wenn darüber hinaus Geld- und Fiskalpolitik Hand in Hand gehen würden, basierend auf einer demokratisch gestärkten Gesellschaft, könnten wir uns mit ganzer Kraft den wirklich wichtigen Themen unserer Zeit widmen und soziale, ökologische und nachhaltige Antworten auf den Klimawandel und andere gesellschaftliche Herausforderungen entwickeln, finanzieren und umsetzen.

Danksagung

Dieses Buch – eine umfassend gekürzte, überarbeitete und ergänzte Version meiner Habilitation – wäre nicht möglich gewesen ohne die Unterstützung einer Vielzahl von Menschen und die vielen Diskussionen und Streitgespräche, die ich mit den unterschiedlichsten Personen geführt habe. Bei Christoph Scherrer möchte ich mich für die inzwischen gut zehnjährige Zusammenarbeit bedanken. Christoph hat mich überhaupt erst auf das Themenfeld Geld und globales Finanzsystem gestoßen und durch seinen scharfen analytischen Sinn sehr inspiriert. Er hat mich auf meinem akademischen Werdegang maßgeblich unterstützt und war stets mit Rat zur Stelle, wenn es »brannte«. Mit Rainer Voss habe ich in den beiden letzten Jahren unzählige und auch durchaus kontroverse Diskussionen geführt, für die ich mich sehr bedanken möchte. Meine akademisch-analytische Sichtweise »von außen« auf das Finanzsystem und auf Finanzmarktdynamiken hat Rainer Voss als Ex-Investmentbanker und Kenner der Finanzpraxis mit einer formidablen »Innensicht« hervorragend komplementiert. Auch wenn es bei diesem Aufeinandertreffen von Theorie und Praxis manchmal knirschte, konnten wir unsere Sichtweisen schlussendlich stets (!) äußerst gewinnbringend zusammenbringen. Dieser Austausch war für mich ein Geschenk, und ich habe hierdurch eine Menge gelernt.

Der Einstieg in das Thema des Buches begann mit einer Einladung zu einer Diskussionsgruppe zum Thema Geld, in der wir so spannende Diskussionen führten, dass sich diese Gruppe über mehrere Jahre hinweg regelmäßig traf. Die vielen Diskussionen gaben mir den Impuls, mich in die Untiefen der Finanzwirtschaft und ins Herz des Finanzkapitalismus zu begeben. Mein Dank geht daher an die gesamte Diskussionsgruppe, insbesondere an Jenny Simon, Halyna Semenyshyn, Christian Möllmann, İsmail Doğa Karatepe und Shuwen Bian. Außerdem waren die Diskussionen auf den (Post-)Doktorand:innen-Workshops, den Treffen des Critical Finance Networks und dem DFG Netzwerk Politics of Money stets anregend und inspirierend, wofür ich mich bei allen Beteiligten bedanken möchte.

Bei Oliver Kessler möchte ich mich ganz herzlich für die kritische Durchsicht und Kommentierung einer ersten Version dieses Manuskripts bedanken sowie für die vielen von ihm organisierten spannenden Workshops und Konferenzen, an denen ich das Vergnügen hatte, teilnehmen zu dürfen. Sein intellektuell-amüsierter Blick auf die Wissenschaft ist stets sehr erfrischend. Ulrich Brand hat mich für ein Semester an die Universität Wien geholt, mich dort das intellektuelle Leben schnuppern lassen. Er ist vor allem aber ein bemerkenswerter akademischer Berater, Ideen- und Impulsgeber. Mein Dank geht auch an meine neuen Kollegen und Kolleginnen am Department für Politik, Philosophie und Ökonomik an der Universität Witten/Herdecke. Ich bin hocherfreut, dass ich mit meiner Heisenberg-Professur an diesem spannenden Ort lehren und meine Forschungen weiterführen kann. Für die kritische und konstruktive Durchsicht von Teilen des Manuskripts möchte ich mich sehr bei Brigitte Young bedanken. Auch Vanessa Redak von der Oesterreichischen Nationalbank (OeNB) hat Teile gegengelesen und mir mit ihrer Expertise als Nationalbankerin sehr weitergeholfen (in der Kantine der OeNB kann übrigens nicht mit Geld – weder mit Bargeld noch mit Kreditkarte – gezahlt werden!). Schließlich bin ich den verschiedenen Personen aus der Finanz- und Zentralbankwelt sehr dankbar, mit denen ich ausführlich diskutieren durfte, die es aber vorziehen, anonym zu bleiben. Eine von ihnen hat das gesamte Manuskript umfangreich kommentiert.

Ajla Rizvan hat sehr geholfen, das Kapitel zum Hochfrequenzhandel zu überarbeiten. Teresa Jakovlev hat sich auf großartige Weise all der Grafiken und Abbildungen in diesem Buch angenommen und die Rohdaten recherchiert. Daniela Gabor hat mir Anregungen und kritische Nachfragen und Kommentare auf Teile des ursprünglichen Manuskripts gegeben. Sie war es, die mich auf die Bedeutung der Repo-Transaktionen gestoßen hat und immer wieder die Komplexität der Geldschöpfung betonte. Auch Jerry Cohen, Marieke de Goede und Reinhard Blomert haben wichtige Anmerkungen zu unterschiedlichen Teilen des Manuskripts gegeben. Bedanken möchte ich mich weiterhin bei Benjamin Wilhelm, Nina Boy und Timo Walter, mit denen ich diverse Workshops durchgeführt und eine Vielzahl von spannenden und kontroversen Diskussionen geführt habe. Mein Dank geht ebenfalls an den Suhrkamp Verlag und insbesondere an meinen Lektor. Christian Heilbronn war sofort sehr begeistert von dem ursprünglichen Manuskript und hat zugleich freundlich, aber bestimmt darauf hingewirkt, dass dieses »entschlackt« und für ein breiteres Publikum leichter lesbar gemacht wird. Eine solch präzise, informierte und professionelle Durchsicht eines Buches ist ein seltenes Geschenk. Das Gesamtargument hat hierdurch meiner Meinung nach stark gewonnen.

Mein Dank geht auch an die VolkswagenStiftung, die die sehr intensive Tagung »Financial Crises as Global Challenges: Actors, Structures and Logics of Global Finance« im Schloss Herrenhausen ermöglicht und finanziert hat (und eine weitere Tagung zum Schattenbankensystem im Jahr 2022 finanzieren wird). Ganz herzlich danken möchte ich Anne

Engehardt, Carolin Müller, Norma Tiedemann, Anil Shah und Jannis Eicker, mit denen ich die Ringvorlesung im Wintersemester 2015/16 »Leben in Zeiten der multiplen Krise: Welchen Einfluss hat die Finanz- und Eurokrise auf Politik, Ökonomie und Gesellschaft?« durchführen durfte. Mein Dank geht auch an Uta Marini, die trotz Zeitdrucks Teile des Manuskripts korrigiert hat. Für viele kritische und wissbegierige Nachfragen und spannende Diskussionen bin ich den Studierenden der Universität Kassel, der Universität Wien, der Universität Witten/Herdecke und der Rutgers University dankbar.

Ich danke von ganzem Herzen meiner Mutter, Helga Wullweber, die bis zu ihrem Tod alle meine Texte und das ursprüngliche Manuskript gelesen und scharf, aber produktiv kritisiert und mit mir diskutiert hat. Der Austausch mit ihr ist nicht ersetzbar und fehlt. Claudia Lichter bin ich zu großem Dank verpflichtet, da sie mir sehr viel Organisationsarbeit abgenommen hat, so dass ich mich auf das Schreiben konzentrieren konnte. Ich möchte allen Freunden und Angehörigen zutiefst danken, die mich in dem bisweilen auch sehr steinigen Lebensweg unterstützt und begleitet haben, insbesondere Faride Schubert, Colja Schubert, Irmela Kuhlmann-Causin, Mechthild und Uwe Gluntz, Thorsten Hinrichsmeyer, Jörg Rohwedder, Martin Wollschläger und Steffi Bentin, Jürgen Kraus und meinem Bruder David Wullweber. Mein größter Dank geht an meine großartige Familie. Junar und Mika haben es immer wieder geschafft, mich vom Kopf auf die Füße zu stellen. Die vielen Anregungen und die unzähligen Formen der Unterstützung von Hanne sind durch nichts in der Welt aufzuwiegen. Ich danke meiner Familie vor allem auch für das viele Lachen im Leben. Es ist unschätzbar wertvoll und ich bin glücklich, dass wir diesen Weg gemeinsam gehen.

Literatur

Ablan, Jennifer/Greeley, Brendan/Henderson, Richard (2020): »Federal Reserve Taps BlackRock to Manage Bond Purchases«, in: *Financial Times* (25. März); online verfügbar unter: {https://www.ft.com/content/f9c7e4de-6e25-11ea-89df-41bea055720b}.

Acharya, Viral V./Fleming, Michael J./Hrung, Warren B./Sarkar, Asani (2014): »Dealer Financial Conditions and Lender-of-Last-Resort Facilities«, Federal Reserve Bank of New York Staff Report Nr. 673, Mai; online verfügbar unter: {https://www.newyorkfed.org/medialibrary/media/research/staff_reports/sr673.pdf}.

Adler, Jerry (2012): »Raging Bulls: How Wall Street Got Addicted to Light-Speed Trading«, in: *Wired* (9. März); online verfügbar unter: {http://www.wired.com/2012/08/ff_wallstreet_trading}.

Adrian, Tobias/Burke, Christopher R./McAndrews, James J. (2009): »The Federal Reserve's Primary Dealer Credit Facility«, in: *Current Issues in Economics and Finance* 15/4, 1-12.

Adrian, Tobias/Fleming, Michael/Shachar, Or/Vogt, Erik (2017): »Market Liquidity after the Financial Crisis«, Federal Reserve Bank of New York Staff Report Nr. 796, Juni; online verfügbar unter: {https://www.newyorkfed.org/medialibrary/media/research/staff_reports/sr796.pdf?la=en}.

Adrian, Tobias/Kimbrough, Karin/Marchioni, Dina (2011): »The Federal Reserve's Commercial Paper Funding Facility«, in: *Federal Reserve Bank of New York Economic Policy Review*, Mai; online verfügbar unter: {https://www.newyorkfed.org/medialibrary/media/research/epr/11v17n1/1105adri.pdf}.

Agamben, Giorgio (2004): *Ausnahmezustand*, Frankfurt am Main: Suhrkamp.

Aglietta, Michel (2000): »Shareholder Value and Corporate Governance: Some Tricky Questions«, in: *Economy and Society* 29/1, 146-159.

Aitken, Rob (2003): »The Democratic Method of Obtaining Capital: Culture, Governmentality and Ethics of Mass Investment«, in: *Consumption, Markets and Culture* 6/4, 293-317.

Aitken, Rob (2011): »Financializing Security: Political Prediction Markets and the Commodification of Uncertainty«, in: *Security Dialogue* 42/2, 123-141.

Aldasoro, Iñaki/Ehlers, Torsten/Egemen, Eren (2019): »Global Banks, Dollar Funding, and Regulation«, Social Science Research Network

Paper; online verfügbar unter: {http://dx.doi.org/10.2139/ssrn.3368 973}.

Aldasoro, Iñaki/Huang, Wenqian/Kemp, Esti (2020): »Cross-border Links between Banks and Non-bank Financial Institutions«, in: *BIS Quarterly Review*, September; online verfügbar unter: {https://www.bis.org/publ/qtrpdf/r_qt2009e.pdf}.

Allon, Fiona (2015): »Money, Debt, and the Business of ›Free Stuff‹«, in: *South Atlantic Quarterly* 114/2, 283-305.

Amato, Massimo/Fantacci, Luca (2012): *The End of Finance*, Cambridge: Polity.

Amoore, Louise (2011): »Data Derivatives on the Emergence of a Security Risk. Calculus for Our Times«, in: *Theory, Culture & Society* 28/6, 24-43.

Angel, James J. (2011): »Impact of Special Relativity on Securities Regulation. The Future of Computer Trading in Financial Markets«; online verfügbar unter: {https://www.gov.uk/government/uploads/system/uploads/attachment_data/file/289020/11-1242-dr15-impact-of-special-relativity-on-securities-regulation.pdf}.

Aradau, Claudia/Lobo-Guerrero, Luis/Van Munster, Rens (2008): »Security, Technologies of Risk, and the Political«, in: *Security Dialogue* 39/2-3, 147-154.

Arnold, Martin (2021): »Lagarde Warns Against Early Tightening of Stimulus Efforts«, in: *Financial Times* (13. Januar); online verfügbar unter: {https://www.ft.com/content/398431 2c-5278-42ef-94f1-597c6 f0a40cb}.

Arnold, Martin/Khan, Mehreen (2019): »Lagarde Calls on European Governments to Launch Fiscal Stimulus«, in: *Financial Times* (4. September); online verfügbar unter: {https://www.ft.com/content/off 70e24-cef8-11e9-99a4-b5ded7a7fe3f}.

Avdjiev, Stefan/Gambacorta, Leonardo/Goldberg, Linda S./Schiaffi, Stefano (2017): »The Shifting Drivers of Global Liquidity«, Federal Reserve Bank of New York, Staff Report Nr. 819, August; online verfügbar unter: {https://www.newyorkfed.org/medialibrary/media/re search/staff_reports/sr819.pdf?la=en}.

Bagehot, Walter (2006 [1873]): *Lombard Street*, New York, NY: Cosima Classics.

Bailey, Andrew/Bridges, Jonathan/Harrison, Richard/Jones, Josh/Mankodi, Aakash (2020): »The Central Bank Balance Sheet as a Policy Tool: Past, Present and Future«, Paper für das Jackson Hole Economic Policy Symposium, 27.-28. August 2020; online verfügbar unter: {https://www.bankofengland.co.uk/-/media/boe/files/speech/2020

/the-central-bank-balance-sheet-as-a-policy-tool-past-present-and-future-speech-by-andrew-bailey.pdf}.

Bair, Sheila (2020): »Force Global Banks to Suspend Bonuses and Payouts«, in: *Financial Times* (22. März); online verfügbar unter: {https://www.ft.com/content/ed87b5d6-6a8e-11ea-a6ac-9122541af204}.

Bajaj, Vikas/Landler, Mark (2007): »Mortgage Losses Echo in Europe and on Wall Street«, in: *The New York Times* (10. August); online verfügbar unter: {http://www.nytimes.com/2007/08/10/business/10markets.html?pagewanted=all}.

Baker, Andrew (2006): *The Group of Seven: Finance Ministries, Central Banks and Global Financial Governance*, London: Routledge.

Baker, Andrew (2010): »Restraining Regulatory Capture? Anglo-America, Crisis Politics and Trajectories of Change in Global Financial Governance«, in: *International Affairs* 86/3, 647-663.

Baker, Andrew (2015): »Varieties of Economic Crisis, Varieties of Ideational Change: How and Why Financial Regulation and Macroeconomic Policy Differ«, in: *New Political Economy* 20/3, 342-366.

Baker, Andrew (2017): »Political Economy and the Paradoxes of Macroprudential Regulation«, Sheffield Political Economy Research Institute Paper, 40, 1-27.

Baklanova, Viktoria/Caglio, Cecilia/Cipriani, Marco/Copeland, Adam (2017): »The Use of Collateral in Bilateral Repurchase and Securities Lending Agreements«, Federal Reserve Bank of New York Staff Report Nr. 758, Oktober; online verfügbar unter: {https://www.newyorkfed.org/medialibrary/media/research/staff_reports/sr758.pdf?la=en}.

Bank of England (2015): »The Bank of England's Sterling Monetary Framework«; online verfügbar unter: {http://www.bankofengland.co.uk/markets/Documents/money/publications/redbook.pdf}.

Bank of England (2020): »Proprietary Trading Review«; online verfügbar unter: {https://www.bankofengland.co.uk/-/media/boe/files/prudential-regulation/report/proprietary-trading-review-2020.pdf}.

Bartels, Bernhard/Eichengreen, Barry/Weder di Mauro, Beatrice (2016): »No Smoking Gun: Private Shareholders, Governance Rules, and Central Bank Financial Behaviour«, voxeu.org (14. November 2016); online verfügbar unter: {https://voxeu.org/article/private-shareholders-governance-rules-and-central-bank-financial-behaviour}.

Beattie, Alan (2008): »›Good Question, Ma'am‹«, in: Financial Times (14. November); online verfügbar unter: {http://www.ft.com/cms/s/0/5b306600-b26d-11dd-bbc9-0000779fd18c.html#axzz2MaMx6Ftt}.

Beck, Stefan/Scherrer, Christoph (2013): »Varieties of Capitalism. Konzeptionelle Schwächen angesichts der Finanzkrise«, in: Wullweber, Joscha/Graf, Antonia/Behrens, Maria (Hg.): *Theorien der Internationalen Politischen Ökonomie*, Wiesbaden: VS Verlag, 151-166.

Beckert, Jens/Aspers, Patrik (Hg.) (2011): *The Worth of Goods. Valuation and Pricing in the Economy*, Oxford: Oxford University Press.

Beggs, Michael (2017): »The State as a Creature of Money«, in: *New Political Economy* 22/5, 463-477.

Bell, Stephanie (2001): »The Role of the State and the Hierarchy of Money«, in: *Cambridge Journal of Economics* 25/2, 149-163.

Bernanke, Ben S. (2004): »The Great Moderation. Remarks by Governor Ben S. Bernanke at the Meetings of the Eastern Economic Association«, Washington, D.C., 20. Februar; online verfügbar unter: {http://www.federalreserve.gov/Boarddocs/Speeches/2004/20040220}.

Bernanke, Ben S. (2008): »Liquidity Provision by the Federal Reserve. Remarks at the Federal Reserve Bank of Atlanta Financial Markets Conference«, Sea Island, Georgia, 13. Mai; online verfügbar unter: {https://fraser.stlouisfed.org/scribd/?item_id=8994&filepath=/docs/historical/bernanke/bernanke_20080513.pdf}.

Bernanke, Ben (2017): Monetary policy in a new era, paper presented at the Rethinking Macroeconomic Policy, Washington, D.C., October 12-13, https://piie.com/system/files/documents/bernanke20171012paper.pdf.

Bernanke, Ben/Yellen, Janet (2020): »The Federal Reserve Must Reduce Long-term Damage from Coronavirus«, in: *Financial Times* (18. März); online verfügbar unter: {https://www.ft.com/content/01f267a2-686c-11ea-a3c9-1fe6fedcca75}.

Besley, Tim/Hennessy, Peter (2009): »Letter to Her Majesty the Queen«; online verfügbar unter: {https://wwwf.imperial.ac.uk/~bin06/M3A22/queen-lse.pdf}.

Best, Jacqueline (2016): »Rethinking Central Bank Accountability in Uncertain Times«, in: *Ethics & International Affairs* 30/2, 215-232.

Best, Jacqueline (2018): »Technocratic Exceptionalism: Monetary Policy and the Fear of Democracy«, in: *International Political Sociology* 12/4, 328-345.

Best, Jacqueline (2019): »The Inflation Game: Targets, Practices and the Social Production of Monetary Credibility«, in: *New Political Economy* 24/5, 623-640.

Beunza, Daniel/Stark, David (2012): »Tools of the Trade: The Sociotechnology of Arbitrage in a Wall Street Trading Room«, in: *Industrial and Corporate Change* 13/2, 369-400.

Bhagwati, Jagdish N. (1998): »The Capital Myth«, in: *Foreign Affairs* 77/3, 7-12.

Bholat, David/Martinez Gutierrez, Karla (2019): »The Ownership of Central Banks«, Bank Underground/Bank of England (18. Oktober 2019); online verfügbar unter: {https://bankunderground.co.uk/2019/10/18/the-ownership-of-central-banks/}.

Biebricher, Thomas/Vogelmann, Frieder (2014): »Die Zukunft Europas zwischen Demokratie und Kapitalismus«, in: *Politische Vierteljahresschrift* 55/1, 1-17.

Bieler, Andreas/Morton, Adam D. (2008): »The Deficits of Discourse in IPE: Turning Base Metal into Gold?«, in: *International Studies Quarterly* 52/1, 103-128.

Bieling, Hans-Jürgen (2006): »EMU, Financial Integration and Global Economic Governance«, in: *Review of International Political Economy* 13/3, 420-448.

BIS (= Bank for International Settlements) (2007): »Triennial Central Bank Survey. Foreign Exchange and Derivatives Market Activity in 2007«; online verfügbar unter: {http://www.bis.org/publ/rpfxf07t.pdf}.

BIS (2014): »Re-thinking the Lender of Last Resort«, BIS Paper Nr. 79; online verfügbar unter: {http://www.bis.org/publ/bppdf/bispap79.pdf}.

BIS (2017): »Repo Market Functioning«, Committee on the Global Financial System Papers Nr. 59; online verfügbar unter: {https://www.bis.org/publ/cgfs59.pdf}.

BIS (2018): »Structural Changes in Banking after the Crisis«, Committee on the Global Financial System Papers Nr. 60; online verfügbar unter: {https://www.bis.org/publ/cgfs60.pdf}.

BIS (2019a): »Establishing Viable Capital Markets«, Committee on the Global Financial System Papers Nr. 60; online verfügbar unter: {https://www.bis.org/publ/cgfs62.htm}.

BIS (2019b): »Unconventional Monetary Policy Tools«, Committee on the Global Financial System Papers Nr. 63; online verfügbar unter: {https://www.bis.org/publ/cgfs63.htm}.

BIS (2020): Markets rise despite subdued economic recovery, BIS Quarterly Review, September, https://www.bis.org/publ/qtrpdf/r_qt2009a.pdf.

Blanchard, Olivier/Leandro, Álvaro/Zettelmeyer, Jeromin (2020a): »Revisiting the EU Fiscal Framework in the Era of Low Interest Rates«, Working Paper, March 2020, https://wwwde.uni.lu/fdef/news/revisiting_the_eu_fiscal_framework_in_an_era_of_low_interest_rates.

Blanchard, Olivier/Leandro, Álvaro/Zettelmeyer, Jeromin (2020b): »Redesigning EU fiscal rules: From rules to standards«, PIIE Working Paper, Washington: Peterson Institute for International Economics.

Blickle, Kristian/Crosignani, Matteo/Duarte, Fernando/Eisenbach, Thomas/Fringuellotti, Fulvia/Kovner, Anna (2020): »How Has Covid-19 Affected Banking System Vulnerability?«, Liberty Street Economics, Fed of New York, 16. November 2020; online verfügbar unter: {https://libertystreeteconomics.newyorkfed.org/2020/11/how-has-covid-19-affected-banking-system-vulnerability.html}.

Blyth, Mark (2013): *Austerity: The History of a Dangerous Idea*, Oxford: Oxford University Press.

Bofinger, Peter (2020): »Modeling the Financial System with a Corn Economy – ›Misleading and Disastrous‹«; online verfügbar unter: {https://www.ineteconomics.org/perspectives/blog/modeling-the-financial-system-with-a-corn-economy-misleading-and-disas trous}.

Bonner, William/Wiggin, Addison (2003): *Financial Reckoning Day. Surviving the Soft Depression of the 21st Century*, Chichester: John Wiley & Sons.

Borio, Claudio (2009): »Implementing the Macroprudential Approach to Financial Regulation and Supervision«, in: *Banque de France Financial Stability Review* 13/1, 31-41.

Borio, Claudio (2012): »Central Banking Post-crisis: What Compass for Uncharted Waters?«, BIS Working Paper Nr. 353; online verfügbar unter: {http://www.bis.org/publ/work353.pdf}.

Borio, Claudio (2015): »Central Banking Post-crisis«, in: Goodhart, Charles/Gabor, Daniela/Ertürk, Ismail/Vestergaard, Jakob (Hg.): *Central Banking at a Crossroads*, London: Anthem Press, 191-216.

Borio, Claudio/Disyatat, Piti (2009): »Unconventional Monetary Policies: An Appraisal«, BIS Working Papers Nr. 292; online verfügbar unter: {https://www.bis.org/publ/work292.pdf}.

Bowman, Andrew et al. (2013): »Central Bank-led Capitalism«, in: *Seattle University Law Review* 36/2, 455-487.

Boy, Nina (2017): »Finance-security: Where to Go?«, in: *Finance and Society* 3/2, 208-215.

Boy, Nina/Burgess, J. Peter/Leander, Anna (2011): »The Global Governance of Security and Finance: Introduction to the Special Issue«, in: *Security Dialogue* 42/2, 115-122.

Boyarchenko, Nina/Crump, Richard/Kovner, Anna (2020): »The Commercial Paper Funding Facility«, Liberty Street Economics, Fed of New York, 15. Mai; online verfügbar unter: {https://libertystreeteco

nomics.newyorkfed.org/2020/05/the-commercial-paper-funding-facility.html}.

Boyarchenko, Nina/Crump, Richard/Kovner, Anna/Van Tassel, Peter (2020): »The Primary and Secondary Market Corporate Credit Facilities«, Liberty Street Economics, Fed of New York 26. Mai; online verfügbar unter: {https://libertystreeteconomics.newyorkfed.org/2020/05/the-primary-and-secondary-market-corporate-credit-facilities.html}.

Boyer, Robert (2000): »Is a Finance-led Growth Regime a Viable Alternative to Fordism? A Preliminary Analysis«, in: *Economy and Society* 29/1, 111-145.

Boyer, Robert (2011): »Are there Laws of Motion of Capitalism?«, in: *Socio-Economic Review* 9/1, 59-81.

Boyer, Robert (2013a): »The Global Financial Crisis in Historical Perspective: An Economic Analysis Combining Minsky, Hayek, Fisher, Keynes and the Regulation Approach«, in: *Accounting, Economics and Law* 3/3, 93-139.

Boyer, Robert (2013b): »The Present Crisis. A Trump for a Renewed Political Economy«, in: *Review of Political Economy* 25/1, 1-38.

Brantlinger, Patrick (1996): *Fictions of State: Culture and Credit in Britain*, Ithaca: Cornell University Press.

Brunnermeier, Markus K./Pedersen, Lasse H. (2009): »Market Liquidity and Funding Liquidity«, in: *Review of Financial Studies* 22/6, 2201-2238.

Bryan, Dick/Rafferty, Michael (2007): »Financial Derivatives and the Theory of Money«, in: *Economy and Society* 36/1, 134-158.

Bryan, Dick/Rafferty, Michael (2016): »Decomposing Money: Ontological Options and Spreads«, in: *Journal of Cultural Economy* 9/1, 27-42.

Bryan, Dick/Rafferty, Michael/Wigan, Duncan (2016): »Politics, Time and Space in the Era of Shadow Banking«, in: *Review of International Political Economy* 23/6, 941-966.

Bundesbank (2013): »The Financial System in Transition: The New Importance of Repo Markets«, Monatsbericht Dezember; online verfügbar unter: {https://www.bundesbank.de/Redaktion/EN/Downloads/Publications/Monthly_Report_Articles/2013/2013_12_repo_markets.pdf?__blob=publicationFile}.

Bundesbank (2014): »Das Schattenbankensystem im Euro-Raum: Darstellung und geldpolitische Implikationen«, Monatsbericht März, 15-35; online verfügbar unter: {https://www.bundesbank.de/Redaktion/DE/Downloads/Veroeffentlichungen/Monatsberichtsaufsaetze/2014/2014_03_schattenbanken.pdf?__blob=publicationFile}.

Bundesbank (2017a): *Geld und Geldpolitik*, Frankfurt am Main: Deutsche Bundesbank.

Bundesbank (2017b): »Die Rolle von Banken, Nichtbanken und Zentralbank im Geldschöpfungsprozess«, in: *Monatsbericht* 69/4, 15-36.

Bundesbank (2017c): »Zu den gesamtwirtschaftlichen Auswirkungen der quantitativen Lockerung im Euro-Raum«, in: *Monatsbericht* 68/6, 29-54.

Campbell, David (2005): »The Biopolitics of Security: Oil, Empire, and the Sports Utility Vehicle«, in: *American Quarterly* 57/3, 943-972.

Carney, Mark (2016): »The Spectre of Monetarism«, Speech by Governor of the Bank of England, https://www.bankofengland.co.uk/-/media/boe/files/speech/2016/the-spectre-of-monetarism.pdf.

Carruthers, Bruce G./Babb, Sarah (1996): »The Color of Money and the Nature of Value«, in: *American Journal of Sociology* 101/6, 1556-1591.

Carruthers, Bruce G./Stinchcombe, Arthur L. (1999): »The Social Structure of Liquidity: Flexibility, Markets, and States«, in: *Theory and Society* 28/3, 353-382.

Carruthers, Bruce/Kim, Jeong-Chul (2011): »The Sociology of Finance«, in: *Annual Review of Sociology* 37, 239-259.

Cerny, Philip G. (2010): *Rethinking World Politics: A Theory of Transnational Neopluralism*, Oxford: Oxford University Press.

Committee on the Global Financial System (2010): »The Role of Margin Requirements and Haircuts in Procyclicality«, Committee on the Global Financial System Paper Nr. 36; online verfügbar unter: {http://www.bis.org/publ/cgfs36.pdf}.

Chick, Victoria (2013): »The Current Banking Crisis in the UK: An Evolutionary View«, in: Pixley, Jocelyn/Harcourt, G.C. (Hg.): *Financial Crises and the Nature of Capitalist Money*, Basingstoke: Palgrave Macmillan, 148-161.

Cihák, Martin/Sahay, Ratna (2020): »Finance and Inequality«, IMF Diskussionsnotiz SDN 20/1; online verfügbar unter: {https://www.imf.org/en/Publications/Staff-Discussion-Notes/Issues/2020/01/16/Finance-and-Inequality-45129}.

Cipriani, Marco/La Spada, Gabriele/Orchinik, Reed/Plesset, Aaron (2020): »The Money Market Mutual Fund Liquidity Facility«, Liberty Street Economics, Fed of New York; online verfügbar unter: {https://libertystreeteconomics.newyorkfed.org/2020/05/the-money-market-mutual-fund-liquidity-facility.html}.

Clarida, Richard/Gali, Jordi/Gertler, Mark (1999): »The Science of Monetary Policy: A New Keynesian Perspective«, in: *Journal of Economic Literature* 37/7, 1661-1707.

Cohen, Benjamin J. (1996): »Phoenix Risen: The Resurrection of Global Finance«, in: *World Politics* 48/2, 268-296.
Cohen, Benjamin J. (1998): *The Geography of Money*, Ithaca: Cornell University Press.
Cohen, Benjamin J. (2015): *Currency Power: Understanding Monetary Rivalry*, Princeton: Princeton University Press.
Commodity Futures Trading Commission/Securities and Exchange Commission (2019): »Automated Trading in Futures Markets«; online verfügbar unter: {https://www.cftc.gov/sites/default/files/2019-04/ATS_2yr_Update_Final_2018_ada.pdf}.
Commodity Futures Trading Commission/Securities and Exchange Commission (2010): »Findings Regarding the Market Events of May 6, 2010: Report of the Staffs of the CFTC and SEC to the Joint Advisory Committee on Emerging Regulatory Issues«, 30. September; online verfügbar unter: {https://www.sec.gov/news/studies/2010/marketevents-report.pdf}.
Conti-Brown, Peter (2016): *The Power and Independence of the Federal Reserve*, Princeton: Princeton University Press.
Cookson, Clive (2013): »Time Is Money when it Comes to Microwaves«, in: *Financial Times* (10. Mai); online verfügbar unter: {http://www.ft.com/cms/s/2/2bf37898-b775-11e2-841e-00144feabdco.html}.
Cooper, Melinda (2015): »Shadow Money and the Shadow Workforce: Rethinking Labor and Liquidity«, in: *South Atlantic Quarterly* 114/2, 395-423.
Cordes, Till (2014): »Was Ratingagenturen von Staaten fordern«, in: *Politische Vierteljahresschrift* 55/4, 648-673.
Creswell, Julie (2007): »Shaky Markets Prompt Rumors of Who's in Trouble«, in: *The New York Times* (10 August).
Crouch, Colin (2009): »Privatised Keynesianism: An Unacknowledged Policy Regime«, in: *British Journal of Politics and International Relations* 11/3, 382-399.
Cœuré, Benoît (2016): »Sovereign Debt in the Euro Area: Too Safe or too Risky? Keynote Address by Member of the Executive Board of the ECB at Harvard University«; online verfügbar unter: {https://www.ecb.europa.eu/press/key/date/2016/html/sp161103.en.html}.
de Goede, Marieke (2001): »Discourses of Scientific Finance and the Failure of Long-Term Capital Management«, in: *New Political Economy* 6/2, 149-170.
de Goede, Marieke (2010): »Financial Security«, in: Burgess, J. Peter

(Hg.): *The Routledge Handbook of the New Security Studies*, London: Routledge, 100-109.
de Goede, Marieke (2017): »Chains of Securitization«, in: *Finance and Society* 3/2, 197-207.
De Grauwe, Paul/Ji, Yuemei (2012): »Mispricing of Sovereign Risk and Macroeconomic Stability in the Eurozone«, in: *Journal of Common Market Studies* 50/6, 866-880.
Der Derian, James (2001): *Virtuous War: Mapping the Military-Industrial-Media-Entertainment Network*, Boulder: Westview Press.
Dillon, Michael (2007): »Governing Terror: The State of Emergency of Biopolitical Emergence«, in: *International Political Sociology* 1, 7-28.
Dillon, Michael (2010): »Biopolitics of Security«, in: Burgess, J. Peter (Hg.): *The Routledge Handbook of the New Security Studies*, London: Routledge, 61-71.
Domanski, Dietrich/Moessner, Richhild/Nelson, William (2014): »Central Banks as Lender of Last Resort: Experiences during the 2007-2010 Crisis and Lessons for the Future«, in: Bank for International Settlements (Hg.): »Re-thinking the Lender of Last Resort«, BIS Paper Nr. 79, 43-75.
Dow, Sheila C. (2015): »The Relationship between Central Banks and Governments«, in: Goodhart, Charles/Gabor, Daniela/Ertürk, Ismail/Vestergaard, Jakob (Hg.): *Central Banking at a Crossroads*, London: Anthem Press, 229-243.
Eichengreen, Barry J. (2008): *Globalizing Capital: A History of the International Monetary System*, Princeton: Princeton University Press, 2. Auflage.
Eickmeier, Sandra/Gambacorta, Leonardo/Hofmann, Boris (2013): »Understanding Global Liquidity«, BIS Working Paper, Nr. 402; online verfügbar unter: {http://www.bis.org/speeches/sp160608.htm}.
Engelen, Ewald (2018): »How Shadow Banking Became Non-bank Finance: The Conjectural Power of Economic Ideas«, in: Nesvetailova, Anastasia (Hg.): *Shadow Banking: Scope, Origins and Theories*, London: Routledge, 40-54.
Epstein, Gerald A. (2005): *Financialization and the World Economy*, Cheltenham: Edward Elgar.
Ertürk, Ismail/Froud, Julie/Leaver, Adam/Johal, Sukhedev/Williams, Karel (2008b): »Financialization, Coupon Pool and Conjuncture«, in: Ertürk, Ismail/Froud, Julie/Leaver, Adam/Johal, Sukhedev/Williams, Karel (Hg.): *Financialization at Work*, London: Routledge, 1-44.
Ertürk, Ismail/Froud, Julie/Leaver, Adam/Johal, Sukhedev/Williams,

Karel (Hg.) (2008a): *Financialization at Work. Key Texts and Commentary*, London: Routledge.
ESRB (= European Systemic Risk Board) (2019): »Can ETFs Contribute to Systemic Risk?«, Report of the Advisory Scientific Committee Nr. 9; online verfügbar unter: {https://www.esrb.europa.eu/pub/pdf/asc/esrb.asc190617_9_canetfscontributesystemicrisk~983ea11870.en.pdf}.
Europäisches Parlament/Rat der Europäischen Union (2002): »Richtlinie 2002/47/EG über Finanzsicherheiten«, *Amtsblatt der Europäischen Gemeinschaften* L 168 vom 27 Juni; online verfügbar unter: {http://eur-lex.europa.eu/legal-content/EN-DE/TXT/?uri=CELEX:32002L0047&fromTab=ALL&from=DE}.
Evans, Trevor (2011): »Verlauf und Erklärungsfaktoren der internationalen Finanzkrise«, in: Scherrer, Christoph/Dürmeier, Thomas/Overwien, Bernd (Hg.): *Perspektiven auf die Finanzkrise*, Opladen: Barbara Budrich, 28-49.
EZB (= Europäische Zentralbank) (2004): »Institutionelle Vorschriften«; online verfügbar unter: {https://www.ecb.europa.eu/pub/pdf/other/ecbinstitutionalprovisions2004de.pdf}.
EZB (2015a): »Leitlinie 2015/510 der Europäischen Zentralbank über die Umsetzung des geldpolitischen Handlungsrahmens des Eurosystems«; online verfügbar unter: {https://www.ecb.europa.eu/ecb/legal/pdf/oj_jol_2015_091_r_0002_de_txt.pdf}.
EZB (2015b): »The Financial Risk Management of the Eurosystem's Monetary Policy Operations«; online verfügbar unter: {https://www.ecb.europa.eu/pub/pdf/other/financial_risk_management_of_eurosystem_monetary_policy_operations_201507.en.pdf}.
EZB (2015c): »The Role of the Central Bank Balance Sheet in Monetary Policy«, in: *Economic Bulletin* 4; online verfügbar unter: {https://www.ecb.europa.eu/pub/pdf/other/art01_eb201504.en.pdf}.
EZB (2017): »Financial Integration in Europe«, Mai; online verfügbar unter: {https://www.ecb.europa.eu/pub/pdf/other/ecb.financialintegrationineurope201705.en.pdf}.
EZB (2019): »Financial Stability Review«, November; online verfügbar unter: {https://www.ecb.europa.eu/pub/pdf/fsr/ecb.fsr201911~facad0251f.en.pdf}.
EZB (2020a): »Financial Stability Review«, November; online verfügbar unter: {https://www.ecb.europa.eu/pub/pdf/fsr/ecb.fsr202011~b7be9ae1f1.en.pdf}.
EZB (2020b): »Pandemic Emergency Purchase Programme (PEPP). ECB Announces €750 Billion Pandemic Emergency Purchase«; online ver-

fügbar unter: {https://www.ecb.europa.eu/mopo/implement/pepp/html/index.en.html}.
EZB (2020c): »Monetary Policy Decisions«, Pressemeldung, 4. Juni; online verfügbar unter: {https://www.ecb.europa.eu/press/pr/date/2020/html/ecb.mp200604~a307d3429c.en.html}.
EZB (2020d): »Weekly Financial Statements«, 9. Oktober; online verfügbar unter: {https://www.ecb.europa.eu/press/pr/wfs/html/index.en.html}.
EZB (2021): »Monetary Policy Accounts«; online verfügbar unter: {https://www.ecb.europa.eu/press/accounts/2021/html/ecb.mg210114~14ef04b8bd.en.html}.
Featherstone, Kevin (2011): »The Greek Sovereign Debt Crisis and EMU: A Failing State in a Skewed Regime«, in: *Journal of Common Market Studies* 49/2, 193-217.
Fed (= Federal Reserve System) (2013): »Federal Reserve and other Central Banks Convert Temporary Bilateral Liquidity Swap Arrangements to Standing Arrangements«, Pressemeldung, 31. Oktober; online verfügbar unter: {https://www.federalreserve.gov/newsevents/pressreleases/monetary20131031a.htm}.
Fed (2015a): »Domestic Open Market Operations During 2014«; online verfügbar unter: {http://www.newyorkfed.org/markets/omo/omo2014.pdf}.
Fed (2015b): »Statement Regarding Overnight Reverse Repurchase Agreements«, 16. Dezember; online verfügbar unter: {https://www.newyorkfed.org/markets/opolicy/operating_policy_151216.html}.
Fed (2018): »Credit and Liquidity Programs and the Balance Sheet«; online verfügbar unter: {https://www.federalreserve.gov/monetarypolicy/bst_frliabilities.htm}.
Fed (2019a): »Financial Stability Report«, November, Washington, DC: Board of Governors of the Federal Reserve System.
Fed (2019b): »Statement Regarding Repurchase Operations«, 20. September; online verfügbar unter: {https://www.newyorkfed.org/markets/opolicy/operating_policy_190920}.
Fed (2020a): »Recent Balance Sheet Trends«; online verfügbar unter: {https://www.federalreserve.gov/monetarypolicy/bst_recenttrends.htm}.
Fed (2020b): »Federal Reserve Will Establish a Facility to Facilitate Lending to Small Businesses«, 6. April; online verfügbar unter: {https://www.federalreserve.gov/newsevents/pressreleases/monetary20200406a.htm}.
Fed (2020c): »Federal Reserve Issues FOMC Statement«, 23. März; on-

line verfügbar unter: {https://www.federalreserve.gov/newsevents/pressreleases/monetary20200323a.htm}.
Fed (2020d): »Federal Reserve Announces Establishment of a Temporary FIMA Repo Facility«, 31. März; online verfügbar unter: {https://www.federalreserve.gov/newsevents/pressreleases/monetary20200331a.htm}.
Fed of Atlanta (2020): »A Moral and Economic Imperative to End Racism«; online verfügbar unter: {https://www.frbatlanta.org/about/feature/2020/06/12/bostic-a-moral-and-economic-imperative-to-end-racism}.
Federal Reserve Bank of New York (2012): »New York Fed Announces Full Repayment of its Loans to Maiden Lane LLC and Maiden Lane III LLC«, Pressemeldung, 14. Juni; online verfügbar unter: {http://www.newyorkfed.org/newsevents/news/markets/2012/an120614.html}.
Financial Crisis Inquiry Commission (2011): »The Financial Crisis Inquiry Report«, Washington, DC: U.S. Government Printing Office.
Financial Services Authority (2009): »The Turner Review. A Regulatory Response to the Global Banking Crisis«, März; online verfügbar unter: {http://www.fsa.gov.uk/pubs/other/turner_review.pdf}.
Financial Times (2020d): »The Fed Must Act to Keep Markets Functioning«, in: *Financial Times* (18. März); online verfügbar unter: {https://www.ft.com/content/3608d546-691e-11ea-800d-da70cff6e4d3}.
Fine, Ben/Lapavitsas, Costas (2000): »Markets and Money in Social Theory: What Role for Economics«, in: *Economy and Society* 29/3, 357-382.
Fisher, Irving (1932): *Booms and Depressions*, New York: Adelphi.
Fisher, Irving (1933): »The Debt Deflation Theory of Great Depressions«, in: *Econometrica*, 1/4, 337-357.
Fleming, Michael/Ruela, Francisco (2020a): »Treasury Market Liquidity during the Covid-19 Crisis«, Liberty Street Economics, Fed of New York, 17. April; online verfügbar unter: {https://libertystreeteconomics.newyorkfed.org/2020/04/treasury-market-liquidity-during-the-covid-19-crisis.html}.
Fleming, Michael/Ruela, Francisco (2020b): »Treasury Market Liquidity and the Federal Reserve during the Covid-19 Pandemic«, Liberty Street Economics, Fed of New York, 29. Mai; online verfügbar unter: {https://libertystreeteconomics.newyorkfed.org/2020/05/treasury-market-liquidity-and-the-federal-reserve-during-the-covid-19-pandemic.html}.
Fleming, Michael/Sarkar, Asani/Van Tassel, Peter (2020): »The Covid-

19 Pandemic and the Fed's Response«, Liberty Street Economics, Fed of New York, 15. April; online verfügbar unter: {https://libertystreeteconomics.newyorkfed.org/2020/04/the-covid-19-pandemic-and-the-feds-response.html}.

Fletscher, Laurence (2020): »Markets Draw Comfort from ›Maximum‹ Central Bank Stimulus«, in: *Financial Times* (27. März); online verfügbar unter: {https://www.ft.com/content/25b67610-096f-4bd0-ac1d-d4dd8941d05f}.

Foroohar, Rana (2020): »US Economy Is Dangerously Dependent on Wall Street Whims«, in: *Financial Times* (8. März); online verfügbar unter: {https://www.ft.com/content/ef3539ec-5f96-11ea-b0ab-339c2307bcd4}.

Foucault, Michel (2003 [1977]): »Das Auge der Macht«, in: ders., *Dits et Ecrits. Schriften*, Frankfurt am Main: Suhrkamp.

Foucault, Michel (2004a): *Sicherheit, Territorium, Bevölkerung. Geschichte der Gouvernementalität I*, Frankfurt am Main: Suhrkamp.

Foucault, Michel (2004b): *Die Geburt der Biopolitik. Geschichte der Gouvernementalität II*, Frankfurt am Main: Suhrkamp.

Foucault, Michel (2007): *Security, Territory, Population*, New York: Palgrave.

Frieden, Jeffry A. (1988): »Capital Politics: Creditors and the International Political Economy«, in: *Journal of Public Policy* 8/3-3, 265-286.

Friedman, Milton/Schwartz, Anna J. (1963): *A Monetary History of the United States*, Princeton: Princeton University Press.

Frost, Josh/Logan, Lorie/Martin, Antoine/McCabe, Patrick/Natalucci, Fabio/Remache, Julie (2015): »Overnight RRP Operations as a Monetary Policy Tool: Some Design Considerations«, Finance and Economics Discussion Series 2015-010. Washington: Board of Governors of the Federal Reserve System.

Froud, Julie/Johal, Sukhdev/Leaver, Adam/Williams, Karel (2006): *Financialization and Strategy. Narrative and Numbers*, London: Routledge.

FSB (= Financial Stability Board) (2013): »Strengthening Oversight and Regulation of Shadow Banking: An Integrated Overview of Policy Recommendations«, 18. November; online verfügbar unter: {http://www.financialstabilityboard.org/publications/r_130829b.pdf}.

FSB (2015): »Transforming Shadow Banking into Resilient Market-based Finance. An Overview of Progress«; online verfügbar unter: {http://www.fsb.org/wp-content/uploads/shadow_banking_overview_of_progress_2015.pdf}.

FSB (2017a): »Global Shadow Banking Monitoring Report 2016«; on-

line verfügbar unter: {http://www.fsb.org/wp-content/uploads/global-shadow-banking-monitoring-report-2016.pdf}.
FSB (2017b): »Transforming Shadow Banking into Resilient Market-based Finance. Re-hypothecation and Collateral Re-use«; online verfügbar unter: {http://www.fsb.org/wp-content/uploads/Re-hypothecation-and-collateral-re-use.pdf}.
FSB (2018): »Global Shadow Banking Monitoring Report 2017«; online verfügbar unter: {http://www.fsb.org/wp-content/uploads/P050318-1.pdf}.
FSB (2019): »Global Monitoring Report on Non-Bank Financial Intermediation 2018«; online verfügbar unter: {https://www.fsb.org/2019/02/global-monitoring-report-on-non-bank-financial-intermediation-2018/}.
FSB (2020a): »Global Monitoring Report on Non-Bank Financial Intermediation 2019«; online verfügbar unter: {https://www.fsb.org/2020/01/global-monitoring-report-on-non-bank-financial-intermediation-2019/}.
FSB (2020b): »Global Monitoring Report on Non-Bank Financial Intermediation 2020«, 16. Dezember; online verfügbar unter: {https://www.fsb.org/wp-content/uploads/P161220.pdf}.
FSB (2020c): »Covid-19 Pandemic: Financial Stability Implications and Policy Measures Taken«, 15. April; online verfügbar unter: {https://www.fsb.org/wp-content/uploads/P150420.pdf}.
Furman, Jason/Summers, Lawrence (2020): »A Reconsideration of Fiscal Policy in the Era of Low Interest Rates«, 30. November 2020; online verfügbar unter: {https://www.brookings.edu/wp-content/uploads/2020/11/furman-summers-fiscal-reconsideration-discussion-draft.pdf}.
Gabor, Daniela (2016a): »The (Impossible) Repo Trinity: The Political Economy of Repo Markets«, in: *Review of International Political Economy* 23/6, 967-1000.
Gabor, Daniela (2016b): »A Step too Far? The European Financial Transactions Tax on Shadow Banking«, in: *Journal of European Public Policy* 23/6, 925-945.
Gabor, Daniela (2020a): »Why You Shouldn't Fall for the Panic about Britain's Public Debt«, in: *The Guardian* (29. Oktober); online verfügbar unter: {https://www.theguardian.com/commentisfree/2020/oct/29/panic-britain-public-debt-government-borrowing-pandemic}.
Gabor, Daniela (2020b): »Schattenbanken sind so mächtig wie noch nie«, in: *Jacobin* (17. November); online verfügbar unter: {https://ja

cobin.de/artikel/shadow-banking-schattenbanken-daniela-gabor-finanzkrise-wirtschaftskrise/}.
Gabor, Daniela (2021): »Revolution without Revolutionaries: Interrogating the Return of Monetary Financing«, Berlin: Finanzwende, Heinrich-Böll-Foundation.
Gabor, Daniela (unveröffentlichtes Paper): »Time and Money in the First Age of Financial Capitalism«, Paper für den Workshop »Financialisation and the Future of Money«, University of Sussex, 16.-18. Mai 2018.
Gabor, Daniela/Ban, Cornel (2016): »Banking on Bonds: The New Links Between States and Markets«, in: *Journal of Common Market Studies* 54/3, 617-635.
Gabor, Daniela/Vestergaard, Jakob (2016): »Towards a Theory of Shadow Money«, Working Paper, Institute for New Economic Thinking; online verfügbar unter: {https://www.ineteconomics.org/perspectives/blog/towards-a-theory-of-shadow-money}.
Galí, Jordi/Gambetti, Luca (2009): »On the Sources of the Great Moderation«, in: *American Economic Journal* 1/1, 26-57.
Ganßmann, Heiner (2004): »Geoffrey Ingham: The Nature of Money«, in: *Economic Sociology* 6/1, 29-32.
Ganssmann, Heiner (2012): *Doing Money. Elementary Monetary Theory from a Sociological Standpoint*, New York: Routledge.
Georgiadis, Philip/Stubbington, Tommy/Rennison, Joe/Szalay, Eva/Johnson, Steve (2020): »How Coronavirus Tore Through Global Markets in the First Quarter«, in: *Financial Times* (1. April); online verfügbar unter: {https://www.ft.com/content/5f631cce-f75a-41d3-8f62-cff2fe83e90a}.
Germain, Randall D. (1997): *The International Organization of Credit. States and Global Finance in the World-economy*, Cambridge: Cambridge University Press.
Germain, Randall D. (2010): *Global Politics and Financial Governance*, Basingstoke: Palgrave Macmillan.
Germain, Randall D./Schwartz, Herman (2014): »The Political Economy of Failure: The Euro as an International Currency«, in: *Review of International Political Economy* 21/5, 1095-1122.
Germann, Julian (2014): »State-led or Capital-driven? The Fall of Bretton Woods and the German Currency Float Reconsidered«, in: *New Political Economy* 19/5, 769-789.
Giannini, Curzio (2011): *The Age of Central Banks*, Cheltenham: Edward Elgar.
Giles, Chris/Georgiadis, Philip (2020): »Bank of England to Directly

Finance UK Government's Extra Spending«, in: *Financial Times* (9. April); online verfügbar unter: {https://www.ft.com/content/664c575b-0f54-44e5-ab78-2fd30ef213cb}.
Golec, Pascal/Perotti, Enrico (2017): »Safe Assets: A Review«, EZB Working Paper Nr. 2035; online verfügbar unter: {https://www.ecb.europa.eu/pub/pdf/scpwps/ecbwp2035.en.pdf}.
Golub, Stephen/Kaya, Ayse/Reay, Michael (2015): »What Were They Thinking? The Federal Reserve in the Run-up to the 2008 Financial Crisis«, in: *Review of International Political Economy* 22/4, 657-692.
Goodhart, Charles (1989): »The Conduct of Monetary Policy«, in: *The Economic Journal* 99/396, 293-346.
Goodhart, Charles (1991): *The Evolution of Central Banks*, Cambridge/Mass.: MIT Press, 3. Auflage.
Goodhart, Charles (1998): »The Two Concepts of Money: Implications for the Analysis of Optimal Currency Areas«, in: *European Journal of Political Economy* 14/3, 407-432.
Goodhart, Charles (2011): »The Changing Role of Central Banks«, in: *Financial History Review* 18/2, 135-154.
Gorton, Gary B. (2017): »The History and Economics of Safe Assets«, National Bureau of Economic Research Working Paper Series 22210, in: *Annual Review of Economics* 9, 547-586.
Gorton, Gary/Laarits, Toomas/Metrick, Andrew (2018): »The Run on Repo and the Fed's Response«, National Bureau of Economic Research Working Paper Nr. 24866; online verfügbar unter: {https://www.nber.org/papers/w24866}.
Gorton, Gary/Metrick, Andrew (2012): »Securitized Banking and the Run on Repo«, in: *Journal of Financial Economics* 104/3, 425-451.
Graeber, David (2012): *Schulden. Die ersten 5000 Jahre*, Stuttgart: Klett-Cotta.
Gramsci, Antonio (1991): *Gefängnishefte*, Hamburg: Argument.
Greeley, Brendan/Smith, Colby/Rennison, Joe (2019): »Fed Official Cites Banks' Taste for Reserves in Repo Glitch«, in: *Financial Times* (7. Oktober); online verfügbar unter: {https://www.ft.com/content/95a03bfa-e874-11e9-a240-3b065ef5fc55}.
Green, Jeremy/Lavery, Scott (2015): »The Regressive Recovery: Distribution, Inequality and State Power in Britain's Post-Crisis Political Economy«, in: *New Political Economy* 20/6, 894-923.
Greenspan, Alan (2008): »Testimony on Sources of Financial Crisis. Former Federal Reserve Chairman Alan Greenspan Is Set to Testify Today Before the House Committee of Government Oversight and

Reform«; online verfügbar unter: {http://blogs.wsj.com/economics/2008/10/23/greenspan-testimony-on-sources-of-financial-crisis/}.

Greenspan, Alan/Levitt, Arthur/Summers, Lawrence H./Rainer, William J. (1999): »Over-the-Counter Derivatives Markets and the Commodity Exchange Act, Report of The President's Working Group on Financial Markets«, November, Washington D.C.; online verfügbar unter: {http://www.treasury.gov/resource-center/fin-mkts/documents/otcact.pdf}.

Gross, Anna (2020): »Coronavirus Sell-off Weighs Heavily on Bond and Equity Issuance«, in: *Financial Times* (17. März); online verfügbar unter: {https://www.ft.com/content/d6af8806-67a1-11ea-800d-da70cff6e4d3}.

Habermas, Jürgen (2011): »Die Krise der Europäischen Union im Lichte einer Konstitutionalisierung des Völkerrechts«, in: ders.: *Zur Verfassung Europas*, Berlin: Suhrkamp, 39-96.

Hall, Rodney Bruce (2008): *Central Banking as Global Governance: Constructing Financial Credibility*, Cambridge: Cambridge University Press.

Hannoun, Hervé/Issing, Otmar/Liebscher, Klaus/Schlesinger, Helmut/Stark, Jürgen (2019): »Memorandum«, in: *Frankfurter Allgemeine Zeitung* (4. Oktober); online verfügbar unter: {https://www.faz.net/-gqe-9rvee}.

Hardie, Iain/Howarth, David/Maxfield, Sylvia/Verdun, Amy (2013): »Banks and the False Dichotomy in the Comparative Political Economy of Finance«, in: *World Politics* 65/4, 691-728.

Harvey, David (1982): *The Limits to Capital*, London: Verso.

Harvey, David (2011): *The Enigma of Capital and the Crises of Capitalism*, London: Profile Books.

Hauser, Andrew (2014): »Lender of Last Resort Operations During the Financial Crisis: Seven Practical Lessons from the United Kingdom«, in: Bank for International Settlements (Hg.): »Re-thinking the Lender of Last Resort«, BIS Paper Nr. 79, 81-92.

Heinrich, Michael (2003): *Die Wissenschaft vom Wert*, Münster: Westfälisches Dampfboot, 3. Auflage.

Heinrich, Michael (2011): »Das analytische Potenzial der Marxschen Theorie angesichts der Krise«, in: Scherrer, Christoph/Dürmeier, Thomas/Overwien, Bernd (Hg.): *Perspektiven auf die Finanzkrise*, Opladen: Barbara Budrich, 50-69.

Heires, Marcel/Nölke, Andreas (2013): »Finanzialisierung«, in: Wullweber, Joscha/Graf, Antonia/Behrens, Maria (Hg.): *Theorien der Internationalen Politischen Ökonomie*, Wiesbaden: VS Verlag, 253-266.

Helgadóttir, Oddný (2016): »Banking Upside Down: The Implicit Politics of Shadow Banking Expertise«, in: *Review of International Political Economy* 23/6, 915-940.

Helleiner, Eric (1994): *States and the Reemergence of Global Finance: From Bretton Woods to the 1990s*, Ithaca: Cornell University Press.

Helleiner, Eric (2011): »Understanding the 2007-2008 Global Financial Crisis: Lessons for Scholars of International Political Economy«, in: *Annual Review of Political Science* 14/1, 67-87.

Helleiner, Eric/Pagliari, Stefano (2011): »The End of an Era in International Financial Regulation? A Postcrisis Research Agenda«, in: *International Organization* 65/1, 169-200.

Henderson, Richard/Rennison, Joe (2020): »Investor Appetite Returns for Junk Bonds«, in: *Financial Times* (3. April); online verfügbar unter: {https://www.ft.com/content/b6d8c592-85c3-45c9-bc47-89eb3ce2cf0f}.

Henderson, Richerard/Wigglesworth, Robin (2020): »Asset Managers Rocked by Record Bond Fund Outflows«, in: *Financial Times* (20. März); online verfügbar unter: {https://www.ft.com/content/30e8928e-6a33-11ea-800d-da70cff6e4d3}.

Herr, Hansjörg (2011): »Die Mechanismen der Vermögensblasen«, in: Scherrer, Christoph/Dürmeier, Thomas/Overwien, Bernd (Hg.): *Perspektiven auf die Finanzkrise*, Opladen: Barbara Budrich, 70-88.

Hiß, Stefanie/Rona-Tas, Akos (2011): »Wie entstehen Preise? Zur Lösung des Bewertungsproblems auf dem Markt für Ratingurteile strukturierter Finanzprodukte«, in: *Berliner Journal für Soziologie* 21/4, 469-494.

Hobbes, Thomas (2017 [1651]), *Leviathan oder Stoff, Form und Gewalt eines kirchlichen und bürgerlichen Staates*, herausgegeben von Iring Fetscher, Berlin: Suhrkamp.

Humphrey, Thomas M. (2010): »Lender of Last Resort: What it Is, Whence it Came, and Why the Fed Isn't it«, in: *Cato* 30/2, 333-364.

Husserl, Edmund (1978): »The Origin of Geometry«, in: Derrida, Jacques (Hg.): *Edmund Husserl's »Origin of Geometry«: An Introduction*, New York: Nicolas Hays, 157-180.

Ihrig, Jane E./Meade, Ellen E./Weinbach, Gretchen C. (2015): »Monetary Policy 101: A Primer on the Fed's Changing Approach to Policy Implementation«, Finance and Economics Discussion Series 2015-047. Washington: Board of Governors of the Federal Reserve System; online verfügbar unter: {https://www.federalreserve.gov/econresdata/feds/2015/files/2015047pap.pdf}.

IMF (= International Monetary Fund) (2008): »Global Financial Stability Report. Financial Stress and Deleveraging Macro-Financial Implications and Policy«, Washington, DC: IMF Publications Services.
IMF (2015): »Global Financial Stability Report: Vulnerabilities, Legacies, and Policy Challenges. Risks Rotating to Emerging Markets«, Washington, DC: IMF Publications Services.
IMF (2019a): »Global Financial Stability Report«, April, Washington, DC: International Monetary Fund.
IMF (2019b): »Global Financial Stability Report«, Oktober, Washington, DC: International Monetary Fund.
IMF (2020): »Global Financial Stability Report: Bridge to Recovery«, Washington, DC: IMF.
Ingham, Geoffrey (2004): *The Nature of Money*, Cambridge: Polity.
Ingham, Geoffrey (2006): »Further Reflections on the Ontology of Money: Responses to Lapavitsas and Dodd«, in: *Economy and Society* 35/2, 259-278.
Ingham, Geoffrey (2011): *Capitalism*, Cambridge: Polity.
Innes, A. Mitchell (1913): »What is Money?«, in: *Banking Law Journal* 30 (Mai), 377-408.
IOSCO Technical Committee (2008): »Report on the Subprime Crisis Report – Final Report«, Mai; online verfügbar unter: {http://www.iosco.org/library/pubdocs/pdf/IOSCOPD273.pdf}.
Jakab, Zoltan/Kumhof, Michael (2015): »Banks Are not Intermediaries of Loanable Funds – and Why this Matters«, Working Paper Nr. 529; online verfügbar unter: {https://www.bankofengland.co.uk/working-paper/2015/banks-are-not-intermediaries-of-loanable-funds-and-why-this-matters}.
Johnson, Neil et al. (2012): »Financial Black Swans Driven by Ultra Fast Machine Ecology«, Social Science Research Network Paper; online verfügbar unter: {https://papers.ssrn.com/sol3/papers.cfm?abstract_id=2003874}.
Jones, Claire (2015): »Legal Opinion Paves Way for ECB Bond-buying Programme«, in: *Financial Times* (14. Januar); online verfügbar unter: {http://www.ft.com/intl/cms/s/0/4585od86-9bca-11e4-b6cc-00144feabdc0.html?siteedition=intl#axzz3OsBVtoLD.
Jones, Claire (2020): »Helicopter Money Is Here«, in: *Financial Times* (20. Februar); online verfügbar unter: {https://ftalphaville.ft.com/2020/02/26/1582705518000/Helicopter-money-is-here/}.
Kader, Maria/Schwarzer, Uli (2015): »Akkumulation reloaded – wie Notenbanken und Staaten die Profite retten«, in: *Prokla* 179, 277-296.
Kaminska, Izabella (2008): »Three Maids a Milking«, in: *Financial*

Times (4. Dezember); online verfügbar unter: {https://next.ft.com/content/777a853d-0322-31c8-bd22-6f794bb2c301}.

Kaminska, Izabella (2019): »A Story about a Liquidity Regime Shift«, in: *Financial Times* (20. September 2019); online verfügbar unter: {https://ftalphaville.ft.com/2019/09/17/1568721798000/A-story-about-a-liquidity-regime-shift/}.

Kaminska, Izabella (2020): »When Central Banks Take Over Securities Markets«, in: *Financial Times* (26. März); online verfügbar unter: {https://ftalphaville.ft.com/2020/03/25/1585143723000/When-central-banks-take-over-securities-markets/}.

Kessler, Oliver (2008): *Die internationale politische Ökonomie des Risikos: Eine Analyse am Beispiel der Diskussion um die Reformierung der Finanzmärkte*, Wiesbaden: VS Verlag.

Keynes, John M. (2009 [1936]): *Allgemeine Theorie der Beschäftigung, des Zinses und des Geldes*, Berlin: Duncker und Humblot, 11. Auflage.

Keynes, John Maynard (1955 [1930]): *Vom Gelde*, Berlin: Duncker & Humblot.

Kindleberger, Charles P./Aliber, Robert Z. (2005): *Manias, Panics and Crashes. A History of Financial Crisis*, Basingstoke: Palgrave MacMillan, 5. Auflage.

Kindleberger, Charles P./Aliber, Robert Z. (2015): *Manias, Panics, and Crashes. A History of Financial Crisis*, Basingstoke: Palgrave MacMillan, 7. Auflage.

Knafo, Samuel (2007): »Political Marxism and Value Theory«, in: *Historical Materialism* 15/2, 75-104.

Knafo, Samuel (2013): *The Making of Modern Finance: The Gold Standard and the Rise of Liberal Financial Governance*, London: Routledge.

Knapp, Georg Friedrich (1905): *Staatliche Theorie des Geldes*, Leipzig: Duncker & Humblot.

Konings, Martijn (2015): »State of Speculation: Contingency, Measure, and the Politics of Plastic Value«, in: *South Atlantic Quarterly* 114/2, 251-282.

Konings, Martijn (2016): »The Spirit of Austerity«, in: *Journal of Cultural Economy* 9/1, 86-100.

Konings, Martijn (2018): *Capital and Time. For a New Critique of Neoliberal Reason*, Stanford: Stanford University Press.

Kovner, Anna/Martin, Antoine (2020): »Expanding the Toolkit: Facilities Established to Respond to the Covid-19 Pandemic«, Liberty Street Economics, Fed of New York, 22. September; online verfüg-

bar unter: {https://libertystreeteconomics.newyorkfed.org/2020/09/expanding-the-toolkit-facilities-established-to-respond-to-the-covid-19-pandemic.html}.
Krippner, Greta R. (2007): »The Making of US Monetary Policy: Central Bank Transparency and the Neoliberal Dilemma«, in: *Theory and Society* 36/6, 477-513.
Krippner, Greta R. (2011): *Capitalizing on Crisis: The Political Origins of the Rise of Finance*, Cambridge/Mass.: Harvard University Press.
Krugman, Paul (2009): »Making Banking Boring«, in: *The New York Times* (9. April); online verfügbar unter: {http://www.nytimes.com/2009/04/10/opinion/10krugman.html?_r=0}.
Krugman, Paul (2013): »Austerität. Der Einsturz eines Glaubensgebäudes«, in: *Blätter für deutsche und internationale Politik* 7, 45-58.
Kuhn, Thomas S. (1976 [1962]): *Die Struktur wissenschaftlicher Revolutionen*, Frankfurt am Main: Suhrkamp.
Laclau, Ernesto (1996a): *Emancipation(s)*, London: Verso.
Laclau, Ernesto (1996b): »Why Do Empty Signifiers Matter to Politics?«, in: Laclau, Ernesto (Hg.): *Emancipation(s)*, London: Verso, 34-46.
Laclau, Ernesto (1996c): »Universalism, Particularism and the Question of Identity«, in: Laclau, Ernesto (Hg.): *Emancipation(s)*, London: Verso, 20-35.
Laclau, Ernesto (2004): »Glimpsing the Future«, in: Critchley, Simon/Marchart, Oliver (Hg.): *Laclau. A Critical Reader*, London/New York: Routledge, 279-328.
Laclau, Ernesto (2005): *On Populist Reason*, London/New York: Verso.
Laclau, Ernesto (Hg.) (1990): *New Reflections on the Revolution of Our Time*, London/New York: Verso.
Laclau, Ernesto/Mouffe, Chantal (1985): *Hegemony and Socialist Strategy: Towards a Radical Democratic Politics*, London/New York: Verso.
Laeven, Luc/Valencia, Fabián (2012): »Systemic Banking Crises Database: An Update«, IMF Working Paper WP/12/163; online verfügbar unter: {https://www.imf.org/external/pubs/ft/wp/2012/wp12163.pdf}.
Langley, Paul (2007): »The Uncertain Subjects of Anglo-Ameriean Finanzialization«, in: *Cultural Critique* 65, 66-91.
Langley, Paul (2013): »Toxic Assets, Turbulence and Biopolitical Security: Governing the Crisis of Global Financial Circulation«, in: *Security Dialogue* 44/2, 111-126.
Langley, Paul (2015): *Liquidity Lost: The Governance of the Global Financial Crisis*, Oxford: Oxford University Press.

Langley, Paul (2017): »Finance/Security/Life«, in: *Finance and Society* 3/2, 173-179.
Lapavitsas, Costas (2003): *Social Foundations of Markets, Money and Credit*, London: Routledge.
Lapavitsas, Costas (2005): »The Social Relations of Money as Universal Equivalent: A Response to Ingham«, in: *Economy and Society* 34/3, 389-403.
Leatherby, Lauren (2017): »How the Very Richest Have Fared Since the Crisis«, in: *Financial Times* (30. August); online verfügbar unter: {https://www.ft.com/content/29d05318-8cf7-11e7-a352-e46f43c5825d}.
Lee, Helene/Sarkar, Asani (2018): »Is Stigma Attached to the European Central Bank's Marginal Lending Facility?«, Liberty Street Economics, Fed of New York,; online verfügbar unter: {http://libertystreeteconomics.newyorkfed.org/2018/04/is-stigma-attached-to-the-european-central-banks-marginal-lending-facility.html}.
Lemke, Thomas (2001): »›The Birth of Bio-politics‹. Michel Foucault's Lecture at the Collège de France on Neo-liberal Governmentality«, in: *Economy and Society* 30/2, 190-207.
Leonard, Deborah/Martin, Antoine/Potter, Simon (2017): »How the Fed Changes the Size of its Balance Sheet«, Liberty Street Economics, Fed of New York; online verfügbar unter: {http://libertystreeteconomics.newyorkfed.org/2017/07/how-the-fed-changes-the-size-of-its-balance-sheet.html}.
Leyshon, Andrew/Thrift, Nigel (2007): »The Capitalization of Almost Everything: The Future of Economy and Finance«, in: *Theory, Culture & Society* 24/7-8, 97-115.
Lobo-Guerrero, Luis (2011): *Insuring Security: Biopolitics, Security and Risk*, New York: Routledge.
Logan, Lorie K. (2017a): »Money Markets at a Crossroads: Policy Implementation at a Time of Structural Change«, 5. April; online verfügbar unter: {https://www.newyorkfed.org/newsevents/speeches/2017/pot170405}.
Logan, Lorie K. (2017b): »Implementing Monetary Policy: Perspective from the Open Market Trading Desk«, Rede der Senior Vice Präsidentin der FED, 18. Mai; online verfügbar unter: {https://www.newyorkfed.org/newsevents/speeches/2017/log170518}.
Logan, Lorie K. (2018): »Operational Perspectives on Monetary Policy Implementation: Panel Remarks on ›The Future of the Central Bank Balance Sheet‹«, Rede der Senior Vice Präsidentin der FED, 4. Mai; online verfügbar unter: {https://www.newyorkfed.org/newsevents/speeches/2018/log180504}.

Logan, Lorie K. (2019): »Observations on Implementing Monetary Policy in an Ample-Reserves Regime«; online verfügbar unter: {https://www.newyorkfed.org/newsevents/speeches/2019/log190417}.

Lütz, Susanne (2002): *Der Staat und die Globalisierung von Finanzmärkten. Regulative Politik in Deutschland, Großbritannien und den USA*, Frankfurt am Main/New York: Campus.

MacKenzie, Donald (2012): »Knowledge Production in Financial Markets: Credit Default Swaps, the ABX and the Subprime Crisis«, in: *Economy and Society* 41/3, 335-359.

MacKenzie, Donald (2014): »A Sociology of Algorithms: High-Frequency Trading and the Shaping of Markets«, Paper für das SCOOP Seminar MaxPo; online verfügbar unter: {http://www.maxpo.eu/Downloads/Paper_DonaldMacKenzie.pdf}.

MacKenzie, Donald/Beunza, Daniel/Millo, Yuval/Pardo-Guerra, Juan P. (2012): »Drilling Through the Allegheny Mountains: Liquidity, Materiality and High-Frequency Trading«, in: *Journal of Cultural Economy* 5/3, 279-296.

Mankiw, Gregory N. (2017): *Makroökonomik*, Stuttgart: Schäffer Poeschel, 7. Auflage.

Marcussen, Martin (2009): »Scientization of Central Banking: The Politics of A-Politicization«, in: Dyson, Kenneth/Marcussen, Martin (Hg.): *Central Banks in the Age of the Euro: Europeanization, Convergence, and Power*, Oxford: Oxford University Press, 373-390.

Marshall, Paul (2015): »Central Banks Have Made the Rich Richer«, in: *Financial Times* (22. September); online verfügbar unter: {http://www.ft.com/intl/cms/s/0/4c53586a-6114-11e5-9846-de406ccb37f2.html#axzz3nIvOpcOa}.

Martin, Antoine/McLaughlin, Susan (2020): »The Primary Dealer Credit Facility«, Liberty Street Economics, Fed of New York, 19. Mai; online verfügbar unter: {https://libertystreeteconomics.newyorkfed.org/2020/05/the-primary-dealer-credit-facility.html}.

Martin, Randy (2002): *Financialization of Daily Life*, Philadelphia: Temple University Press.

Martin, Randy (2007): *An Empire of Indifference: American War and the Financial Logic of Risk Management*, Durham: Duke University Press.

Marx, Karl (1973 [1867]): *Das Kapital*, Bd. 1: *Kritik der politischen Ökonomie*, in: Marx-Engels-Werke, Bd. 23, Berlin: Dietz.

Marx, Karl/Engels, Friedrich (1983): *Gesamtausgabe* (MEGA), Bd. 5: *Das Kapital und Vorarbeiten*, Berlin: Dietz.

Mayntz, Renate (2014): »Markt oder Staat? Kooperationsprobleme in der Europäischen Union«, in: *Leviathan* 42/2, 292-304.

McDowell, Daniel (2012): »The US as ›Sovereign International Last-Resort Lender‹: The Fed's Currency Swap Programme during the Great Panic of 2007-09«, in: *New Political Economy* 17/2, 157-178.

McLeay, Michael/Radia, Amar/Ryland, Thomas (2014a): »Money Creation in the Modern Economy«, in: *Bank of England Quarterly Bulletin* 54/1, 14-27.

McLeay, Michael/Radia, Amar/Ryland, Thomas (2014b): »Money in the Modern Economy«, in: *Bank of England Quarterly Bulletin* 54/1, 4-13.

McNamara, Kathleen (2002): »Rational Fictions: Central Bank Independence and the Social Logic of Delegation«, in: *West European Politics* 25/1, 47-76.

McNamara, Kathleen R. (1998): *The Currency of Ideas*, Ithaca: Cornell University Press.

McPhilemy, Samuel/Moschella, Manuela (2019): »Central Banks Under Stress. Reputation, Accountability and Regulatory Coherence«, in: *Public Administration* 97/3, 489-498.

Mehrling, Perry (2011): *The New Lombard Street: How the Fed Became the Dealer of Last Resort*, Princeton: Princeton University Press.

Mehrling, Perry (2013): »The Inherent Hierarchy of Money«, in: Taylor, Lance/Rezai, Armon/Michl, Thomas (Hg.): *Social Fairness and Economics*, New York: Routledge, 394-404.

Mehrling, Perry (2017): »Why Central Banking Should Be Re-imagined«, BIS Paper 79, 108-118.

Mehrling, Perry/Pozsar, Zoltan/Sweeney, James/Neilson, Dan (2013): »Bagehot Was a Shadow Banker: Shadow Banking, Central Banking, and the Future of Global Finance«, Social Science Research Network Working Paper; online verfügbar unter: {https://ssrn.com/abstract=2232016}.

Menger, Carl (1892): »On the Origins of Money«, in: *Economic Journal* 2/6, 239-255.

Menger, Carl (1970): *Schriften über Geld und Währungspolitik*, Tübingen: Mohr.

Meyer, Gregory (2019): »Automation Is the Future of Futures Markets«, in: *Financial Times* (24. April); online verfügbar unter: {https://www.ft.com/content/4d589796-6211-11e9-a27a-fdd51850994c}.

Minsky, Hyman (2008): *John Maynard Keynes*, New York: McGraw-Hill.

Minsky, Hyman P. (1982a): *Can »It« Happen again? Essays on Instability and Finance*, Armonk: Sharpe.

Minsky, Hyman P. (1982b): »The Financial Instability Hypothesis: Capitalist Processes and the Behaviour of the Economy«, in: Kindleberger, Charles/Laffargue, Jean-Pierre (Hg.): *Financial Crisis. Theory, History, Policy*, Cambridge: Cambridge University Press, 13-29.

Mirowski, Philip (1986): »Mathematical Formalism and Economic Explanation«, in: Mirowski, Philip (Hg.): *The Reconstruction of Economic Theory*, Boston: Kluwer, 179-240.

Mirowski, Philip (1991): »Postmodernism and the Social Theory of Value«, in: *Journal of Post-Keynesian Economics* 13/4, 565-582.

Mirowski, Philip (2014): *How Neoliberalism Survived the Financial Meltdown*, London: Verso.

Mises, Ludwig von (1924): *Theorie des Geldes und der Umlaufsmittel*, München: Duncker & Humblot.

Moreira, Alan/Savov, Alexi (2017): »The Macroeconomics of Shadow Banking«, in: *Journal of Finance* 72/6, 2381-2432.

Moschella, Manuela/Tsingou, Eleni (2013): »Regulating Finance After the Crisis: Unveiling the Different Dynamics of the Regulatory Process«, in: *Regulation & Governance* 7/4, 407-416.

Münchau, Wolfgang (2020): »Italy Is in More Danger than the Eurozone Will Acknowledge«, in: *Financial Times* (19. April); online verfügbar unter: {https://www.ft.com/content/8e03cf2e-80bd-11ea-8fdb-7ec06edeef84}.

Murau, Steffen (2017a): *The Political Economy of Private Credit Money Accommodation*, City University of London: Doctoral thesis.

Murau, Steffen (2017b): »Shadow Money and the Public Money Supply: The Impact of the 2007-2009 Financial Crisis on the Monetary System«, in: *Review of International Political Economy* 24/5, 802-838.

Nesvetailova, Anastasia (2010): *Financial Alchemy in Crisis: The Great Liquidity Illusion*, London: Pluto.

Nesvetailova, Anastasia (2015): »A Crisis of the Overcrowded Future: Shadow Banking and the Political Economy of Financial Innovation«, in: *New Political Economy* 20/3, 431-453.

Nitzan, Jonathan/Bichler, Shimshon (2009): *Capital as Power. A study of Order and Creorder*, London: Routledge.

Oakley, David (2015): »Central Banks Rule in the Age of the Flash Crash«, in: *Financial Times* (10. Mai); online verfügbar unter: {https://www.ft.com/content/379975b0-f569-11e4-bc6d-00144feab7de}.

Orphanides, Athanasios (2017): »ECB Monetary Policy and Euro Area Governance«, MIT Sloan School Working Paper 5258-17; online verfügbar unter: {https://papers.ssrn.com/sol3/Delivery.cfm/SSRN_ID3076184_code285952.pdf?abstractid=3076184&mirid=1}.

Orszag, Peter R./Rubin, Robert E./Stiglitz, Joseph E. (2021): »Fiscal Resiliency in a Deeply Uncertain World«, Poicy Brief PIIE, https://www.piie.com/sites/default/files/documents/pb21-2.pdf.

Palan, Ronen (2007): »Transnational Theories of Order and Change: Heterodoxy in International Relations scholarship«, in: *Review of International Studies* 33, 47-69.

Panitch, Leo/Gindin, Sam (2014): »Political Economy and Political Power: The American State and Finance in the Neoliberal Era«, in: *Government and Opposition* 49/3, 369-399.

Paudyn, Bartholomew (2013): *Credit Rating Agencies and the Sovereign Debt*, Basingstoke: Palgrave MacMillan.

Pauly, Louis W. (1997): *Who Elected the Bankers? Surveillance and Control in the World Economy*, Ithaca: Cornell University Press.

Petry, Johannes/Fichtner, Jan/Heemskerk, Eelke (2019): »Steering Capital: The Growing Private Authority of Index Providers in the Age of Passive Asset Management«, in: *Review of International Political Economy* 10; online verfügbar unter: {https://www.tandfonline.com/doi/full/10.1080/09692290.2019.1699147}.

Piketty, Thomas (2014): *Das Kapital im 21. Jahrhundert*, München: C.H. Beck.

Piketty, Thomas/Saez, Emmanuel (2003): »Income Inequality in the United States, 1913-1998«, in: *Quarterly Journal of Economics* 118/1, 1-39.

Pitluck, Aaron Z. (2011): »Distributed Execution in Illiquid Times: An Alternative Explanation of Trading in Stock Markets«, in: *Economy and Society* 40/1, 26-55.

Pistor, Katharina (2020): *Der Code des Kapitals. Wie das Recht Reichtum und Ungleichheit schafft*, Berlin: Suhrkamp.

Polanyi, Karl (1978): *The Great Transformation. Politische und ökonomische Ursprünge von Gesellschaften und Wirtschaftssystemen*, Frankfurt am Main: Suhrkamp.

Politi, James (2020a): »Federal Reserve Sets Up Facility to Make Loans to Banks«, in: *Financial Times* (19. März); online verfügbar unter: {https://www.ft.com/content/0e6029be-6995-11ea-800d-da70cff6e4d3}.

Politi, James (2020b): »Fed's Powell Is Chief Cheerleader for Fiscal Stimulus«, in: *Financial Times* (11. Oktober); online verfügbar unter: {https://www.ft.com/content/91322629-0668-49b5-aba0-13bd72b436e8}.

Politi, James/Smith, Colby/Arnold, Martin (2020): »Fed to Tolerate Higher Inflation in Policy Shift«, in: *Financial Times* (27. August);

online verfügbar unter: {https://www.ft.com/content/e1e59faa-5005-4e1c-9d54-b1a8d4de9586}.
Popper, Nathaniel (2012): »Knight Capital Says Trading Glitch Cost It $ 440 Million«, in: *The New York Times* (2. August); online verfügbar unter: {http://dealbook.nytimes.com/2012/08/02/knight-capital-says-trading-mishap-cost-it-440-million/}.
Potter, Simon (2017): »Implementing Monetary Policy with the Balance Sheet«, Rede bei der EZB; online verfügbar unter: {https://www.newyorkfed.org/newsevents/speeches/2017/pot171106}.
Potter, Simon (2018): »The Supply of Money-Like Assets«, Bemerkung vor der American Economic Association, Federal Reserve Bank of New York; online verfügbar unter: {https://www.newyorkfed.org/newsevents/speeches/2018/pot180106}.
Powell, Jerome H. (2020): »New Economic Challenges and the Fed's Monetary Policy Review«; online verfügbar unter: {https://www.federalreserve.gov/newsevents/speech/powell20200827a.htm}.
Pozsar, Zoltan (2011): »Institutional Cash Pools and the Triffin Dilemma of the U.S. Banking System«, IMF Working Paper WP 11/190.
Pozsar, Zoltan (2014): »Shadow Banking: The Money View. U.S. Treasury, Office of Financial Research«, Working Paper 14-4, 1-71.
Pozsar, Zoltan (2015): »A Macro View of Shadow Banking«, Shadow Banking Colloquium (INET) Working Paper; online verfügbar unter: {https://papers.ssrn.com/sol3/Delivery.cfm/SSRN_ID2558945_code1930453.pdf?abstractid=2558945&mirid=1}.
Pozsar, Zoltan (2019): »Collateral Supply and o/n Rates«, Global Money Notes #22, Credit Suisse Economic Research; online verfügbar unter: {https://research-doc.credit-suisse.com}.
Pozsar, Zoltan/Singh, Manmohan (2011): »The Nonbank-Bank Nexus and the Shadow Banking System«, IMF Working Paper WP/11/289; online verfügbar unter: {https://papers.ssrn.com/sol3/Delivery.cfm/wp11289.pdf?abstractid=1971440&mirid=1}.
Priewe, Jan/Herr, Hansjörg (2005): *The Macroeconomics of Development and Povery Reduction*, Baden-Baden: Nomos.
Rennison, Joe (2019): »Repo Glitches Expose Flaws in Fed's Approach«, in: *Financial Times* (5. Oktober); online verfügbar unter: {https://www.ft.com/content/d2cd761a-e64d-11e9-9743-db5a370481bc}.
Ricks, Morgan (2011): »Regulating Money Creation after the Crisis«, in: *Harvard Business Law Review* 1/1, 75-143.
Ricks, Morgan (2016): *The Money Problem. Rethinking Financial Regulation*, Chicago: University of Chicago Press.
Rose, Nikolas/Miller, Peter (1992): »Political Power beyond the State:

Problems of Government«, in: *British Journal of Sociology* 43/2, 172-205.

Rosenberg, Emily S. (1999): *Financial Missionaries to the World: The Politics and Culture of Dollar Diplomacy, 1900-1930*, Cambridge/Mass.: Harvard University Press.

Sablowski, Thomas (2013): »Regulationstheorie«, in: Wullweber, Joscha/Graf, Antonia/Behrens, Maria (Hg.): *Theorien der Internationalen Politischen Ökonomie*, Wiesbaden: VS Verlag, 85-100.

Sandbu, Martin (2020): »German Court Has Set a Bomb Under the EU Legal Order«, in: *Financial Times* (5. Mai); online verfügbar unter: {https://www.ft.com/content/79484c01-b66b-4f81-bdc6-fd4def940821}.

Saraceno, Francesco/Semmler, Willi/Young, Brigitte (2020): »European Economic, Fiscal, and Social Policy at the Crossroads«, in: *Constellations* 27, 573-593.

Sassen, Saskia (2009): »Too Big to Save: The End of Financial Capitalism«, Open Democracy; online verfügbar unter: {http://www.opendemocracy.net/article/too-big-to-save-the-end-of-financial-capitalism-0}.

Scherrer, Christoph (1999): *Globalisierung wider Willen. Die Durchsetzung liberaler Außenwirtschaftspolitik in den USA*, Berlin: Edition Sigma.

Scherrer, Christoph (2014a): »Öffentliche Banken im Sog der Finanzialisierung«, in: Heires, Marcel/Nölke, Andreas (Hg.): *Politische Ökonomie der Finanzialisierung*, Wiesbaden: Springer VS, 147-161.

Scherrer, Christoph (2014b): »Neoliberalism's Resilience: A Matter of Class«, in: *Critical Policy Studies* 8/3, 348-351.

Scherrer, Christoph (Hg.) (2017): *Public Banks in the Age of Financialization. A Comparative Perspective*, Cheltenham: Edward Elgar.

Schnabel, Isabel (2020): »The Shadow of Fiscal Dominance: Misconceptions, Perceptions and Perspectives«, Rede am Centre for European Reform und dem Eurofi Financial Forum, 11. September; online verfügbar unter: {https://www.ecb.europa.eu/press/key/date/2020/html/ecb.sp200911~ea32bd8bb3.en.html}.

Schrimpf, Andreas/Shin, Hyun S./Sushko, Vladyslav (2020): »Leverage and Margin Spirals in Fixed Income Markets During the Covid-19 Crisis«, BIS Bulletin 2; online verfügbar unter: {https://www.bis.org/publ/bisbull02.htm}.

Schumpeter, Joseph A. (1934): *Theory of Economic Development: An Inquiry into Profits, Capital, Credit, Interest and the Business Cycle*, Cambridge/Mass.: Harvard University Press.

Schumpeter, Joseph A. (1986 [1954]): *History of Economic Analysis*, London/New York: Routledge.
Searle, John R. (1997): *Die Konstruktion der gesellschaftlichen Wirklichkeit: Zur Ontologie sozialer Tatsachen*, Reinbek bei Hamburg: Rowohlt.
Searle, John R. (2005): »What Is an Institution?«, in: *Journal of Institutional Economics* 1/1, 1-22.
Semmler, Willi (2011): *Asset Prices, Booms and Recessions Financial Economics from a Dynamic Perspective*, Heidelberg: Springer.
Sgambati, Stefano (2019): »The Art of Leverage. A Study of Bank Power, Money-making and Debt Finance«, in: *Review of International Political Economy* 26/2, 287-312.
Shah, Atul K. (1997): »Regulatory Arbitrage through Financial Innovation«, in: *Accounting, Auditing & Accountability Journal* 10/1, 85-104.
Shiller, Robert J. (2000): *Irrational Exuberance*, Princeton: Princeton University Press.
Simmel, Georg (2011 [1900]): *Philosophie des Geldes*, Berlin: Suhrkamp.
Sinclair, Timothy (2005): *The New Masters of Capital. American Bond Rating Agencies and the Politics of Creditworthiness*, Ithaca: Cornell University Press.
Singh, Manmohan (2017): »Collateral Reuse and Balance Sheet Space«, IMF Working Paper Nr. 17/113; online verfügbar unter: {https://papers.ssrn.com/sol3/Delivery.cfm/wp17113.pdf?abstractid=3053196&mirid=1}.
Smith, Adam (1974 [1776]): *Der Wohlstand der Nationen. Eine Untersuchung seiner Natur und seiner Ursachen*, München: C.H. Beck.
Smith, Colby/Henderson, Richard (2020): »Investors Spooked by Outbreak Seek Safety in Money Market Funds«, in: Financial Times (27. März); online verfügbar unter: {https://www.ft.com/content/f86c87dc-764c-4100-b2eb-3160201f9e11}.
Smith, Colby/Henderson, Richard/Georgiadis, Philip/Lockett, Hudson (2020): »Investors' Retreat to Safety Sees Bonds Hit New Highs«, in: *Financial Times* (7. März); online verfügbar unter: {https://www.ft.com/content/9f94d6f8-5f51-11ea-b0ab-339c2307bcd4}.
Smith, Colby/Ablan, Jennifer/Stubbington, Tommy/Georgiadis, Philip/Lockett, Hudson (2020): »Global Stocks, Oil Prices and Government Bonds Tumble«, in: *Financial Times* (18. März); online verfügbar unter: {https://www.ft.com/content/1b1b47d4-68bd-11ea-a3c9-1fe6fedcca75}.

Smith, Steve (1996): »Positivism and Beyond«, in: Smith, Steve/Booth, Ken/Zalewski, Marysia (Hg.): *International Theory: Positivism & Beyond*, Cambridge: Cambridge University Press, 11-44.

Soros, George (2009): *Die Analyse der Finanzkrise … und was sie bedeutet – weltweit*, München: Finanzbuchverlag.

St. Louis Fed (2020a): »Shares of Gross Domestic Income: Compensation of Employees, Paid: Wage and Salary Accruals: Disbursements: to Persons«; online verfügbar unter: {https://fred.stlouisfed.org/series/W270RE1A156NBEA}.

St. Louis Fed (2020b): »Shares of Gross Domestic Product: Personal Consumption Expenditures«; online verfügbar unter: {https://fred.stlouisfed.org/series/DPCERE1Q156NBEA}.

Stafford, Philip/Henderson, Richard (2020): »›Intense‹ Trading Sends Exchange Volumes to Record«, in: *Financial Times* (3. März); online verfügbar unter: {https://www.ft.com/content/de34a00a-5ca4-11ea-8033-fa40a0d65a98}.

Stewart, Ian (2012): *In Pursuit of the Unknown: 17 Equations That Changed the World*, New York: Basic Books.

Stigum, Marcia L./Crescenzi, Anthony (2007): *Money Market*, New York: McGraw-Hill.

Stockhammer, Engelbert (2007): »Charakteristika eines finanz-dominierten Akkumulationsregimes in Europa«, in: *WSI Mitteilungen* 60/12, 643-649.

Stockhammer, Engelbert (2010): »Income Distribution, the Finance-dominated Accumulation Regime and the Present Crisis«, in: Dullien, Sebastian/Hein, Eckhard/Truger, Achim/van Treeck, Till (Hg.): *The World Economy in Crisis. The Return of Keynesianism?*, Marburg: Metropolis Verlag, 63-86.

Stockhammer, Engelbert (2014): »Entstehung und Krise des finanz-dominierten Akkumulationsregimes«, in: Heires, Marcel/Nölke, Andreas (Hg.): *Politische Ökonomie der Finanzialisierung*, Wiesbaden: Springer VS, 33-48.

Stokes, Doug (2014): »Achilles' Deal: Dollar Decline and US Grand Strategy After the Crisis«, in: *Review of International Political Economy* 21/5, 1071-1094.

Strange, Susan (1986): *Casino Capitalism*, Oxford: Basil Blackwell.

Strange, Susan (1998): *Mad Money*, Manchester: Manchester University Press.

Streeck, Wolfgang (2013): *Gekaufte Zeit: Die vertagte Krise des demokratischen Kapitalismus*, Berlin: Suhrkamp.

Systemic Risk Council (2019): »Comment on Federal Reserve and FDIC

Proposals to Relax Resolvability Requirements for US Regional Banks«, 16. Juli; online verfügbar unter: {https://www.federalreserve.gov/SECRS/2019/October/20191008/R-1660/R-1660_071719_134341_534842034749_1.pdf}.
Systemic Risk Council (2020): »Reigneiting Reforms to Ensure a Resilient and Stable Financial System: A Second Phase?«, 9, Oktober; online verfügbar unter: {https://www.systemicriskcouncil.org/2020/10/statement-by-the-systemic-risk-council-on-reigniting-reforms-to-ensure-a-resilient-and-stable-financial-system/}.
Taylor, John B. (2009): *Getting Off Track: How Government Actions and Interventions Caused, Prolonged, and Worsened the Financial Crisis*, Stanford: Hoover Press.
Terazono, Emiko (2018): »Commodity Trading Enters the Age of Digitization«, in: *Financial Times* (10. Juli); online verfügbar unter: {https://www.ft.com/content/8cc7f5d4-59ca-11e8-b8b2-d6ceb45fa9d0}.
Tett, Gillian (2010): *Fool's Gold*, London: Abacus.
Tett, Gillian (2017): »Janet Yellen Banks on an Aggressively Passive Strategy«, in: *Financial Times* (15. Mai); online verfügbar unter: {https://www.ft.com/content/8f40a794-50f1-11e7-a1f2-db19572361bb}.
Tett, Gillian (2019): »Central Banks Are Rethinking Their Roles«, in: *Financial Times* (12. September); online verfügbar unter: {https://www.ft.com/content/eb1143fc-d543-11e9-8367-807ebd53ab77}.
Tett, Gillian (2020): »Markets Contemplate a Future in which Stimulus Does not Work«, in: *Financial Times* (13. März); online verfügbar unter: {https://www.ft.com/content/0f511530-64cd-11ea-a6cd-df28cc3c6a68}.
Thatcher, Margaret (1986): »Speech at Lord Mayor's Banquet«, 10. November; online verfügbar unter: {http://www.margaretthatcher.org/document/106512}.
Thiemann, Matthias (2014): »In the Shadow of Basel: How Competitive Politics Bred the Crisis«, in: *Review of International Political Economy* 21/6, 1203-1239.
Thiemann, Matthias (2018): *The Growth of Shadow Banking. A Comparative Institutional Analysis*, Cambridge: Cambridge University Press.
Thiemann, Matthias/Aldegwy, Mohamed/Ibrocevic, Edin (2017): »Understanding the Shift From Micro- to Macro-prudential Thinking: A Discursive Network Analysis«, in: *Cambridge Journal of Economics* 42/4, 935-962.
Tickell, Adam (2003): »Cultures of Money«, in: Anderson, Kay/Do-

mosh, Mona/Pile, Steve/Thrift, Nigel (Hg.): *Handbook of Cultural Geography*, 116-130.

Tooze, Adam, *Crashed. Wie zehn Jahre Finanzkrise die Welt verändert haben*, München: Siedler.

Tran, Hung (2019): »Repo Turmoil Is a Symptom of a Much Bigger Problem«, in: *Financial Times* (27. September); online verfügbar unter: {https://www.ft.com/content/71849166-e02d-11e9-b112-9624ec9edc59}.

Tsingou, Eleni (2015): »Club Governance and the Making of Global Financial Rules«, in: *Review of International Political Economy* 22/2, 225-256.

Tucker, Paul (2014): »The Lender of Last Resort and Modern Central Banking«, in: Bank for International Settlements (Hg.): »Re-thinking the Lender of Last Resort«, BIS Paper Nr. 79, 10-42.

U.S. Department of the Treasury; Board of Governors of the Federal Reserve System/Federal Reserve Bank of New York/U.S. Securities and Exchange Commission/U.S. Commodity Futures Trading Commission (2015): »The U.S. Treasury Market on October 15, 2014«, Juli; online verfügbar unter: {http://www.treasury.gov/press-center/press-releases/Documents/Joint_Staff_Report_Treasury_10-15-2015.pdf}.

Van der Pijl, Kees (2006): *Global Rivalries from the Cold War to Iraq*, London: Pluto.

Van der Zwan, Natascha (2014): »Making Sense of Financialization«, in: *Socio-Economic Review* 12/2, 99-129.

van 't Klooster, Jens (2021): The ECB's conundrum and 21st-century monetary policy: How European monetary policy can be green, social, and democratic, Berlin: Heinrich-Böll-Stiftung/Finanzwende.

van 't Klooster, Jens/Fontan, Clément (2020): »The Myth of Market Neutrality: A Comparative Study of the European Central Bank's and the Swiss National Bank's Corporate Security Purchases«, in: *New Political Economy* 25/6, 865-879.

Vogel, Steven K. (1996): *Freer Markets, more Rules: Regulatory Reform in Advanced Industrial Countries*, Ithaca: Cornell University Press.

Volcker, Paul A. (2008): »Interview by Donald L. Kohn, Lynn S. Fox, and David H. Small, Federal Reserve Board Oral History Project, Board of Governors of the Federal Reserve System«, Washington: Board of Governors, 28. Januar; online verfügbar unter: {https://www.federalreserve.gov/aboutthefed/files/paul-avolcker-interview-20080225.pdf}.

Volcker, Paul A./Greenspan, Alan/Bernanke, Ben/Yellen, Janet (2019):

»America Needs an Independent Fed«, in: *The Wall Street Journal* (5. August); online verfügbar unter: {https://www.wsj.com/articles/america-needs-an-independent-fed-11565045308}.
von Neumann, John/Morgenstern, Oskar (1944): *Theory of Games and Economic Behaviour*, Princeton: Princeton University Press.
Weber, Max (1922): *Wirtschaft und Gesellschaft*, Tübingen: Mohr Siebeck.
Weidmann, Jens (2013a): »Ein Flirt mit Folgen: Zum Verhältnis von Geld- und Fiskalpolitik«, in: *Zeitschrift für Staats- und Europawissenschaften* 11/4, 461-465.
Weidmann, Jens (2013b): »Eingangserklärung anlässlich der mündlichen Verhandlung im Hauptsacheverfahren ESM/EZB«, 11. Juni; online verfügbar unter: {https://www.bundesbank.de/Redaktion/DE/Kurzmeldungen/Stellungnahmen/2013_06_11_esm_ezb.html}.
Weidmann, Jens (2020a): »Introductory Panel Statement Speech at the Institute for Monetary and Financial Stability ›ECB and its Watchers XXI Conference‹«; online verfügbar unter: {https://www.bundesbank.de/en/press/speeches/introductory-panel-statement-846034}.
Weidmann, Jens (2020b): »Welcome Address for David Malpass, President of the World Bank Group«, 5. Oktober; online verfügbar unter: {https://www.bundesbank.de/en/press/speeches/welcome-address-for-david-malpass-president-of-the-world-bank-group-846630}.
Wells, Peter (2020): »S&P 500 Suffers its Quickest Fall into Bear Market on Record«, in: *Financial Times* (12. März); online verfügbar unter: {https://www.ft.com/content/d895a54c-64a4-11ea-a6cd-df28cc3c6a68}.
Wheatley, Jonathan (2020): »Surging Dollar, Coronavirus and Oil Slump Hit Emerging Economies«, in: *Financial Times* (19. März).
Wigglesworth, Robin (2020a): »The Liquidity ›Collapse‹ Is a Modern-day Cobra Effect«, in: *Financial Times* (6. April); online verfügbar unter: {https://www.ft.com/content/6d00a279-d79b-44ae-a7b4-2b65131697a1}.
Wigglesworth, Robin (2020b): »The Week the World Changed: How a Markets Wobble Turned to Mayhem«, in: *Financial Times* (13. März); online verfügbar unter: {https://www.ft.com/content/86f7f914-6536-11ea-b3f3-fe4680ea68b5}.
Wilson, James/Wigglesworth, Robin/Groom, Brian (2012): »ECB ›Ready to Do Whatever it Takes‹«, in: *Financial Times* (26. Juli); online verfügbar unter: {http://www.ft.com/cms/s/0/6ce6b2c2-d713-11e1-8e7d-00144feabdc0.html}.

Wittgenstein, Ludwig (2003 [1953]): *Philosophische Untersuchungen*, Frankfurt am Main: Suhrkamp.

Wolf, Martin (2020): »The Virus Is an Economic Emergency too«, in: *Financial Times* (17. März); online verfügbar unter: {https://www.ft.com/content/348e05e4-6778-11ea-800d-da70cff6e4d3}.

World Bank (2013): »Global Financial Development Report: Rethinking the Role of the State in Finance«, Washington, DC: World Bank Publications.

Wray, Randall A. (1990): *Money and Credit in Capitalist Economies*, Aldershot: Elgar.

Wray, Randall A. (2004): *State and Credit Theories of Money. The Contributions of A. Mitchell Innes*, Cheltenham: Edward Elgar.

Wray, Randall A. (2008): »Lessons from the Subprime Meltdown«, in: *Challenge* 51/2, 40-68.

Wullweber, Joscha (2004): *Das grüne Gold der Gene. Globale Konflikte und Biopiraterie*, Münster: Westfälisches Dampfboot.

Wullweber, Joscha (2010): *Hegemonie, Diskurs und Politische Ökonomie. Das Nanotechnologie-Projekt*, Baden-Baden: Nomos.

Wullweber, Joscha (2012): »Konturen eines politischen Analyserahmens. Hegemonie, Diskurs und Antagonismus«, in: Dzudzek, Iris/Kunze, Caren/Wullweber, Joscha (Hg.): *Diskurs und Hegemonie*, Bielefeld: Transcript, 29-58.

Wullweber, Joscha (2014): »›The question is which is to be master – that's all!‹ Amerikanische Internationale Politische Ökonomie vs. britische Internationale Politische Ökonomie!?«, in: *Zeitschrift für Internationale Beziehungen*, Vol. 21 (2), 63-84.

Wullweber, Joscha (2015): »Global Politics and Empty Signifiers: The Political Construction of High-technology«, in: *Critical Policy Studies* 9/1, 78-96.

Wullweber, Joscha (2016a): »Performative Global Finance: Bridging Micro and Macro Approaches with a Stratified Perspective«, in: *New Political Economy* 21/3, 305-321.

Wullweber, Joscha (2016b): »A Grave Case of Myopia? Die globale Finanzmarktkrise und die Internationale Politische Ökonomie«, in: *Zeitschrift für Politikwissenschaft* 26/1, 105-121.

Wullweber, Joscha (2017): »Leviathan vs. selbstregulierende Märkte? Die globale Finanzkrise und die Governance von Finanzmarktliquidität«, in: *Politische Vierteljahresschrift* 58/1, 98-123.

Wullweber, Joscha (2018): »Zentralbanken als marktmachende Akteure: Die Global Governance des Finanzsystems, das Schattenbankensystem und unkonventionelle Zentralbankpolitik seit der globalen Fi-

nanzkrise«, in: *Zeitschrift für Internationale Beziehungen*, Vol. 25 (2), 33-63.
Wullweber, Joscha (2019a): »Money, State, Hegemony. A Political Ontology of Money«, in: *New Political Science* 41/2, 313-328.
Wullweber, Joscha (2019b): »Constructing Hegemony in Global Politics. A Discourse-theoretical Approach to Policy Analysis«, in: *Administrative Theory and Praxis* 47/3, 148-167.
Wullweber, Joscha (2019c): »Geld, Staat und Liquiditätsketten. Die Politik der Geldschöpfung und Zentralbankpolitik in Postkrisenzeiten«, in: *Politische Vierteljahresschrift* 60/1, 45-70.
Wullweber, Joscha (2019c): »Poststructural Research in International Political Economy«, in: Marlin-Bennett, Renée (Hg.): *Oxford Research Encyclopedia of International Studies*, Oxford: Oxford University Press; online verfügbar unter: {https://oxfordre.com/internationalstudies/view/10.1093/acrefore/9780190846626.001.0001/acrefore-9780190846626-e-468}.
Wullweber, Joscha (2019e): »Monism vs. Pluralism, the Global Financial Crisis, and the Methodological Struggle in the Field of International Political Economy«, in: *Competition and Change* 23/3, 287-311.
Wullweber, Joscha (2020a): »The Covid-19 Financial Crisis, Global Financial Instabilities and Transformations in the Financial System«, Berlin: Finanzwende/Heinrich-Böll-Stiftung.
Wullweber, Joscha (2020b): »Embedded Finance: The Shadow Banking System, Sovereign Power, and a New State-market Hybridity«, in: *Journal of Cultural Economy* 13/5, 592-609.
Wullweber, Joscha (2021): »The Politics of Shadow Money: Security Structures, Money Creation and Unconventional Central Banking«, in: *New Political Economy* 26/1, 69-85.
Wullweber, Joscha/Graf, Antonia/Behrens, Maria (Hg.) (2013): *Theorien der Internationalen Politischen Ökonomie*, Wiesbaden: VS Verlag.
Young, Brigitte (2009): »Vom staatlichen zum privatisierten Keynesianismus. Der globale makroökonomische Kontext der Finanzkrise und der Privatverschuldung«, in: *Zeitschrift für Internationale Beziehungen* 16/1, 141-160.
Young, Brigitte (2011): »Der privatisierte Keynesianismus, die Finanzialisierung des ›alltäglichen Lebens‹ und die Schuldenfalle«, in: Kessler, Oliver (Hg.): *Die Internationale Politische Ökonomie der Weltfinanzkrise*, Wiesbaden: VS Verlag, 15-36.
Young, Brigitte (2014): »Finanzialisierung, Neoliberalismus und der deutsche Ordoliberalismus in der EU-Krisenbewältigung«, in: Hei-

res, Marcel/Nölke, Andreas (Hg.): *Politische Ökonomie der Finanzialisierung*, Wiesbaden: Springer VS, 63-77.

Zelizer, Viviana (1995): *The Social Meaning of Money*, New York: Basic Books.

Zelizer, Viviana (2005): »Missing Monies: Comment on Nigel Dodd, ›Reinventing Monies in Europe‹«, in: *Economy and Society* 34/4, 584-588.

Politik
in der edition suhrkamp
Eine Auswahl

Bini Adamczak. Beziehungsweise Revolution. 1917, 1968 und kommende. es 2721. 320 Seiten

Bruno Amable/Stefano Palombarini. Von Mitterrand zu Macron. Über den Kollaps des französischen Parteiensystems. es 2727. 255 Seiten

Perry Anderson. Hegemonie. Konjunkturen eines Begriffs. es 2724. 249 Seiten

Scott Anderson. Zerbrochene Länder. Wie die arabische Welt aus den Fugen geriet. es-Sonderdruck. 264 Seiten

Loren Balhorn/Bhaskar Sunkara (Hg.). Jacobin. Die Anthologie. es-Sonderdruck. 313 Seiten

Wolfgang Bauer. Bruchzone. Krisenreportagen. es-Sonderdruck. 349 Seiten

Zygmunt Bauman
- Die Angst vor den anderen. Ein Essay über Migration und Panikmache. es-Sonderdruck. 125 Seiten
- Retrotopia. es-Sonderdruck. 220 Seiten

Timm Beichelt. Ersatzspielfelder. Zum Verhältnis von Fußball und Macht. es 2723. 396 Seiten

Michael Butter. »Nichts ist, wie es scheint«. Über Verschwörungstheorien. es-Sonderdruck. 270 Seiten

NF 1181/1/05.21

Colin Crouch
- Gig Economy. Prekäre Arbeit im Zeitalter von Uber, Minijobs & Co. es 2742. 136 Seiten
- Postdemokratie revisited. es 2761. 278 Seiten

Thomas Edlinger. Der wunde Punkt. Vom Unbehagen an der Kritik. es 2693. 317 Seiten

Didier Eribon
- Gesellschaft als Urteil. Klassen, Identitäten, Wege. es-Sonderdruck. 265 Seiten
- Rückkehr nach Reims. es-Sonderdruck. 240 Seiten

Heiner Flassbeck/Paul Steinhardt. Gescheiterte Globalisierung. Ungleichheit, Geld und die Renaissance des Staates. es 2722. 410 Seiten

Manuela Freiheit/Wilhelm Heitmeyer/Peter Sitzer. Rechte Bedrohungsallianzen. Signaturen der Bedrohung II. es 2748. 325 Seiten

Heinrich Geiselberger (Hg.). Die große Regression. Eine internationale Debatte über die geistige Situation der Zeit. es-Sonderdruck. 319 Seiten

Lukas Haffert. Die schwarze Null. Über die Schattenseiten ausgeglichener Haushalte. es-Sonderdruck. 100 Seiten

Lea Haller. Transithandel. Geld- und Warenströme im globalen Kapitalismus. es 2731. 511 Seiten

Christian Heilbronn/Doron Rabinovici/Natan Sznaider (Hg.). Neuer Antisemitismus? Fortsetzung einer globalen Debatte. Mit Beiträgen von Judith Butler, Dan Diner, Tony

NF 1181/2/05.21

Judt, Matthias Küntzel, Moshe Zimmermann und anderen. es 2740. 494 Seiten

Uffa Jensen. Zornpolitik. es 2720. 208 Seiten

Dirk Jörke. Die Größe der Demokratie. Über die räumliche Dimension von Herrschaft und Partizipation. es 2739. 283 Seiten

Susanne Kaiser. Politische Männlichkeit. Wie Incels, Fundamentalisten und Autoritäre für das Patriarchat mobilmachen. es 2765. 268 Seiten

Ivan Krastev. Europadämmerung. Ein Essay. es 2712. 143 Seiten

Bruno Latour. Das terrestrische Manifest. es-Sonderdruck. 136 Seiten

Philip Manow
- Die Politische Ökonomie des Populismus. es 2728. 76 Seiten
- (Ent-)Demokratisierung der Demokratie. es 2753. 215 Seiten

Lorenzo Marsili/Niccolò Milanese. Wir heimatlosen Weltbürger. es 2736. 280 Seiten

Steffen Mau. Das metrische Wir. Über die Quantifizierung des Sozialen. es-Sonderdruck. 307 Seiten

Steffen Mau/Nadine M. Schöneck (Hg.). (Un-)Gerechte (Un-)Gleichheiten. es 2684. 208 Seiten

Markus Metz/Georg Seeßlen. Freiheit und Kontrolle. Die Geschichte des nicht zu Ende befreiten Sklaven. es 2730. 461 Seiten

NF 1181/3/05.21

Luuk van Middelaar. Das europäische Pandämonium. Was die Pandemie über den Zustand der EU enthüllt. es 2763. 202 Seiten

Robert Misik. Die falschen Freunde der einfachen Leute. es 2741. 138 Seiten

Christoph Möllers. Freiheitsgrade. Elemente einer liberalen politischen Mechanik. es 2755. 343 Seiten

Chantal Mouffe. Für einen linken Populismus. es 2729. 110 Seiten

Jan-Werner Müller
- Was ist Populismus? Ein Essay. es-Sonderdruck. 159 Seiten
- Furcht und Freiheit. Für einen anderen Liberalismus. es-Sonderdruck. 171 Seiten

Oliver Nachtwey. Die Abstiegsgesellschaft. Über das Aufbegehren in der regressiven Moderne. es 2682. 264 Seiten

Claus Offe. Europa in der Falle. es 2691. 160 Seiten

Miltiadis Oulios. Blackbox Abschiebung. Geschichte, Theorie und Praxis der deutschen Migrationspolitik. es-Sonderdruck. 512 Seiten

Volker Perthes. Das Ende des Nahen Ostens, wie wir ihn kennen. Ein Essay. es-Sonderdruck. 144 Seiten

Heribert Prantl. Trotz alledem! Europa muss man einfach lieben. es-Sonderdruck. 93 Seiten

Adam Przeworski. Krisen der Demokratie. es 2751. 256 Seiten

NF 1181/4/05.21

Jedediah Purdy. Die Welt und wir. Politik im Anthropozän. es-Sonderdruck. 187 Seiten

Katharina Raabe/Manfred Sapper (Hg.). Testfall Ukraine. Europa und seine Werte. es-Sonderdruck. 256 Seiten

Andreas Reckwitz. Das Ende der Illusionen. Politik, Ökonomie und Kultur in der Spätmoderne. es 2735. 305 Seiten

César Rendueles. Kanaillen-Kapitalismus. Eine literarische Reise durch die Geschichte der freien Marktwirtschaft. es 2737. 300 Seiten

Armin Schäfer/ Michael Zürn. Die demokratische Regression. es 2749. 247 Seiten

Olga Shparaga. Die Revolution hat ein weibliches Gesicht. Der Fall Belarus. es 2769. 234 Seiten

Philipp Staab. Digitaler Kapitalismus. Markt und Herrschaft in der Ökonomie der Unknappheit. es-Sonderdruck. 345 Seiten

Carlo Strenger
- Abenteuer Freiheit. Ein Wegweiser für unsichere Zeiten. es-Sonderdruck. 122 Seiten
- Diese verdammten liberalen Eliten. Wer sie sind und warum wir sie brauchen. es-Sonderdruck. 180 Seiten

William T. Vollmann. Arme Leute. Reportagen. es-Sonderdruck. 448 Seiten

Raul Zelik. Wir Untoten des Kapitals. Über politische Monster und einen grünen Sozialismus. es 2746. 328 Seiten

NF 1181/5/05.21